웹 개발 새로고침

웹 개발 새로고침

1판 1쇄 발행 2023년 11월 3일

지은이 김승구
펴낸이 장성두
펴낸곳 주식회사 제이펍

출판신고 2009년 11월 10일 제406-2009-000087호
주소 경기도 파주시 회동길 159 3층 / **전화** 070-8201-9010 / **팩스** 02-6280-0405
홈페이지 www.jpub.kr / **투고** submit@jpub.kr / **독자문의** help@jpub.kr / **교재문의** textbook@jpub.kr

소통기획부 김정준, 이상복, 김은미, 송영화, 권유라, 송찬수, 박재인, 배인혜, 나준섭
소통지원부 민지환, 이승환, 김정미, 서세원 / **디자인부** 이민숙, 최병찬

진행 권유라 / **교정·교열** 강민철 / **내지·표지 디자인** 이민숙
용지 타라유통 / **인쇄** 한길프린테크 / **제본** 일진제책사

ISBN 979-11-92987-36-1 (93000)
값 26,000원

제이펍은 여러분의 아이디어와 원고를 기다리고 있습니다. 책으로 펴내고자 하는 아이디어나 원고가 있는 분께서는
책의 간단한 개요와 차례, 구성과 지은이/옮긴이 약력 등을 메일(submit@jpub.kr)로 보내주세요.

웹 개발 새로고침

프런트엔드부터 **백엔드**까지 하나의 예제로 배우는 **웹 프로그래밍**

김승구 지음

제이펍

차 례

01 장

➖ 웹 서비스와 웹 프로그램

02 장

➖ 웹 프로그래밍 시작하기

05 장

웹 서비스 시작하기

부록

깃과 깃허브

베타리더 후기

 김용현(Microsoft MVP)

기본 웹 페이지의 작동 원리부터 HTML/플라스크, 인증, 비밀번호 분실 시의 대응 방법 등의 단위 기술을 파이썬, 부트스트랩, SQLite를 활용하여 배웁니다. 중반부터는 이러한 기술들을 결합하여 중고 서적 쇼핑몰을 직접 구현해보는 실습을 하면서 프런트엔드와 백엔드의 기술을 타이핑을 통해 자연스럽게 습득하도록 구성되어 있습니다. 프런트엔드부터 시작할까, 아니면 백엔드부터 시작할까 고민하는 분들에게 이 책은 매우 좋은 선택지입니다.

 박수빈(엔씨소프트)

프런트엔드와 백엔드 개발과 관련해 이곳저곳에서 들어본 것은 많지만 개념 정리가 잘되지 않았던 부분이 있었는데, 친절하게 알려준 이 책의 도입부를 통해서 특히 많이 배울 수 있었습니다. 또한 플라스크를 이용해 최소한의 시간을 들여 웹 서비스를 개발하거나 이해하고 싶은 사람이라면 이 책이 좋은 가이드가 될 것입니다.

 사지원(카카오모빌리티)

웹 개발을 처음 시작하는 사람에게 많은 도움이 될 책입니다. 입문자에게 굉장히 친절하고 자세한 설명과 글의 흐름이 무척 좋았습니다. 중간중간 정석적인 설명이 아닌 개발 관행 입장에서 설명하는 부분은 오히려 이 책이 실제 현장에서 개발을 진행하는 듯한 느낌이 들 정도였습니다. 특정 프레임워크나 프로그래밍 언어를 다루는 것이 아닌 웹 서비스의 전체적인 내용을 다루고 있고, 웹 서비스를 제공하기 위해 가장 기초부터 친절하게 설명하고 있습니다. 웹 서비스를 만드는 과정을 따라가며 개발부터 배포까지, 빠르게 시작하기 위해 알아야 할 모든 것이 전부 다 들어있습니다.

 정태일(삼성SDS)

파이썬 플라스크와 HTML, 자바스크립트, 부트스트랩을 활용하여 간단한 웹 서비스를 만드는 과정에서 웹 개발 기본 지식의 많은 부분을 알려줍니다. 이 책으로 웹 서비스를 구성하는 기본 요소들을 익히고, 각 요소에 대한 더 깊은 지식과 경험을 다른 자료와 전문 서적을 통해 보완해나간다면 더욱 빠르게 웹 개발 세계에 입문할 수 있을 것입니다.

 허민(한국외국어대학교)

300여 페이지의 적은 분량으로도 프런트엔드, 백엔드, DB, SMTP에 이르는 웹 개발에 필요한 거의 모든 기술을 익힐 수 있도록 구성된 점이 놀라웠고, 개발하는 데 부족함이 없을 정도의 설명이 담겨 있어 더 놀라웠습니다. 저자의 뛰어난 전달력으로 어려운 개념을 알기 쉽게 표현하였는데, 중고 서적 거래 서비스를 만들며 로컬 환경 개발뿐만 아니라 AWS 배포 및 깃 연동 등 파이썬의 플라스크를 중심으로 최신 웹 개발 기술 트렌드를 함께 익힐 수 있다는 것이 이 책의 장점입니다.

제이펍은 책에 대한 애정과 기술에 대한 열정이 뜨거운 베타리더의 도움으로
출간되는 모든 IT 전문서에 사전 검증을 시행하고 있습니다.

무엇을 선택하고 언제 바꾸어야 할까?

웹 프로그래밍과 관련해 늘 듣는 질문이 있다.

▶ **어디에서부터 시작하고 무엇을 배워야 하나?**

▶ **새로운 기술로 갈아타야 할까? 말아야 할까?**

사실 두 질문은 같은 맥락이다. 첫 질문은 선택의 문제이고, 두 번째 질문은 선택한 것을 버려야 하는가에 대한 질문이기 때문이다.

첫 질문에서 선택할 대상은 웹 프레임워크나 이를 기술한 프로그래밍 언어가 된다. 웹 기술이 널리 이용되기 시작한 후 적지 않은 시간이 흘렀고, 핵심적인 표준에는 이제 큰 변화가 없다. 웹 프로그램은 웹 표준을 구현하는 실체이고, 웹 프레임워크는 웹 프로그램을 구성하는 요소 중 하나일 뿐이다. 따라서 웹 프레임워크를 선택하기 이전에 웹 프로그램을 이루는 여러 요소 사이의 상호작용부터 이해해야 한다. 그래서 이 책에서는 웹 프레임워크나 프로그래밍 언어를 교과서적으로 설명하지 않고, 요소 간의 상호작용을 설명하는 데 노력을 기울였다.

웹 프로그램의 요소와 작동 원리를 이해하면 두 번째 질문의 답도 차츰 드러난다. 어떤 웹 프레임워크나 프로그래밍 언어를 채택할지 고민할 때, 기존에 사용하던 요소보다 어떤 측면에서 더 나은지 그리고 관리하는 웹 서비스 핵심 지표의 개선 효과가 얼마나 기대되는지 비교할 수 있는 능력을 얻을 수 있기 때문이다.

웹 프로그래밍을 배우기로 생각한 데에는 개인 혹은 팀 프로젝트, 취업, 창업 등 여러 목적이 있겠지만, 웹 프로그래밍을 한 번 경험해보는 것으로 끝낼 것이 아니라면 웹 서비스 기획자의 관점(기능)과 함께 기계(작동) 관점에서도 웹 프로그램을 바라보기를 권하고 싶다. 무엇보다 프로젝트 코드 관리와 개선, 성능 측면에서 더 나은 결과물을 얻을 수 있기 때문이고, 시행착오가 있더라도 기초부터 허물고 처음부터 다시 시작하지 않아도 되기 때문이다.

이제 웹 프로그래밍을 여러 이야기나 비유를 들어 설명하겠지만, 그것만이 웹 프로그램의 작동 원리를 설명하는 유일한 관점은 아닐 것이다. 하지만 이와 다른 모든 관점을 하나하나 설명하기보다는 웹 프로그램의 작동 원리를 이해하고 이를 만드는 데 가장 도움이 되는 관점을 택했다. 그리고 이를 바탕으로 웹 프로그래밍을 설명하는 데 초점을 맞췄음을 밝혀둔다.

감사의 글

책을 읽다 보면 어떤 책이든 후기나 감사의 글이 있음을 보게 된다. 한 권의 책이 만들어지기까지 많은 분들의 노고와 시간이 필요했기에 새삼 감사한 마음과 미숙한 부분에 대한 죄송스러운 마음이 생기지 않을 수 없기 때문일 것이다.

운이 좋아서인지 학생들을 가르칠 기회를 갖게 됐다(학생들은 운이 없는 것일 수도 있다). 강의의 가장 중요한 목적은 지식을 잘 전달하는 것이다. 따라서 과목에서 지정한 내용 외에 학생들에게 하고픈 말이 있어도 혹 잔소리가 될까 미안해 꺼내지를 못한다. 책 한 권이 나오기까지 많은 분들이 함께해야 하듯이 학생들이 앞으로 만날 일들도 그러리라는 것이다.

개발자나 연구원들은 소수의 사람과 또는 혼자 일과 씨름하는 경우가 많다. 이 책을 읽는 독자분들도 이미 개발자이거나 또는 관련 분야를 공부하고 있는 분일 것이다. 자기 일이나 생각에 몰두하다 보면 자연스레 사람들과의 교류가 적어지게 된다. 시간이 흐르고 일상이 점점 그렇게 되어간다면 정말 아쉬운 일이다. 학생분들이라면 다양한 전공의 친구들과, 졸업한 사회인분들이라면 그간 만났던 친구들, 다양한 업무, 분야의 사람들과 이야기하고 생각을 나눌 시간을 늘려보시기를 권해드린다. 혼자 할 수 있는 일보다 더 다양한 일을 할 수 있는 기회를 만날 수 있을 것이다.

이 책을 선택하고 관심과 시간을 들여 읽어주신 독자분들께 무엇보다 감사 말씀을 드리고 싶다. 그리고 아직 미숙한 저자의 생각과 저자가 잘못 알고 있는 부분은 사과드리고 싶다. 이 책의 내용이 밑거름이 되어 독자 여러분께 좋은 결실이 맺어지기를 간절히 기원한다.

생각이 원고가 되고 원고가 책이 되는 과정에서 많은 분들과 함께했다. 원고를 끊임없이 다듬어 주고 미숙한 글이 책으로 나오게끔 이끌어준 제이펍 출판사의 권유라 님께 가장 먼저 감사의 말을 드리고 싶다. 그분의 인내와 경험이 없었더라면 아마 이 책은 세상에 나오

지 못했을 것이다. 출판사의 이상복 팀장님 그리고 장성두 대표님께도 감사 말씀을 드리고 싶다. 두 분의 경험과 결정이 책이 출판되기까지의 길을 만들어주었다. 책의 만화를 그려준 정진호 작가님, 원고를 책이 되게끔 끊임없이 살펴보고 다듬어주신 출판사 식구분들께도 감사 말씀을 드린다. 만약 저자 혼자였다면 결코 할 수 없었을 일들을 가능하게 해준 고마운 분들이다.

바쁜 일상 중에도, 그리고 저자의 미숙한 부탁에도 흔쾌히 원고를 검토해준 친구들, 용석이, 원재, 화정이에게 고맙다는 말을 전하고 싶다. 비단 원고뿐만 아니라 일상에서 늘 좋은 영향을 친구들로부터 받고 있음에 감사하다. 바쁜 일상에 누가 될까 죄송스러워 원고 검토를 부탁드리지는 못했지만 새로운 것들에 대한 탐구를 멈추지 않으시고 또 조언을 아끼지 않으시는 이건형 박사님께도 감사 말씀을 드리고 싶다. 박사님의 조언들이 없었더라면 책의 원고는 나오지 못했을 것이다.

책의 구석 구석까지 꼼꼼히 봐주시고 잘못을 바로잡아준 베타리더분들께도 감사드리지 않을 수 없다. 베타리더분들의 리뷰가 없었더라면 책에는 지금보다 더 많은 실수와 오점들이 남아 있었을 것이다.

아버지, 어머니께는 늘 죄송스럽다. 가족 중 불평이 유독 많은 저자를 받아주고 감싸주지만 정작 저자가 부모님의 마음을 헤아렸던 기억은 별로 없었던 것 같다. 인내와 사려 깊음으로 가족의 생활을 지탱해주는 동생 승민이에게도 미안하다. 자기 자신보다 가족을 먼저 생각해주는 덕택으로 가족의 지금 생활이 가능했다. 저자도 앞으로 더 노력하겠다고 다짐해본다.

무엇보다 이 책이 독자 여러분들께 도움이 되기를 간절히 바란다.

이 책에 대하여

웹 프로그래밍을 처음 배우려는 사람, 웹 프로그래밍의 전체 모습이 어떻게 되는지 알고 싶은 독자를 위해 책을 썼다. 따라서 기능을 구현하기 위한 코딩 방법보다 웹 프로그램의 구조와 작동 원리를 설명하는 데 무게를 두었다. 하지만 프로그래머는 반드시 머릿속의 개념을 프로그램이라는 실체로 구현할 수 있어야 한다. 이를 위해 웹 서비스를 구현하는 코딩 예제도 함께 제공하여 독자들이 책에서 소개한 개념을 바탕으로 웹 프로그램을 구현하는 연습을 할 수 있도록 했다.

이 책은 웹 프로그래밍 입문서 성격으로 썼지만, 꼭 필요하다고 생각되는 내용은 다소 어렵더라도 책에 담았다. 따라서 책이 포함하는 주제는 웹 프로그래밍 전반을 아우른다.

우선 프로그래밍 언어 측면에서 웹 프로그래밍에 반드시 필요한 **HTML**, **CSS**, **자바스크립트** Javascript에 대해 다루었다. 그리고 선택 가능한 언어로 **파이썬**Python을 사용했다. 파이썬을 선택한 이유는 배우기 쉽고 지금 시점에서 가장 널리 쓰이는 언어이기 때문이다.

웹 프로그래밍을 위한 프로그래밍 언어들인 HTML, CSS, 자바스크립트에 대해서는 독자가 그 내용을 처음 접한다고 가정하고 문법적인 설명과 예제를 책 안에서 함께 살펴볼 수 있도록 구성했다. 따라서 따로 공부하는 수고를 덜 수 있을 것이다. 다만 책에서는 핵심이 되는 내용만을 다루고 있으므로, 앞으로 웹 프로그래밍을 이어 나가면서 이들 언어에 대한 고급 문법 지식이 필요할 때마다 지속적인 학습이 필요할 것이다.

또 웹 서비스를 지원하는 기술 중 **클라우드 컴퓨팅**와 **웹 서버**에 대해 살펴본다. 책의 주제인 웹 프로그래밍을 벗어나지 않는 범위 안에서 각 기술의 역할을 살펴보고, 실제로 적용하는 방법을 익히기 위해 실습과 예제 중심으로 썼다.

대상 독자

이 책이 특히 다음과 같은 독자에게 도움이 되리라 생각한다.

웹 프로그램의 큰 그림을 보고 싶은 독자

이 책에서는 웹 프로그램을 프로그램의 구성 요소 사이의 상호작용을 통해 설명한다. 독자는 이에 대한 이해를 바탕으로 웹 프로그램의 전체적인 모습을 생각해볼 수 있을 것이다.

예제 코드를 구성할 때도 이와 같은 관점을 따랐다. 클래스 등과 같이 추상화된 요소의 사용을 피하고, 순수한 자바스크립트 코드와 기능이 명확하고 꼭 필요한 웹 프로그램 요소로 예제 코드를 투명하게 구성하려 노력했다. 예제 코드를 통해 웹 프로그램의 구조와 작동 원리와 관련된 개념이 프로그램 코드로 어떻게 구현되는지 확인할 수 있을 것이다.

웹 프로그래밍을 처음 배우기 시작하는 독자

웹 프로그래밍을 처음 배우려 할 때 어디에서부터 시작해야 할지 모르는 막막할 것이다. 막막함은 전체 모습을 모를 때 생긴다. 예를 들어 코끼리의 귀, 다리, 꼬리 각각에 대해 안다고 하더라도 이로부터 코끼리의 전체 모습을 생각해내기는 어려운 것과 같다.

이럴 때는 하향식top-down의 학습이 도움이 될 것이다. 웹 서비스, 이를 위한 웹 프로그램의 구조와 작동 원리를 알고 웹 프로그램을 공부하면 무엇을 배워야 하고 또 왜 배우는지 알 수 있다.

책의 구성

1, 2장에서는 웹 서비스와 웹 프로그램의 큰 그림인 구조와 작동 원리에 대해 살펴본다. 웹 서비스를 설명하는 서버-클라이언트 모델을 살펴보고, 서버와 클라이언트가 웹 프로그램으로 어떻게 구현되는지 알아본다. 같은 기능을 제공하는 웹 프로그램이라도 그 구조는 다를 수 있다. 확장성, 유지 및 보수, 협업 관점에서 더 나은 구조의 웹 프로그램은 어떤 것인지도 함께 생각해본다.

3, 4장에서는 웹 서비스를 구현하면서 1, 2장의 개념이 실제 웹 프로그램 코드로 어떻게 구현되는지 살펴본다. 3장에서는 웹 서비스의 기본 기능인 회원가입, 로그인/로그아웃, 회원 정보 수정 등의 기능을 만든다. 이런 기능을 만들면서 2장에서 살펴본 서버-클라이언트 개념, 웹 프로그램 요소의 상호작용을 코드 수준에서 이해하고 익힌다. 4장에서는 3장에서 구현한 기본 기능 위에 중고 서적을 거래하는 서비스를 만들어보면서 웹 서비스에서 제공하는 데이터 전달(텍스트, 상품 올리기), 데이터 조회(텍스트, 상품 보기), 데이터 관리(텍스트, 상품 정보 수정)와 같은 다양한 기능이 코드 수준에서 어떻게 구성되어 작동하는지 살펴본다. 3장과 4장의 예제는 독자들이 따라서 진행하면 하나의 웹 서비스를 만들어볼 수 있도록 구성했다.

5장은 웹 프로그램을 클라우드 컴퓨팅 위에서 실행시키고, 웹 프로그램을 웹 서비스로 제공하는 배포 과정에 대해 다룬다. 클라우드 컴퓨팅의 기본적인 사용 방법, 웹 프로그램 구동을 위한 환경 설정 및 안정적인 연결을 위한 웹 서버 프로그램과의 연동, 웹 서비스를 도메인 이름과 연결하는 과정 등의 예시를 중심으로 살펴본다.

이 책에서 사용하는 기술

언어
이 책에서는 웹 프로그래밍을 위한 언어로 자바스크립트, HTML, 파이썬을 사용한다. 웹 프로그래밍을 위해 사용되는 언어인 자바스크립트와 HTML의 핵심 문법에 대한 설명을 포함하고 있으므로, 이 언어를 처음 접하는 독자도 읽을 수 있다.

프레임워크
파이썬은 세계적으로 가장 널리 쓰이고 또 배우기 쉬운 언어다. 예제에서는 웹 서버가 사용자의 요청을 해석하고 필요한 응답을 전달하기 위해 파이썬 플라스크Flask 웹 프레임워크를 사용했다.

운영체제
상용 수준의 서비스를 구동하는 대부분의 서버는 리눅스Linux 운영체제를 사용한다.

개발 및 실행 환경

다음과 같은 환경에서 예제를 진행한다.

▶ 운영체제: 윈도우_{Windows} 10 64bit(개발 환경), 우분투_{Ubuntu} 리눅스 20.04(서비스 환경)

▶ 웹 브라우저: 크롬_{Chrome}(108.0.5359.125, 64bit)

▶ 통합 개발 환경: 파이참_{PyCharm}(2021.2.3, Community Edition)

※ 파이참은 파이썬 패키지 관리를 위한 기능을 기본적으로 제공한다. 별도의 추가 모듈 설치 등이 필요 없으므로 파이썬 개발을 위한 환경을 쉽게 설정할 수 있다.

사전 지식

책에서는 웹 프로그래밍 예제를 진행하기 위해 자바스크립트, HTML, 파이썬을 사용했다. 그중 웹 프로그래밍 범위 안의 자바스크립트와 HTML 언어는 핵심적인 문법을 책 안에서 다루고 있다. 파이썬은 다양한 용도로 사용되는 언어이므로 그 문법적인 내용을 책에서 별도로 다루지 않았다. 파이썬을 처음 접하는 독자라면 예제 진행을 위해 파이썬의 핵심 문법을 먼저 살펴볼 것을 권한다.

예제 코드

이 책에서 다루는 예제의 소스 코드는 깃허브_{GitHub}에 공유되어 있다. 각 장에서 다루는 예제의 소스 코드 위치는 다음과 같다. 자세한 주소는 책에서 예제를 다루기 전에 다시 한번 설명한다.

▶ 2장: https://github.com/sgkim-pub/pyWorld, https://github.com/sgkim-pub/html_js

▶ 3, 4장: https://github.com/sgkim-pub/pyBook

※ 페이지 좌측 위쪽에 위치한 브랜치 드롭다운 버튼(기본값으로 master라는 브랜치 이름이 표시되어 있다)을 클릭하여 3, 4장 예제의 소스코드를 찾아볼 수 있다.

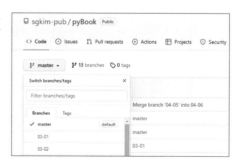

01장

웹 서비스와 웹 프로그램

의사소통, 상품 구매, 은행 업무 등 일상의 많은 일이 웹 서비스와 앱을 통해 이루어진다. 이 중 손쉽게 전달할 수 있다는 배포의 손쉬움, 언제 어디서나 또 누구나 접속하고 이용할 수 있다는 개방성 측면에서 웹 서비스의 대안은 아직 없다. 필자는 사회 초년생일 때 이러한 가능성에 끌려 퇴근 후에 무언가 공부해보자는 결심에서 웹 프로그래밍을 공부하기 시작했다. 하지만 어디에서부터 시작해야 할지 몰라 막막했던 기억이 있다.

웹 프로그램을 구성하는 요소들에 대한 책들은 쉽게 찾을 수 있었지만, 이 요소들을 한 줄로 꿰어서 웹 서비스로 만드는 방법에 대한 기초 서적은 쉽게 찾을 수가 없었다. '○○○ 웹 프로그래밍' 같은 제목을 달고 있는 책이 많았지만 그 ○○○들이 너무 많아서 도대체 무엇을 선택해야 할지 알 수 없었다. 나중에 알게 되었지만, 그 ○○○들은 프레임워크framework, 라이브러리library, 혹은 이들을 기술한 프로그래밍 언어였다.

좋은 프로그램은 유지와 보수가 쉬워야 하고, 기능을 추가하기 쉬워야 하며 사용자의 요청에 빨리 응답할 수 있어야 한다. 이 같은 웹 프로그램을 개발하기 위해서는 기능의 구현에 그치지 않고 어떤 요소를 어떻게 구성해서 전체 프로젝트를 만들지 알아야 한다. 웹 프로그래밍의 큰 그림을 살펴보기 위해 '프레임워크는 무엇이고 라이브러리는 무엇인가? 이들과 웹 프로그램과의 관계는 무엇일까?'라는 질문에서 시작해보자.

웹 프레임워크와 라이브러리

목표 > 웹 프로그램을 구성하는 요소를 살펴본다.

프레임워크와 라이브러리는 한마디로 **기성품**ready-made이라고 할 수 있다. 웹 프로그램은 일반적으로 서로 다른 컴퓨터에서 작동하는 프로그램들로 구성되고 이 프로그램들은 네트워크를 통해 정보를 주고 받는다. 예를 들어, 여기 한 대의 컴퓨터에는 웹 서버 프로그램이 작동하고, 또 다른 컴퓨터에서 웹 브라우저를 실행시켜 인터넷망을 이용해 웹 서버 프로그램에 접속한다. 우리가 구글 검색 페이지나 네이버나 다음 같은 포털 홈페이지에 접속할 때 일어나는 일이다. 이와 같은 과정에서 꽤 복잡한 일이 진행되리라고 예상할 수 있다. 이 과정을 수행하는 프로그램을 한 줄 한 줄 코딩해서 만들어나간다면 오랜 시간이 필요하고 또 오류에도 취약하게 된다. 적은 시간과 노력으로 안정적으로 작동하는 웹 프로그램을 만들기 위해 웹 프레임워크와 라이브러리 같은 기성품을 이용한다.

한 번쯤은 들어봤을 장고Django, 플라스크Flask, 익스프레스Express, 라라벨Laravel, 스프링Spring 등이 많이 쓰이는 웹 프레임워크다. **프레임워크**를 더 명확하게 정의하자면 특정한 목적(예: 웹 서비스)을 달성하기 위해 필요한 구성 요소들과 이들이 상호작용하는 방법을 규정한 것이다. 따라서 프레임워크를 구성하는 요소가 변경되고 규약이 변경되면 프레임워크 자체도 진화하며, 서로 다른 프레임워크는 작업을 수행하는 방식이 달라 함께 사용할 수 없다. 제목이 '○○○으로 배우는 웹 프로그래밍'인 책에서 ○○○이란 웹 프로그램을 만드는 데 이용되는 특정 웹 프레임워크 또는 프레임워크를 기술한 프로그래밍 언어를 의미한다.

프레임워크는 라이브러리로 구성된다. **라이브러리**는 기능 단위로 구분된 프로그램 코드의 묶음이다. 프레임워크와는 달리 프레임워크가 규정하는 상호작용 방식을 따르는 라이브러리는 한 프로그램에서 여러 가지를 함께 사용할 수 있다. 예를 들어 대한민국의 헌법(프레임워크)은 둘이 될 수 없지만, 헌법과 모순되지 않는 한 그 하위의 법률(라이브러리)은 기능별로 여럿이 될 수 있는 것과 같다.

웹 프로그램 프레임워크는 백엔드 프레임워크와 프런트엔드 프레임워크 두 종류로 나뉜다. **백엔드**backend **프레임워크**는 웹 서버에서 실행되며 사용자의 요청을 받고 적절한 응답을 주는 역할을 수행한다. **프런트엔드**frontend **프레임워크**는 사용자의 컴퓨터에서 실행되며 웹 서비스를 이용하기 위한 사용자 인터페이스user interface, UI를 제공하는 역할을 한다. 웹 브라우저에서 실행되는 웹 페이지는 프런트엔드 프레임워크를 이용해서 만들어진다.

참고로 많이 알려진 프레임워크를 다음과 같이 구분할 수 있다. 이름이 다소 생소할 수 있겠지만, 웹 프레임워크를 역할에 따라 두 종류로 구분할 수 있다는 점을 강조하고 싶다.

표 1.1 역할에 따른 웹 프레임워크 구분

백엔드 프레임워크	프런트엔드 프레임워크
장고(Django), 플라스크(Flask), 패스트API(FastAPI), 익스프레스(Express), 네스트js(Nest.js), 라라벨(Laravel), 코드이그나이터(CodeIgniter), 스프링(Spring) 등	제이쿼리(JQuery), 리액트(React), 뷰js(Vue.js), 앵귤러js(Angular.js) 등

요약하면 프레임워크와 라이브러리는 웹 프로그램을 만들기 위한 기성품 프로그램과 그 구성 요소라고 할 수 있다. 프레임워크도 프로그램이기 때문에 각각 특정한 프로그래밍 언어로 기술된다. 이번 1.1절의 내용을 다음과 같이 표로 요약했다.

표 1.2 웹 프레임워크의 구분

언어/역할 구분	백엔드 프레임워크	프런트엔드 프레임워크
파이썬	장고, 플라스크, 패스트API	-
자바스크립트	익스프레스, 네스트js	제이쿼리, 리액트, 뷰js, 앵귤러js
PHP	라라벨, 코드이그나이터	-
자바	스프링	-

위에서 소개한 몇몇 프레임워크는 프런트엔드 UI 생성 기능까지 갖추고 있다. 즉 엄밀하게는 풀스택full-stack 프레임워크라고 부르는 것이 맞지만 서버 프로그램의 역할에 초점을 맞추었다. 프런트엔드 프레임워크로 분류한 리액트는 사실 라이브러리에 속한다. 하지만 그 구조를 보면 프레임워크라고 보아도 무리가 없다.

웹 프레임워크에 대해 다시 살펴보면 다음과 같은 의문이 생길 것이다.

▶ 백엔드와 프런트엔드는 무엇인가?

▶ 어떤 프레임워크를 선택해야 하는가?

새롭게 생겨난 의문들을 이어지는 내용에서 살펴보면서 웹 서비스의 구조와 웹 프로그램의 작동 원리에 대해 좀 더 자세히 살펴보겠다.

1.2 서버와 클라이언트

목표 > 웹 서비스를 구성하는 요청-응답 개념과 서버-클라이언트 모델에 대해 살펴본다.
 > 웹 프로그램을 구성하는 백엔드와 프런트엔드 개념에 대해 살펴본다.

1.1절에서 백엔드, 프런트엔드라는 용어의 대략적인 의미를 알아보았다. 백엔드와 프런트엔드에 대해 자세히 살펴보기 전에 **서버**server와 **클라이언트**client 구조에 대해 먼저 살펴보는 것이 도움이 될 것 같다. 웹 서비스는 **요청**과 **응답**으로 이루어진다. 클라이언트는 페이지 혹은 데이터를 요청하고 서버는 요청에 해당하는 페이지나 데이터를 응답으로 전달한다. 이처럼 응답을 제공하는 서버와 요청을 생성하는 클라이언트 두 부분으로 이루어진 웹 서비스의 대표적인 모델이 **서버-클라이언트 모델**이다. 이 서버-클라이언트 모델이 웹 프로그램에 반영된다.

사용자(클라이언트)가 웹 서버에 로그인 페이지를 요청하고 응답을 받는 과정을 서버-클라이언트 모델로 나타내면 다음과 같다.

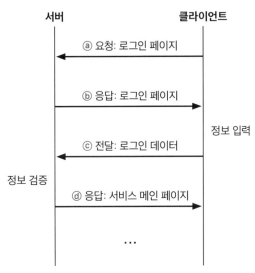

그림 1.1 **서버와 클라이언트 사이의 요청과 응답**

ⓐ 클라이언트가 서버에 로그인 페이지 주소(URL)를 전달한다. 이때 클라이언트의 요청의 종류를 GET이라고 하는데 서버로부터 데이터를 가져가는(읽는) 동작을 말한다.

ⓑ 서버가 클라이언트가 요청한 내용인 로그인 페이지를 전달한다. 전달받은 로그인 페이지는 HTML, 자바스크립트 같은 언어로 기술된 프로그램 코드이고, 웹 브라우저가 이를 실행한 후 그 결과를 사용자에게 보여준다.

ⓒ 사용자가 페이지의 입력 부분에 데이터를 기록하고 [전송] 버튼을 클릭하면 데이터가 서버로 전달된다. 클라이언트의 이와 같은 요청을 POST 동작이라고 한다. POST 동작은 서버에 데이터를 전달하고 서버에게 전달한 데이터의 처리를 요청하는 동작이다.

ⓓ 사용자로부터 전달받은 데이터인 로그인 정보가 서버가 보관하고 있는 정보와 일치하는지 검증한다. 정보가 일치하면 서비스의 메인 페이지를 클라이언트에게 보낸다. 메인 페이지도 HTML, 자바스크립트 같은 프로그래밍 언어로 구성된 프로그램이고 웹 브라우저에 의해 해석되어 화면에 표시된다.

일반적으로 위 과정 중 대부분을 웹 브라우저가 사용자 대신 처리해주고 있기 때문에 사용자는 몇몇 단계만 인지할 수 있다. 서버의 종류와 구성, 클라이언트의 종류와 구성에 따라 조금씩 수정된 모델이 있을 수 있지만, 거의 모든 웹 서비스의 작동 원리를 이와 같은 서버-클라이언트 모델로 충분히 설명할 수 있다. SNS 서비스, 쇼핑몰, 메신저, 포털 서비스 등의 이용 경험을 떠올려보면 대체로 이런 모델을 따르고 있음을 알 수 있다.

서버-클라이언트 모델에서 서버는 다시 두 부분으로 나뉜다. 데이터를 처리하고 공급하는 부분과 이 데이터를 사용자에게 보여주는 페이지 부분이다. 서버는 웹 프로그램에 의해 정의된다. 웹 프로그램에서 데이터를 처리하고 공급하는 부분이 **백엔드**이고, 데이터를 받아서 사용자에게 보여주는 웹 프로그램의 부분이 **프런트엔드**이다. 예를 들어 웹 브라우저에서 보여지는 웹 페이지라는 틀은 웹 프로그램의 프런트엔드 부분이고, 페이지의 내용에 해당하는 데이터는 웹 프로그램의 백엔드 부분에서 생성하고 공급한 것이다.

앞서 살펴보았던 로그인 요청 과정에서 서버가 응답하는 로그인 페이지와 서비스 메인 페이지 등은 웹 프로그램의 프런트엔드 부분에 해당하고, 사용자로부터 로그인 정보를 받아 서버에 저장되어 있는 회원 정보와 비교하고 검증하는 부분은 웹 프로그램의 백엔드에 해당한다. 간단히 **프런트엔드**를 사용자가 보는 페이지로, **백엔드**를 페이지에 넣을 데이터를 처리하고 공급하는 부분으로 정리해볼 수 있다. 백엔드와 프런트엔드 개념을 앞으로 이어질 책의 2장에서 웹 프로그램 코드와 함께 살펴보면 그 의미를 좀 더 명확하게 알 수 있을 것이다.

1.3 서버와 클라이언트는 어떻게 대화하는가?

목표 > 요청과 응답의 주요 내용을 살펴본다.

1.2절에서 웹 서비스를 서버와 클라이언트 사이의 요청과 응답 관계로 살펴보았다. 하지만 각각의 요청과 응답이 무엇으로 이루어졌는지 살펴보지는 않았다. 웹 프로그램을 작성할 때 요청과 응답을 구성하는 요소가 프로그램에 사용되기 때문에 그 개념을 간략히 살펴볼 필요가 있다.

서버와 클라이언트 사이의 메시지 교환 방법 중 가장 널리 사용되는 규약(프로토콜)이 **HTTP**Hyper Text Transfer Protocol이다. 웹 브라우저의 주소 창에 URL을 입력할 때 맨 앞에 입력하는 http://가 바로 이 프로토콜을 사용하겠다는 뜻이다. 하지만 거의 모든 경우 HTTP 프로토콜을 사용해서 메시지를 교환하므로 웹 브라우저에 주소를 입력할 때 이 부분을 생략하는 경우도 많다. 참고로 HTTPSHTTP Secure는 HTTP를 이용한 요청과 응답 과정을 서버와 클라이언트 외에 제삼자가 볼 수 없도록 암호화를 이용하여 요청과 응답 메시지를 보호한다.

요청과 응답은 각각 **헤더**header와 **바디**body 두 부분으로 구성되어 있다. 바디에는 클라이언트와 서버 사이에 주고받는 정보인 메시지 본문이 들어간다. 헤더는 요청과 응답에서 각각 다르다.

먼저 요청의 헤더에는 서버의 주소와 요청의 종류가 기술된다.

표 1.3 HTTP 규약의 요청 헤더와 바디

헤더	서버 주소
	요청의 종류
바디	메시지 본문

서버 주소는 우리가 아는 URL 주소를 생각하면 된다. 요청의 종류는 메시지, 즉 정보를 어떻게 처리해 달라고 서버에 요청하는 부분으로 다음의 5가지가 대표적이다.

▶ GET: 데이터 혹은 페이지를 가져가고 싶다.

▶ POST: 전달하는 데이터를 서버에서 처리하거나 서버에 저장해달라.

▶ PUT: 전달하는 데이터로 기존 데이터를 덮어써overwrite달라.

▶ PATCH: 전달하는 데이터와 기존 데이터를 비교하여 변경된 부분만 바꾸어달라.

▶ DELETE: 데이터를 삭제하고 싶다.

요리에 비유하자면 헤더는 음식의 조리법, 바디는 음식의 재료로 볼 수 있다.

> **노트** 자주 사용되는 이 5가지 요청 방식 외에도 HEAD(응답으로 헤더만 요청), CONNECT(특정 종류의 서버와 연결을 요청), OPTIONS(서버에서 처리할 수 있는 요청의 종류 목록을 요청) 등이 있다. HTTP 요청 방식에 대한 자세한 설명을 RFC 2616 HTTP/1.1 스펙(https://www.rfc-editor.org/rfc/rfc2616#section-9)에서 찾아볼 수 있다.

HTTP 요청 헤더와 바디를 웹 브라우저의 **디버그 모드**에서 살펴볼 수 있다. 크롬 브라우저의 경우 F12 키를 누르거나 [설정] ➡ [도구 더 보기] ➡ [개발자 도구]를 선택하면 디버그 모드 창을 열 수 있다. 디버그 창에서 [Network] 탭을 선택하고 [Name]에서 리소스를 클릭하여 지정하면 해당 리소스를 얻기 위한 요청의 헤더와 바디를 볼 수 있다.

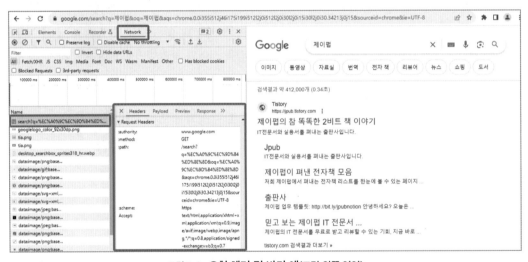

그림 1.2 **요청 헤더 및 바디 예**(그림 왼쪽 영역)

예: **HTTP 요청 헤더(일부분)**

```
Request URL: https://www.google.com/search?q=%EC%A0%9C%EC%9D%B4%ED%8E%8D&oq=&aqs= ↵
chrome.3.69i59i45018.3847441j0j15&sourceid=chrome&ie=UTF-8
Request Method: GET
Status Code: 200
Remote Address: 142.250.66.132:443
Referrer Policy: origin
:authority: www.google.com
:method: GET
:path: /search?q=%EC%A0%9C%EC%9D%B4%ED%8E%8D&oq=&aqs= chrome.3.69i59i45018.3847441j0j15& ↵
sourceid=chrome&ie=UTF-8
:scheme: https
```

```
accept: text/html,application/xhtml+xml,application/xml;q=0.9,image/avif,image/webp, ↵
image/apng,*/*;q=0.8,application/signed-exchange;v=b3;q=0.9
accept-encoding: gzip, deflate, br
accept-language: ko-KR,ko;q=0.9,en-US;q=0.8,en;q=0.7
…
```

GET 방식의 경우 요청하는 데이터의 세부적인 내용, 예를 들면 검색 키워드 등을 URL에 직접 포함시켜 서버로 보낸다. 앞의 HTTP 요청 헤더 예에서 Request URL 항목의 값에서 search?q=…에 해당하는 부분이 바로 URL에 포함된 검색 키워드이다.

따라서 GET 방식, 즉 클라이언트가 서버로부터 데이터를 가져가는 경우 요청의 바디는 비어 있는 경우가 많다. 요청의 바디는 클라이언트가 서버로 데이터를 보내고 처리를 요청하는 POST 방식에서 주로 사용된다.

응답의 헤더에는 요청을 받은 시각, 응답의 종류가 기술된다.

표 1.4 HTTP의 응답 헤더와 바디

헤더	요청을 받은 시각
	응답의 종류(응답 코드)
	응답 본문(바디)의 표현(인코딩) 방법
바디	메시지 본문

HTTP 응답 헤더, 응답 코드는 사실 우리와 매우 친숙하다. 다음 그림은 응답 코드 404 '요청하는 자원을 찾을 수 없음(Not Found)'에 해당하는 응답을 웹 브라우저를 통해 본 것이다.

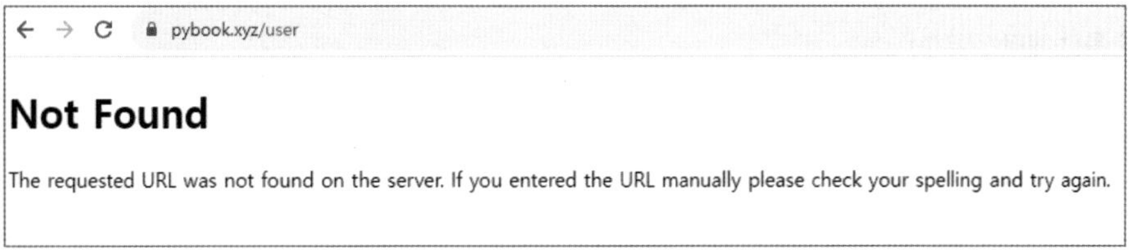

그림 1.3 응답 코드 404 - Not Found 화면

응답의 종류는 요청의 처리 상태를 알려주는 것으로서 HTTP 응답 코드를 검색하면 상세한 내용을 찾아볼 수 있다. 참고로 요청이 정상적으로 처리됨을 뜻하는 응답 코드는 200으로, 이를 가장 많이 볼 수 있을 것이다.

다음은 https://www.pybook.xyz/user로 접속하고 디버그 창을 확인한 것이다. 응답 코드 404에 해당하는 페이지의 응답 헤더와 바디를 살펴보면 다음과 같다.

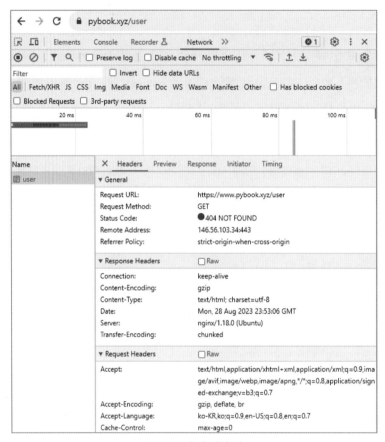

그림 1.4 응답 헤더 예

예: HTTP 응답 헤더(일부분)

```
Request URL: https://www.pybook.xyz/user
Request Method: GET
Status Code: 404 NOT FOUND
Remote Address: 13.209.9.147:443
Referrer Policy: strict-origin-when-cross-origin
...
Accept: text/html,application/xhtml+xml,application/xml;q=0.9,image/avif,image/webp, ↵
image/apng,*/*;q=0.8,application/signed-exchange;v=b3;q=0.9
Accept-Encoding: gzip, deflate, br
Accept-Language: ko-KR,ko;q=0.9,en-US;q=0.8,en;q=0.7
...
```

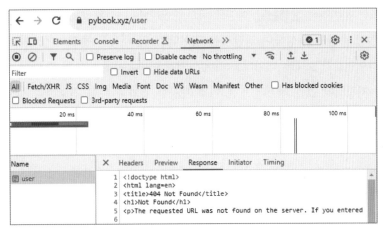

그림 1.5 **응답 바디 예**

예: HTTP 응답 바디 — 404 Not Found 페이지

```
<!doctype html>
<html lang=en>
<title>404 Not Found</title>
<h1>Not Found</h1>
<p>The requested URL was not found on the server. If you entered the URL manually please ↵
check your spelling and try again.</p>
```

요청과 응답의 예에서 볼 수 있는 것처럼 각각의 상세한 부분에는 상당히 내용이 많다. 하지만 **요청과 응답이 각각 헤더와 바디로 구성**되며, **헤더**에는 요청 또는 응답의 처리 방법과 같이 기술적인 내용과 바디를 설명하는 내용이 있고, **바디**에는 전달하고자 하는 데이터 본문이 들어있다고 정리할 수 있다.

1.4 웹 프로그램의 구성 요소

목표 > 서버와 클라이언트가 웹 프로그램으로 어떻게 구현되는지 살펴본다.

이제 웹 프로그램이 일반적으로 어떤 요소로 구성되며 각 요소가 어떻게 서버와 클라이언트와 연계되는지 살펴보자. 오른쪽의 그림은 웹 프로그램의 구성 요소를 간략하게 표현한 것이다.

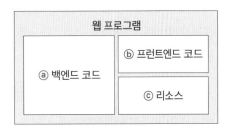

그림 1.6 **웹 프로그램의 구성 요소**

ⓐ **백엔드 코드**는 서버에서 실행된다. 백엔드 코드의 역할은 네트워크를 통해 들어오는 요청을 해석하고 적절한 응답을 생성하여 전달하는 것이다. 응답 내용은 클라이언트의 요청에 따라 달라지며 클라이언트가 보내온 데이터를 서버에 저장하거나 서버 내부의 자원(이미지, 음원, 동영상 등), 서버에 저장되어 있는 데이터 또는 이를 가공한 결과물 등을 전달한다. 백엔드 코드는 자바, 파이썬, 자바스크립트, PHP 등 다양한 언어로 기술된다.

ⓑ **프런트엔드 코드**도 서버에 보관된다. 하지만 프런트엔드 코드는 서버에서 실행되지 않고 클라이언트에 전달된 후 클라이언트에서 실행된다. 클라이언트가 웹 서비스의 주소 등을 통해 처음 웹 서버에 접속하면 GET 요청으로 서비스의 홈페이지(예: index.html)를 요청한다. 이때 응답으로 전달되는 내용이 페이지에 해당하는 프런트엔드 코드이다. 프런트엔드 코드는 대부분의 상황에서 웹 브라우저에 의해 해석되고 실행된다. 따라서 프런트엔드 코드는 웹 브라우저가 사용하는 언어인 HTML과 자바스크립트로 기술되어 있다.

ⓒ 웹 프로그램에서 **리소스**resource는 이미지, 음원, 동영상 파일 등과 같이 이진 형식(이진수로 표현된 데이터)으로 저장되고 제공되는 데이터다. 주로 프런트엔드를 구성하는 요소로 사용되며 응답으로 프런트엔드 코드를 전달할 때 함께 전달된다.

새로운 기능의 추가, 기존 기능의 수정 및 개선, 빠른 응답과 같은 성능의 관점에서 좋은 웹 프로그램의 구조는 웹 프로그램을 구성하는 각 요소가 독립적으로 구성된 것이다. 예를 들어 프런트엔드 코드를 백엔드에서 동적으로 생성하는 것은 특별한 경우가 아니면 추천하지 않는다. 왜냐하면 백엔드 코드와 프런트엔드 코드 사이에 의존성이 생성되어 웹 프로그램의 수정, 개선 등의 관리가 힘들어지고 서버의 작업량이 늘어나 응답 시간이 길어질 수 있기 때문이다. 이러한 예로 템플릿 엔진template engine, 서버 사이드 렌더링server side rendering과 같은 경우가 있다. 클라이언트가 프런트엔드 코드의 구성 요소 중 일부(예: 자바스크립트)를 실행할 수 없다거나 검색 엔진 최적화 등을 위해 필요한 경우에 사용된다.

웹 프로젝트를 설계할 때 웹 프로그램을 구성하는 백엔드 요소와 프런트엔드 요소가 최대한 서로 의존하지 않도록 구성하는 것은 협업 관점에서도 도움이 된다. 웹 프로젝트를 구현하기 위해 백엔드를 개발하는 개발자와 프런트엔드를 개발하는 개발자 그리고 디자이너가 역할을 분담하기 유리하기 때문이다.

처음 웹 개발을 배울 때는 웹 프로그램을 구성하는 각 요소가 독립적으로 구성되도록 노력하고 백엔드와 프런트엔드 개발자의 역할을 모두 경험하면서 웹 프로그래밍을 시작하는 것을 추천한다.

왜냐하면 무엇보다 웹 프로그램의 전체 구조와 작동 원리를 이해할 수 있기 때문이고, 이와 같은 이해를 바탕으로 다양한 역할을 하는 개발자와 디자이너를 프로젝트 관점에서 바라볼 수 있는 능력을 갖출 수 있기 때문이다.

이제까지 웹 서비스를 서버-클라이언트 모델을 통해 살펴보았다. 그리고 웹 서비스를 구성하는 웹 프로그램의 구성 요소는 무엇이고, 각 요소가 어디에 위치하고 또 실행되는지 간략히 살펴보았다. 이어지는 2장에서는 이와 같은 웹 서비스의 구조가 실제 프로그램 코드 수준에서 어떻게 만들어지는지 구체적으로 살펴보도록 하겠다.

아래는 1장에서 살펴보았던 주요 개념들을 정리한 것이다. 개념들을 잘 정리해두면 이 책을 읽는데 도움이 될 것이다.

프레임워크(Framework)	서비스, 기능 등을 제공하기 위한 프로그램 요소들의 묶음을 일컫는다. 예를 들어 스프링(Spring), 장고(Django) 등은 웹 서비스를 제공하기 위한 웹 프레임워크들이다.
라이브러리(Library)	특정 기능을 수행하는 기성품 코드들이다. 도서관에서 책을 가져다보듯, 기능이 필요할 때 가져다 쓸 수 있다는 의미에서 라이브러리라는 이름이 유래하였다.
백엔드(Backend)	정보를 가공, 저장, 생성하는 역할을 수행하는 시스템이다. 생산 시설에 비유할 수 있다.
백엔드 코드	백엔드에 필요한 기능들을 구현한 소프트웨어 코드를 일컫는다.
프런트엔드(Frontend)	사용자로부터 정보를 입력받거나 사용자가 요청한 정보를 보여주는(시각화해주는) 역할을 수행하는 시스템이다. 영업점이나 고객 담당 부서에 비유할 수 있다.
프런트엔드 코드	프런트엔드 기능을 수행하는, 즉 사용자에게 인터페이스(UI)를 제공하는 소프트웨어 코드를 일컫는다.
서버(Server)	사용자로부터 요청을 받고 응답을 제공하는 쪽이다.
클라이언트(Client)	요청을 전달하고 응답을 받는 쪽이다. 사용자라고 보면 된다.
요청(Request)	서비스나 데이터를 요구하는 것이다. 예를 들어 웹 서비스 관점에서는 데이터나 웹 페이지를 가져가려는 행위(GET, 읽기), 데이터를 전달하고 처리와 저장을 의뢰하는 행위(POST, 저장 또는 처리) 등이다. 이 밖에도 PUT(기존 데이터 교체), PATCH(변경된 부분만 수정), DELETE(삭제) 등이 자주 사용되는 종류의 요청들이다.
응답(Response)	서버가 클라이언트로부터 요청을 받고 요청의 내용을 찾아 전달하거나 의뢰받은 처리를 수행하고 그 결과를 알려주는 것이다. 예를 들어 요청받은 페이지나 데이터를 찾을 수 없는 경우 상태 코드 404에 해당하는 Not Found 응답이 대표적이다.
헤더(Header)	데이터를 설명하는 영역이다. 책의 머릿말, 목차 등에 해당한다.
바디(Body)	데이터 영역이다. 책의 본문에 비유할 수 있다.
디버그 모드(Debug mode)	디버그 모드는 서버와 클라이언트가 주고받는 데이터와 소프트웨어 코드를 최대한 있는 그대로 볼 수 있도록 표시하는 모드다. 프로그램의 오류를 버그(bug)라고 하며 버그가 발생하면 그 원인을 찾기 위해 디버그 모드를 사용한다.

02장

▼ 웹 프로그래밍 시작하기

1장에서 웹 서비스를 설명하는 두 요소인 서버와 클라이언트에 대해 살펴보았고, 웹 프로그램의 구성 요소가 서버와 클라이언트의 상호작용과 어떻게 관계되어 있는지도 살펴보았다. 2장에서는 웹 프로그램을 코드 수준에서 다루어보면서 웹 프로그램의 작동 원리를 구체적으로 살펴볼 것이다. 그리고 좋은 웹 프로그램 구조는 어떤 것인지에 대해서도 생각해볼 것이다. 여기 2장 그리고 더 나아가 책의 이어지는 3장과 4장에서 지향하는 목표는 다음과 같다.

기능 관리와 추가가 쉬운 웹 프로그램을 만든다.

여러 사람이 함께 작업하기 좋은 구조의 웹 프로그램을 만든다.

웹 기술 발전에 따른 개선을 수용하기 유리한 구조의 웹 프로그램을 만든다.

이와 같은 목표에 도달하기 위해 이 책에서는 단순한 것에서 출발하여 이를 응용한 좀 더 복잡한 것으로 차츰 옮겨갈 것이다. 여기서 단순한 것이란 웹 서비스를 구성하는 기본적인 원리와 이를 구현한 프로그래밍 요소다. 따라서 가능하면 추상화되어 있는 요소의 사용을 피하고 이를 풀어서 투명함을 높일 것이다. 여기서 추상화되어 있는 요소란, 기존에 웹 프레임워크가 제공했던 크고 무거운 기능이라 할 수 있다.

이 책의 예제에서는 기능을 만들기 위해 당장의 편리함보다 웹 프로그램의 구조와 그 구성 요소의 내용이 좀 더 명확하게 드러나는 방향을 택했다. 따라서 처음에는 프레임워크가 통째로 제공하는 기능에 기대는 것보다 직접 해야 할 일이 많아 보일 것이다. 하지만 책의 전반부를 읽다 보면 몇 가지 패턴이 반복된다는 것을 아는 순간이 올 것이고, 그때가 되면 웹 프로그램의 큰 그림을 알고 프로그램을 작성할 수 있을 것이다.

2.1 웹 프로그래밍 준비

목표 > 웹 프로그램을 위한 프레임워크를 알아보고 그중 하나를 선택한다.
　　　 > 웹 프로그래밍을 시작하기 위한 개발 환경을 갖춘다.

웹 프로그램에서 백엔드 프레임워크는 클라이언트의 요청을 받고 데이터, 페이지 등을 전달하는 역할을 수행하는 기성품 프로그램 코드다. 앞서 1장에서 살펴본 바와 같이 다양한 언어로 작성된 여러 프레임워크가 있다. 이 프레임워크는 모두 서버-클라이언트 모델의 동작을 잘 구현하고 있기 때문에 어떤 프레임워크를 선택해도 무방하다. 만약 익숙한 프로그래밍 언어가 있다면 해당 언어로 만들어진 프레임워크를 선택하는 것을 추천한다.

이 책에서는 예제 진행을 위해 기존에 웹 프로그래밍을 해 본 경험이 없다고 가정하고, 파이썬으로 작성된 **플라스크** 웹 프레임워크를 백엔드 프레임워크로 선택했다. 무엇보다 파이썬이 배우기 쉬워 널리 사용되는 언어이고, 다양한 파이썬 라이브러리 등을 이용해서 사용자의 필요에 따라 여러 가지 백엔드 서비스를 구현할 수 있기 때문이다.

플라스크 프레임워크에서 페이지 파일 전달, 응답 생성과 관련된 최소한의 요소들만 사용했다. 따라서 플라스크 이외의 다른 프레임워크를 사용하는 경우에도 같은 기능을 수행하는 요소들로 이들을 대체할 수 있다. 사용된 요소의 구체적인 내용은 앞으로 진행할 예제를 통해 살펴볼 수 있다.

백엔드 코드에는 사용자로부터 요청을 받고 응답을 전달하는 동작이 명료하게 기술된다. 하지만 프런트엔드 프레임워크에는 화면을 구성하는 과정이 객체 등으로 추상화되어 있기 때문에 백엔드 프레임워크에 비해 그 동작이 직관적으로 드러나 있지 않다. 요청을 생성하고 응답을 화면에 표시하는 과정을 직접 살펴보기 위해 프런트엔드 코드에는 프레임워크를 사용하지 않고 순수한 HTML과 자바스크립트만을 사용하여 코드를 구성했다.

먼저 파이썬 프로그래밍 언어를 사용하기 위해 **파이썬 인터프리터**Python interpreter가 필요하다. 아래 주소로 방문해 파이썬 인터프리터를 다운로드하고 설치한다(이 책에서는 3.10.5 버전을 사용했다).

▶ https://www.python.org/downloads/

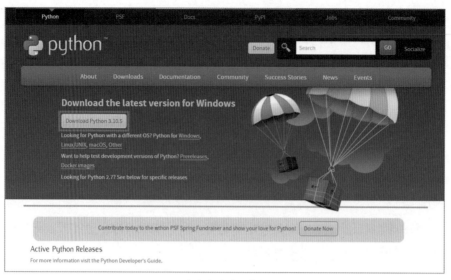

그림 2.1 **파이썬 인터프리터 다운로드**

파이썬 인터프리터를 설치하는 과정 중 권한이 충분하지 않다(insufficient privilege 또는 insufficient permission)는 메시지가 표시된다면 파이썬 인터프리터 설치 파일을 관리자 권한으로 실행한다. 사용하는 운영체제가 윈도우라면 파이썬 인터프리터 설치 파일을 마우스 오른쪽 버튼으로 클릭하고 [메뉴] ➡ [관리자 권한으로 실행]을 선택하면 된다.

> **노트** 운영체제에 따라 실행 방법이 서로 다른 내용은 앞으로 윈도우 환경을 기준으로 설명할 것이다.

파이썬 인터프리터 설치 첫 화면의 아랫부분에 [Add Python 3.XX to PATH] 옵션이 보인다. 이 옵션을 활성화하면 컴퓨터의 임의의 위치에서도 파이썬 인터프리터를 실행할 수 있도록 파이썬 인터프리터가 설치된 위치를 PATH라는 컴퓨터 환경 변수에 추가한다. 이 옵션을 선택하고 설치를 진행한다.

파이썬 인터프리터 설치 첫 화면에서 [Install Now]를 선택하면 기본 설정으로 설치가 진행된다. [Customize installation]을 선택하면 설치되는 요소와 설치 위치 등의 설정을 변경할 수 있다.

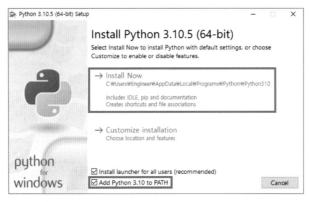

그림 2.2 **파이썬 인터프리터 설치 ― Add Python to PATH 옵션**

파이썬 인터프리터 설치가 완료되면 명령 프롬프트를 열고(윈도우 운영체제에서는 [윈도우 버튼] ➡ [Windows 시스템] ➡ [명령 프롬프트 실행]) python이라고 입력하여 파이썬 코드 입력기가 정상적으로 실행되는지 확인한다. 실행 중인 코드 입력기에 exit()를 입력하면 코드 입력기를 종료할 수 있다.

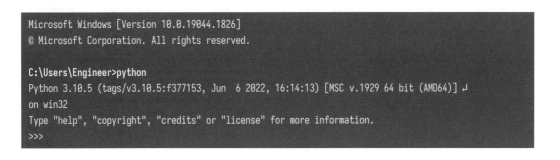

만약 파이썬 인터프리터 실행 파일을 찾을 수 없다는 오류 메시지가 출력되면 설치 단계에서 PATH 옵션 선택을 생략했거나 그 외의 이유로 파이썬 인터프리터 실행 파일의 위치가 PATH 변수에 정상적으로 등록되지 않은 것이다. 이 경우 PATH 변수에 파이썬 인터프리터의 위치를 추가할 수 있다. 윈도우 운영체제 기준으로 [제어판] ➡ [시스템] ➡ [고급 시스템 설정]을 선택한다. 다음과 같이 시스템 속성 창이 나타나면 창 아랫부분의 [환경 변수]를 선택한다.

그림 2.3 **환경 변수 창 열기**

[환경 변수] 창의 [시스템 변수] 영역에서 [Path] 변수를 선택한 후 [편집] 버튼을 클릭하여 편집 창을 연다.

그림 2.4 Path 환경 변수 수정

[환경 변수 편집] 창에서 [새로 만들기]를 선택하고 파이썬 인터프리터가 설치된 위치를 추가한다.

그림 2.5 환경 변수 편집

파이썬 인터프리터를 설치할 때 설치 위치를 직접 지정하지 않았다면 다음 경로에 파이썬 인터프리터가 설치된다. 이를 참고로 자신의 컴퓨터에서 파이썬 인터프리터가 설치된 위치를 찾아보고 경로 정보를 가져온다.

▶ C:\Users\사용자 이름\AppData\Local\Programs\Python\Python3XX

아래 두 경로를 PATH 변수에 추가한다.

▶ C:₩Users₩사용자 이름₩AppData₩Local₩Programs₩Python₩Python3XX₩

▶ C:₩Users₩사용자 이름₩AppData₩Local₩Programs₩Python₩Python3XX₩Scripts₩

[환경 변수 편집]을 마치면 [확인] 버튼을 클릭하여 창을 닫고 명령 프롬프트를 열어 파이썬 코드 입력기가 정상적으로 실행되는지 확인한다(추가된 환경 변수를 적용하기 위해 시스템 리부트가 필요할 수도 있다).

파이썬 인터프리터가 제공하는 파이썬 코드 입력기는 프로젝트 단위로 코드를 관리하기에는 여러모로 불편하다. 파이썬을 사용하는 프로젝트의 개발을 도와주는 프로그래밍 환경 중 **파이참** PyCharm이 여러 편리한 기능을 제공한다. 이 책에서는 예제 진행을 위한 개발 환경으로 파이참을 사용할 것이다. 아래 주소의 웹 페이지에서 파이참을 다운로드하고 설치하자.

▶ https://www.jetbrains.com/ko-kr/pycharm/download

다운로드 페이지를 방문하면 Professional, Community 두 가지 버전을 선택할 수 있는데 이 중 Community 버전을 다운로드하고 설치하면 된다(이 책에서는 2021.2.3 버전을 사용했다).

그림 2.6 **파이참 개발 환경 다운로드**

역시 설치 과정 중 권한이 충분하지 않다는 경고 메시지가 출력되면 파이참 설치 파일을 마우스 오른쪽 버튼으로 클릭하고 [관리자 권한으로 실행]을 선택한다.

이어지는 내용에서는 1장에서 살펴보았던 웹 프로그램 구조를 실제 프로그래밍 코드로 구현하면서 웹 프로그램의 구성 요소인 백엔드 코드, 프런트엔드 코드를 살펴보도록 하겠다. 더불어 파이썬으로 프로그래밍을 시작하면서 파이참 사용 방법도 함께 살펴보도록 하겠다.

2.2 Hello, world를 통해 살펴보는 웹 프로그램의 구조

목표 > 파이참 개발 환경의 기본적인 사용 방법을 익힌다.
소스 > https://github.com/sgkim-pub/pyWorld/tree/master/local

Hello, world!를 화면에 출력하는 프로그램을 다양한 형태로 만들어보자. 먼저 내 컴퓨터에서 Hello, world!를 출력하는 한 줄로 이루어진 프로그램을 만들면서 파이참 사용 방법을 익혀 볼 것이다. 그리고 Hello, world!를 웹 브라우저에 출력하는 웹 프로그램을 세 가지 형태로 만들어보고 구조 측면에서 웹 프로그램을 살펴보도록 하겠다.

2.2.1 ▶ 개발 환경 살펴보기

간단한 프로그램을 만들어 파이참 개발 환경의 기본적인 사용 방법을 살펴보자. 파이참을 실행하고 [New Project](또는 [File] 메뉴의 [New Project])를 선택한 후 **pyWorld**라는 이름으로 새로운 프로젝트를 하나 생성한다. Create Project(또는 New Project) 창의 Location 입력 창에 프로젝트 이름인 **pyWorld**를 입력하면 된다.

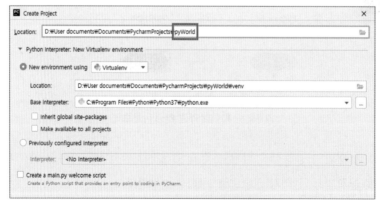

그림 2.7 **pyWorld 프로젝트 생성**

Create Project 창에서 Location 아래 내용들은 파이썬 패키지(라이브러리)가 저장될 위치, 인터프리터 위치와 같이 실행 환경과 관련된 설정이다. 기본 설정을 변경하지 않고 그대로 이용해도 대부분의 경우 문제가 없다. 만약 파이썬 인터프리터를 찾을 수 없다는 오류가 발생하면 Base interpreter 항목에 2.1절에서 설치했던 파이썬 인터프리터 실행 파일이 지정되었는지 살펴본다.

프로젝트가 생성되면 파이참 화면 왼쪽의 프로젝트 창에서 프로젝트 이름인 [pyWorld] 위에 마우스 커서를 위치시키고 오른쪽 버튼을 클릭하여 메뉴 창을 연 후 [New] ➡ [Directory]를 선택해서 'local'이라는 이름으로 디렉터리를 하나 만든다.

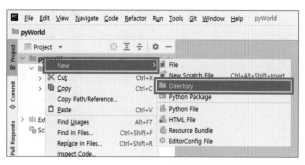

그림 2.8 새 디렉터리 만들기

생성한 [local] 디렉터리 위에 마우스 커서를 위치시키고 오른쪽 버튼을 클릭하여 메뉴 창을 연 후 [New] ➡ [File]을 선택하여 run.py라는 이름으로 새로운 파일을 생성한다.

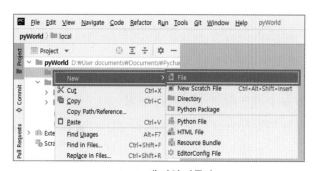

그림 2.9 새 파일 만들기

> **노트** 파이참에 다음과 같이 Add File to Git 팝업 창이 나타난다면 일단 [Cancel] 버튼을 클릭한다. 이 내용은 생성한 파일을 코드 버전 관리를 도와주는 프로그램인 깃(Git)에 추가하겠는지 묻는 것이다.
>
>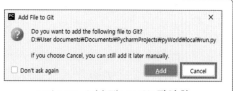
>
> 그림 2.10 Add File to Git 팝업 창

지금까지 만든 프로젝트의 구조는 다음과 같다.

```
pyWorld
 └ local
     └ run.py
```

화면에 Hello world!를 출력하는, 한 줄로 이루어진 간단한 프로그램을 다음과 같이 만들어보자.

📁 예제 코드 **pyWorld/local/run.py**

```
print('Hello, world!')
```

파이참 메뉴에서 [File] ➡ [Save All]을
선택하거나 [Ctrl]+[S]를 눌러서 작성한
내용을 저장한다.

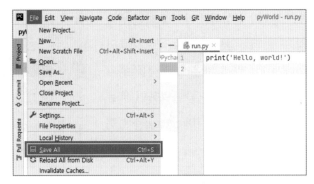

그림 2.11 **프로젝트 저장**

이제 프로그래밍한 내용을 실행해보자. 아래 두 가지 방법 중 하나를 선택해서 작성한 파이썬 스
크립트를 실행시킬 수 있다.

방법 1. 메뉴 창을 이용하는 방법

화면 왼쪽 Project 서브 창에서 작성한
run.py 파일 위에 마우스 커서를 위치
시키고 마우스 오른쪽 버튼을 클릭해
서 메뉴 창을 열고 [Run 'run']을 선택
한다.

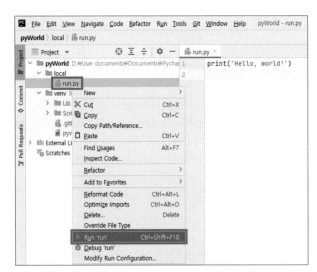

그림 2.12 **파이썬 스크립트 실행 - 팝업 창 이용**

방법 2. [Run] 메뉴를 이용하는 방법

파이참의 상단 [Run] 메뉴를 클릭한
후 [Run]을 선택한다.

그림 2.13 **파이썬 스크립트 실행 - [Run] 메뉴 이용**

파이썬 스크립트 실행 결과를 다음과 같이 파이참 화면 아래쪽의 로그log 창에서 확인할 수 있다.

그림 2.14 **파이썬 스크립트 실행 결과 확인**

이번 절에서는 기본적인 파이참 사용 방법을 살펴보고 첫 예제로 화면에 Hello, world! 문자열을
출력하는 프로그램을 작성해보았다. 프로그램의 실행 결과를 각자의 컴퓨터에서 실행하고 출력할
수 있어 디렉터리의 이름을 'local'이라고 했다.

앞서 살펴보았던 파이참의 기본적인 사용 방법을 앞으로도 계속 이용할 것인데, 이어지는 내용에
서는 본격적으로 웹 프로그래밍에 대해 살펴볼 것이다. 만약 파이참 프로그래밍 환경에 생소하다면
이번 절의 내용을 한 번 더 살펴보자.

노트 어두운 배경 화면을 선호한다면 파이참 에디터의 테마를 변경할 수 있다. [File] ➡ [Settings]를 선택한
후 Settings 창의 [Appearance & Behavior] ➡ [Appearance] 항목에서 테마를 선택할 수 있다. Theme 항목
에서 [Darcula]나 [High contrast]를 선택하면 테마가 어두운 색상으로 바뀐다.

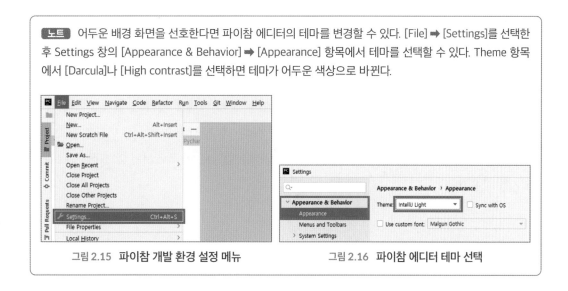

그림 2.15 **파이참 개발 환경 설정 메뉴**　　　　　그림 2.16 **파이참 에디터 테마 선택**

2.2.2 ▶ 처음 만들어보는 웹 프로그램

목표 > 파이썬과 플라스크를 이용해서 웹 프로그램을 만들어본다.

> 플라스크 웹 프레임워크 사용 방법을 배운다.

소스 > https://github.com/sgkim-pub/pyWorld/tree/master/mixed

파이썬과 플라스크 프레임워크를 이용해서 웹 브라우저에 Hello, world!를 출력하는 웹 프로그램을 만들어보자. 플라스크 프레임워크를 사용하기 위해 먼저 Flask 패키지를 설치해야 한다. 다음과 같이 파이참의 [File] ➡ [Settings] 메뉴를 선택해서 Settings 창을 연다.

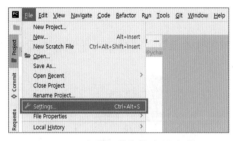

그림 2.17 **파이참 개발 환경 설정 메뉴**

Settings 창에서 [Project] ➡ [Python Interpreter]를 선택하고 패키지 목록 영역 왼쪽 위의 ⊞ 기호를 클릭한다.

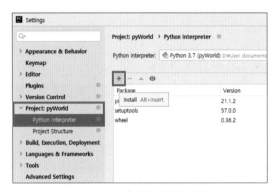

그림 2.18 **파이썬 패키지 설치**

노트 만약 파이썬 패키지 설치 창이 비활성되어 있다면 Settings 창의 [Project] ➡ [Python Interpreter] 항목에 프로젝트에서 사용할 파이썬 인터프리터가 지정되어 있는지 확인한다. 예를 들면 프로젝트의 가상 실행 환경(venv) 디렉터리 아래에 위치하는 파이썬 인터프리터 등이 지정되어 있어야 할 것이다.

⊞ 기호를 클릭하면 패키지를 검색하고 설치할 수 있는 창이 나타날 것이다. 패키지 검색 창을 이용해 **Flask**를 입력하여 검색하고 [Flask] 패키지를 선택한 후 [Install Package] 버튼을 클릭해서 설치한다. 패키지 설치가 끝나면 패키지 설치 창을 닫는다. 참고로 이 책에서는 2.1.1 버전의 Flask 패키지를 사용했다.

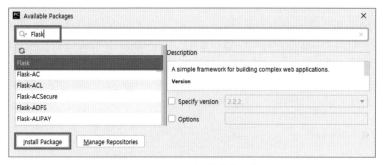

그림 2.19 Flask 패키지 검색

패키지 설치가 완료되면 다음과 같이 새로 설치된 Flask 패키지와 그 부수 패키지를 볼 수 있을 것이다. [OK] 버튼을 클릭하여 창을 닫는다.

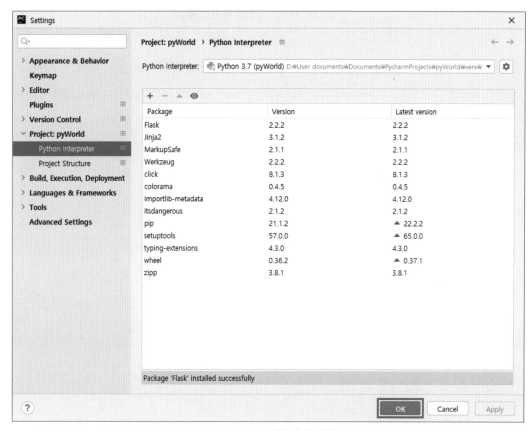

그림 2.20 Flask 패키지 설치 결과

> **노트** 설치하는 파이썬 패키지의 버전을 선택할 수 있다. 나중에 시간이 꽤 흐른 뒤에는 이 책의 예제가 실행되지 않을지도 모른다. 그런 경우가 생긴다면 사용하는 패키지를 최신 버전보다 이전 버전으로 설치해보면서 다시 실행시켜 볼 수 있다.
>
> 파이참에서 [File] ➡ [Settings]를 선택하고 [+]를 클릭한 후 Available Packages 창에서 [Specify version]을 체크하고 설치하려는 파이썬 패키지의 버전을 선택할 수 있다.

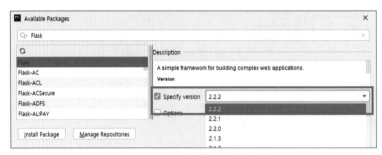

그림 2.21 **파이썬 패키지 버전 선택**

필요한 파이썬 패키지 설치를 마쳤으면 pyWorld 프로젝트 아래에 mixed라는 이름으로 디렉터리를 하나 생성한다. 그리고 이 mixed 디렉터리 아래에 templates라는 이름으로 디렉터리를 만들고 mixed/templates 디렉터리 안에 다음과 같이 index.html 파일을 작성하자. HTML 파일의 구조와 문법에 대해서는 이 장의 뒷부분에서 자세히 다룰 것이다. 여기서는 웹 프로그램의 구조와 동작을 이해하는 데 설명의 초점을 맞추도록 하겠다.

📁 예제 코드 **pyWorld/mixed/templates/index.html**

```html
<!DOCTYPE html>
<html>
<head>
    <meta charset="UTF-8">
    <title>Title</title>
</head>
<body>
    <h1>{{message}}</h1>
</body>
</html>
```

index.html 파일 작성을 마치면 mixed 디렉터리 안에 다음과 같이 routes.py 파일을 작성하자. 다음 코드의 `__name__`, `__main__`에서 name, main 앞뒤의 긴 언더스코어는 언더스코어(_) 기호를 두 번 쓴 것임을 유의하자.

📁 예제 코드 **pyWorld/mixed/routes.py**

```python
from flask import Flask, render_template ❶

app = Flask(__name__) ❷

@app.route('/', methods=['GET']) ❸
def index(): ❹
    return render_template('index.html', message='Hello, world!')

if __name__ == '__main__': ❺
    app.run('127.0.0.1', 8000)
```

다음과 같은 구조의 프로젝트가 작성되었을 것이다.

```
PyWorld
  └ mixed
      └ templates
          index.html
      routes.py
```

간단한 웹 프로그램이 완성되었다. routes.py 스크립트는 127.0.0.1:8000라는 주소로 접속한 사용자(클라이언트)에게 플라스크 프레임워크를 이용해서 index.html을 응답하는 웹 서버 프로그램이다. routes.py 스크립트를 실행시키면 다음과 같이 파이참의 로그 창에 routes.py 스크립트가 http://127.0.0.1:8000에서 실행(Running)되고 있음이 표시된다.

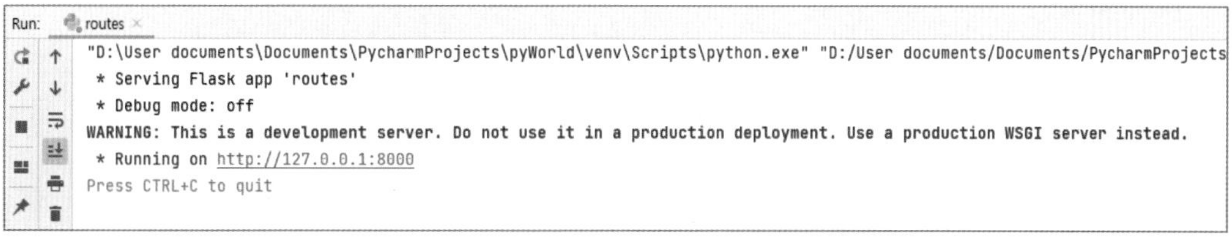

```
Run:    routes ×
    "D:\User documents\Documents\PycharmProjects\pyWorld\venv\Scripts\python.exe" "D:/User documents/Documents/PycharmProjects
     * Serving Flask app 'routes'
     * Debug mode: off
    WARNING: This is a development server. Do not use it in a production deployment. Use a production WSGI server instead.
     * Running on http://127.0.0.1:8000
    Press CTRL+C to quit
```

그림 2.22 **플라스크 웹 서버 실행**

> **노트** 플라스크 웹 서버를 실행시키면 로그 창에 경고 메시지가 함께 출력될 것이다. 경고 메시지는 '이것은 개발 서버(development server)이며 제품 배포(production deployment)에 사용하지 말라. 대신 제품 WSGI 서버를 사용하라'는 의미로, 여기서 WSGI에 대해서는 웹 프로그램 배포를 다루는 책의 5.2.3절에서 살펴보도록 하겠다.

웹 브라우저를 열고 주소 창에 **http://127.0.0.1:8000**을 입력하면 실행 중인 플라스크 앱에 접속하게 되며 index.html의 내용을 웹 브라우저에서 볼 수 있다.

그림 2.23 **실행 중인 웹 서버에 접속 결과**

이제 프로그램의 내용을 좀 더 자세히 살펴보자. routes.py 파일은 웹 서버에서 실행되는 백엔드 코드로서 사용자로부터 페이지 제공 요청을 받고 프런트엔드 코드인 index.html 파일을 전송한다.

❶ 먼저 Flask 패키지에서(from flask) Flask 클래스를 가져온다(import Flask).

❷ Flask 클래스의 객체를 생성하고 이름이 **app**인 변수에 할당했다. Flask 객체를 생성할 때, 생성될 객체의 이름을 인자_argument_로 전달하는데 원하는 이름을 문자열로 전달해주면 된다. 예제에서는 파이썬의 __name__ 키워드를 이용해서 객체 이름을 지정했다.

> **노트** 클래스와 객체를 비유로 설명하자면, 클래스(class)는 붕어빵의 틀이고 객체(오브젝트(object) 또는 인스턴스(instance)라고 불린다)는 틀로 찍어낸 붕어빵과 같은 관계이다. 즉, 클래스의 변수들에 초깃값을 설정하고 컴퓨터의 메모리에 적재(load)를 마치면 객체가 된다.
>
> __name__ 키워드는 파이썬 인터프리터가 사용하는 예약된 키워드로 파이썬 인터프리터는 __name__으로 표시된 부분을 해당 파이썬 스크립트가 포함된 파이썬 모듈의 이름으로 대체해준다. 파이썬 모듈은 기능이 서로 연관되어 있는 파일을 모듈 디렉터리라고 부르는 하나의 디렉터리 안에 모아 놓는 파이썬에서 사용하는 프로그램 구조다.
>
> 예외적으로 어떤 파이썬 스크립트가 다른 파이썬 스크립트에 포함(import)되는 것이 아니고 독립적으로 실행되는 경우 파이썬 인터프리터는 __name__ 변수에 __main__이라는 이름을 설정한다. __name__의 내용이 궁금하면 print(__name__)으로 값을 볼 수도 있다.

❸ 이런 형식을 **파이썬 데커레이터**_decorator_라고 부른다. 파이썬 데커레이터는 바로 아래에 위치하는 코드(예제 코드에서는 index() 함수)를 기능 측면에서 감싼다. 따라서 데커레이터(도입 블록) ➡ 사용자 코드 ➡ 데커레이터(정리 블록) 순서로 코드가 실행된다. 예제 코드에서 데커레이터와 사용자 코드의 실행 과정을 그림으로 나타내면 다음과 같다.

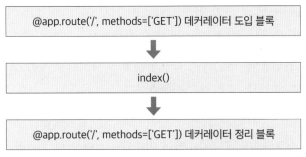

그림 2.24 index() 함수를 포함하는 route() 데커레이터 함수 실행 과정

데커레이터는 자신이 먼저 실행된 후 그 안에 포함되는 함수를 호출한다. 예제 코드에서 클라이언트가 서버의 '/' 경로(http://example.com/에서 'http://example.com'은 서버의 주소가 되고, 주소 뒤에 이어지는 문자열인 '/'는 서버 안에서의 경로가 된다)로 HTTP 요청을 보내면 `route` 데커레이터가 HTTP 요청을 받아 먼저 호출되고 데커레이터는 다시 `index()` 함수를 호출하여 실행시킨다. 즉, 플라스크 웹 프레임워크가 제공하는 route 데커레이터는 사용자가 작성한 함수를 웹을 통해 호출할 수 있도록 만들어 준다.

route 데커레이터에 전달되는 인자를 정리하면 다음과 같다.

```
route(서버 안에서의 경로, 허용하는 요청의 종류)
```

route 데커레이터의 첫 번째 인자는 서버 안에서의 경로를 의미하고 이 경로가 서버 주소와 결합되면 클라이언트가 요청을 전달하는 전체 주소를 구성한다.

두 번째 인자인 `methods` 인자에는 `route()` 함수에 전달된 경로로 접속할 때 허용할 요청 방식의 목록을 적어준다. 앞서 1.3절에서 클라이언트의 요청에 다섯 가지 구분이 있음을 살펴보았다. 이 중 클라이언트는 주로 GET과 POST 두 가지 방식으로 서버에 요청을 전송한다. 참고로 이 두 가지 방식을 주로 사용하는 이유는 POST 방식으로 PUT, PATCH, DELETE 동작을 구현할 수 있기 때문이다. 위의 예에서 서버는 '데이터 혹은 페이지를 가져가고 싶다'는 GET 방식 요청을 수락한다.

> **노트** GET 방식으로 서버에 데이터를 전달할 때는 URL 주소 뒤에 '?var=value'와 같이 접미어 형태로 데이터를 URL에 포함시켜 전달한다. POST 방식에서는 HTTP 메시지 본문(body)에 데이터를 포함시켜 서버로 전송한다. 따라서 POST 방식에서는 전달되는 데이터가 사용자에게 바로 보이지 않는다. POST 방식은 기본적으로 서버에 데이터 처리를 요청하는 동작이기 때문에 비교적 크기가 큰 데이터도 전달할 수 있다.

❹ index() 함수는 index.html 파일 안에 {{message}}로 지정되어 있는 항목을 채운 후 index. html 파일을 사용자에게 전달한다. 이런 방식을 **템플릿**template을 이용한다고 한다. render_ template() 함수는 템플릿(내용이 비어 있는 문서 틀)에 데이터를 채운 후 페이지(데이터)를 요청한 클라이언트에게 전달하는 플라스크의 함수이다.

❺ 파이썬 인터프리터는 __name__ 변수에 이름을 자동으로 할당하는데 현재 실행되는 routes.py 스크립트가 다른 스크립트에 포함import되어 이용되는 것이 아니고 직접 실행되는 주요 프로그램이라는 의미에서 __main__이라는 이름을 준다. 따라서 스크립트가 직접 실행되는 경우(즉 __ name__ == '__main__') Flask 객체 app의 run() 함수를 호출해서 실행run하라는 의미가 된다.

run() 함수에 주소와 포트port 번호를 인자로 전달했다. 주소는 네트워크에서 이 스크립트가 실행되는 컴퓨터를 식별할 수 있는 IP 주소를 말하며, 포트 번호는 컴퓨터 안에서 실행 중인 여러 프로그램 중에 파이썬 플라스크 프로그램을 식별하기 위한 용도로 사용된다. 비유하자면 부산(IP)에 배를 댈 수 있는 여러 개의 항구(port)가 있고 포트 번호를 항구를 구분하기 위한 식별 번호라고 생각하면 된다.

> **노트** IP 주소 127.0.0.1은 프로그램이 실행 중인 컴퓨터 자신을 가리킨다. 원래의 장비나 장치로 돌아간다는 의미로 loop back 주소라고도 한다.

앞서 살펴본 실행 결과처럼 웹 서버 프로그램은 지정한 주소 '127.0.0.1:8000/'로 클라이언트가 요청을 보냈을 때 프로그램으로 정의한 기본 접속 응답을 제공한다(주소 맨 뒤에 붙는 경로 '/'는 웹 브라우저에서 생략되어 표시된다).

플라스크 프레임워크를 이용한 백엔드 프로그램의 작성 흐름은 'Flask 객체 생성 ➡ 특정 경로로 페이지 요청이 있을 때 실행할 내용 작성 ➡ Flask 객체 실행'으로 이루어진다. 페이지나 기능이 추가될 때마다 해당 기능을 함수로 기술하여 추가하고 이 함수를 route 데커레이터를 이용해서 제공하는 코딩 패턴을 앞으로 예제를 진행하면서 계속 보게 될 것이다. 따라서 지금 시점에서는 다소 생소하더라도 예제를 진행하면서 익숙해질 수 있을 것이다.

mixed 프로젝트를 구성하는 파일을 웹 프로그램 구성 요소 관점에서 다음과 같이 정리해볼 수 있다.

백엔드 코드	프런트엔드 코드
routes.py	index.html
	리소스
	없음

그림 2.25 **mixed 프로젝트를 구성하는 파일**

mixed 예제 프로젝트는 백엔드 코드와 프런트엔드 코드 사이에 의존성이 존재한다. index.html 파일을 살펴보면 {{message}}로 표시되어 있는 부분을 웹 서버가 채우도록 되어 있다. 즉 프런트엔드 코드인 index.html은 웹 서버의 처리를 거쳐야 완성된다. 그리고 {{message}} 구문은 플라스크 웹 프레임워크가 템플릿을 채우기 위해 사용하는 문법이다. 결국 프런트엔드 코드인 index.html은 파이썬 플라스크 웹 프레임워크가 먼저 처리한 후 클라이언트에게 보내주지 않으면 쓸모가 없게 된다.

이렇게 의존성이 형성되어 프런트엔드 코드가 백엔드 프레임워크에 종속되어 있는 경우 프런트엔드 기술의 발전에 따른 혜택을 이용할 수 없게 된다. 그리고 프런트엔드 개발자는 백엔드 프레임워크의 작동 원리와 구조를 알고 있어야 하기 때문에 개발의 분업도 어렵다. 더불어 나중에 백엔드 프레임워크를 변경하게 되면 기존에 사용하던 프런트엔드 코드를 더 이상 사용할 수 없게 된다.

이와 같은 문제를 어떻게 해결할 수 있는지 다음 절에서 살펴보자.

2.2.3 프런트엔드 − 백엔드 분리

목표 > 백엔드와 프런트엔드 사이에 의존성이 없는 웹 프로그램 구조를 살펴본다.

소스 > https://github.com/sgkim-pub/pyWorld/tree/master/modular

앞서 플라스크 프레임워크의 작동 원리와 이를 이용한 웹 프로그램을 살펴보았다. 이 mixed 프로젝트에는 한 가지 아쉬운 점이 있다. 먼저 routes.py의 아래 내용을 보자.

```
def index():
    return render_template('index.html', message='Hello, world!')
```

그리고 index.html 파일을 함께 살펴보자.

```
...
<body>
    <h1>{{message}}</h1>
</body>
...
```

위 index.html 문서는 플라스크가 아니면 해석할 수 없다. 왜냐하면 플라스크 템플릿 문법에서 변수를 의미하는 표현인 {{message}}가 사용되었기 때문이다. 서버는 이 index.html 페이지를 클라이언트에게 전달하기 전에 문서를 열어보고 요청 상황에 맞는 데이터를 채운 후 전달한다. 따라서 플라스크 템플릿 문법을 따르는 문서가 아니면 서버는 값을 채울 수 없고 클라이언트도 완성된 문서를 받을 수 없는 백엔드(플라스크)와 프런트엔드(플라스크 템플릿) 사이의 의존이 발생한다.

이런 형태의 프로그램은 그 규모가 조금만 커져도 금방 한계가 드러난다. 백엔드와 프런트엔드를 분리할 수 없기 때문에 각각 전문 개발자가 따로 작업할 수 없어 협업이 어렵다. 더 나아가 백엔드와 프런트엔드 기술은 각각 독립적으로 발전하고 있기 때문에 백엔드와 프런트엔드가 합쳐져 있는 구조로는 기술 발전의 혜택을 누리기 어렵다. 예를 들어 프런트엔드로 리액트를 사용하려면 어떻게 해야 할까(그 예를 이어지는 절에서 잠시 살펴볼 것이다)? 요즘 웹 서비스 개발에서 리액트와 같은 프런트엔드 프레임워크는 더 나은 사용자 경험을 위해 사실상 필수이고 따라서 웹 개발자라면 반드시 협업이 필요하다.

좋은 구조를 가진 웹 프로그램의 장점은 다음과 같이 정리해볼 수 있다.

▶ 기능을 추가하고 변경하기 쉽다.
▶ 만들어놓은 프로그램, 또는 그 일부를 재사용할 수 있게 만들어준다.
▶ 여러 사람이 함께 작업하기 쉽다.
▶ 서버와 클라이언트의 역할을 분리하여 성능 향상의 기회를 제공한다.

이러한 관점에서 더 좋은 웹 프로그램을 만들어보자.

먼저 pyWorld 프로젝트 아래에 modular라는 이름으로 디렉터리를 하나 만들자. modular 디렉터리 아래에 templates라는 이름으로 디렉터리를 하나 더 만들고 그 안에 index.html 파일을 만든 후 다음 내용을 작성하자. 이전 예제에서는 보이지 않았던 script라는 부분도 존재하고 뭔가 복잡해 보인다. 그 내용에 대해서는 조금 후에 살펴볼 것이다.

📁 예제 코드 **pyWorld/modular/templates/index.html**

```html
<!DOCTYPE html>
<html>
<head>
    <meta charset="UTF-8"> ···········
                            ❶
    <title>Title</title> ············
</head>
<body>
    <h1 id="text"></h1> ❷
</body>
<script type="text/javascript" src="static/js/index.js"></script> ❸
<script>
    let text = document.getElementById('text');
    let msgPrms = getMessage();
    msgPrms.then((message) => {
        text.innerHTML = message;
    }).catch((error) => {
        console.log('[Error]msgPrms:', error);
    });
</script>
</html>
```

클라이언트가 전달받아 실행하는 프런트엔드 코드인 index.html은 HTML과 자바스크립트 언어로 구성되어 있다. 이 중에서 HTML은 페이지의 요소가 화면에 어떻게 배치되는지 페이지의 틀을 정의하는 부분이고 자바스크립트는 페이지 틀을 변화시키거나 데이터를 채워 넣는 등 페이지의 동작을 기술하는 부분이다. 자바스크립트는 웹 브라우저가 실행할 수 있는 사실상 유일한 프로그래밍 언어다. 자바스크립트에 대해서는 이어질 2.3절에서 좀 더 살펴볼 것이므로 아직 문법을 모른다고 너무 걱정할 것은 없다.

자바스크립트를 제외한 index.html 파일의 HTML 요소는 매우 간단하다.

❶ head 영역은 문서의 속성을 기술한다. 여기서는 문서에 사용되는 인코딩 방식(문자를 표현하는 방식)인 charset 속성을 설정하고 `<title></title>` 영역에 문서의 제목을 입력했다.

> **노트** 인코딩 방식으로 사용한 UTF-8 방식은 영문자(ASCII 인코딩)뿐만 아니라 한글과 같은 다양한 언어까지 표현할 수 있는 방식이다.

❷ h1은 'header 1', 즉 가장 큰 제목을 표시하라는 HTML 태그tag다. HTML 태그의 id 속성은 이 HTML 태그를 페이지의 다른 요소들과 구별하기 위해 설정되는 식별자이다. 따라서 하나의 페이지 안에서 각각의 id는 서로 다른 값을 가지도록 설정되어야 한다.

❸ index.js라는 이름의 외부 파일의 내용을 가져와 index.html에 포함시킨다.

index.html 파일의 내용을 지금 모두 이해할 수는 없겠지만 그 내용을 살펴보면 static/js/index.js 파일을 가져온다는 것을 짐작할 수 있다. modular 디렉터리 아래에 static이라는 이름의 디렉터리를 만들고 다시 modular/static 디렉터리 아래에 js라는 디렉터리를 하나 더 만들자. 그리고 이 js 디렉터리 안에 다음과 같이 index.js 파일을 작성하자.

📁 예제 코드 **pyWorld/modular/static/js/index.js**

```
function getMessage() { ❶
    let message = fetch('/api/message/get').then(response => {
        return response.text();
    }).catch(error => {
        console.log('[Error]fetch.api.message.get:', error);
    });

    return message;
}
```

❶ index.js 파일은 서버에 데이터를 요청하는 **getMessage()** 함수로 구성되어 있다. 클라이언트는 **getMessage()** 함수를 이용해서 웹 서버에 필요한 데이터를 요청한 후 이를 받아서 문서를 완성한다.

다음과 같은 구조의 프로젝트가 만들어졌을 것이다.

```
pyWorld
  └ modular
     ├ static
     │  └ js
     │     index.js
     └ templates
        index.html
```

지금까지 작성한 코드의 흐름을 살펴보면 index.html에서 서버에 메시지 데이터를 요청하도록 되어 있다. 즉, 플라스크 서버가 템플릿에 데이터를 채운 후 클라이언트에게 전달하는 것이 아니고 클라이언트에게 index.html 문서를 전달하면 비어 있는 내용을 클라이언트가 채운다. 백엔드(플라스크)와 프런트엔드가 분리되어 있고 각자 일을 나누어 처리하는 이러한 구조에서 백엔드는 프런트엔드 코드를 클라이언트에게 전달하기 전에 템플릿의 내용을 채우는 작업을 하지 않아도 되기 때문에 응답 시간 측면에서도 유리하다.

서버가 웹 페이지를 확인하고 완성한 후 전달하는 mixed 프로젝트와 클라이언트가 웹 페이지를 해석하고 완성하는 modular 방식의 작동 원리를 아래 그림과 같이 비교해볼 수 있다.

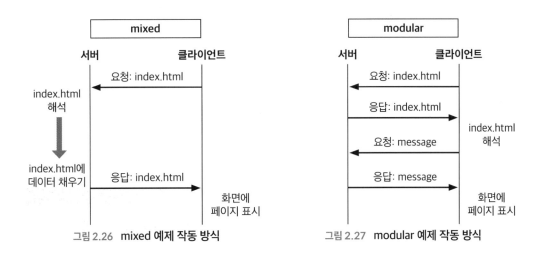

그림 2.26 **mixed 예제 작동 방식**　　　그림 2.27 **modular 예제 작동 방식**

마지막으로 modular 디렉터리 아래에 백엔드 코드인 routes.py 파일을 다음과 같이 작성해서 프로젝트를 완성하자.

📁 예제 코드 **pyWorld/modular/routes.py**

```
from flask import Flask, send_from_directory

app = Flask(__name__)

@app.route('/', methods=['GET'])
def index():
    return send_from_directory(app.root_path, 'templates/index.html')   ❶

@app.route('/api/message/get', methods=['GET'])  ❷
def getMessage():
    return 'Hello, world!'

if __name__ == '__main__':
    app.run('127.0.0.1', 8000)
```

routes.py 파일을 살펴보면 아래 두 부분이 이전 mixed 예제와 다르다는 것을 알 수 있다.

❶ 클라이언트가 서버 URL 주소의 '/' 경로로 접근하면 index.html 파일 그 자체를 전달(send_from_directory())한다. 즉, 플라스크 백엔드 서버는 페이지의 내용에 관여하지 않는다.

❷ 클라이언트가 /api/message/get 경로로 접근하면 `Hello, world!`라는 문자열을 전달한다.

다음과 같이 프로젝트가 완성되었을 것이다.

```
pyWorld
  └ modular
    ├ static
    │  └ js
    │     index.js
    └ templates
       index.html
     routes.py
```

routes.py 스크립트를 실행하고 웹 브라우저 주소창에 http://127.0.0.1:8000/ 주소를 입력하면 다음과 같이 결과가 보인다.

그림 2.28 modular 예제
웹 서버에 접속한 결과

앞서 작성했던 예제 코드 중 index.js 파일의 내용을 조금 더 살펴보자. 사용된 자바스크립트 요소의 문법은 이어질 2.3.2절에서 자세히 다룰 것이다. 클라이언트가 서버로 요청을 보내고 서버의 응답을 받으면 이를 처리하는 흐름에 초점을 맞추자. 보기 편하도록 index.js 파일의 내용을 아래에 다시 표시했다.

📁 예제 코드 **pyWorld/modular/static/js/index.js**

```javascript
function getMessage() {
    let message = fetch('/api/message/get').then(response => { ❶
        return response.text();
    }).catch(error => { ❷
        console.log('[Error]fetch.api.message.get:', error);
    });

    return message; ❸
}
```

index.js 파일은 서버에 메시지 데이터를 요청하기 위한 getMessage() 함수로 구성되어 있다. 서버로 요청을 보내기 위해 자바스크립트의 fetch() 함수가 사용되었고 요청 후 응답을 받기까지 시간이 걸리므로 지연에 따른 처리를 위해 프로미스Promise 객체(86쪽 참고)와 then() 함수가 사용되었다.

❶ getMessage() 함수에 사용된 fetch() 함수는 서버로 요청을 보내기 위한 자바스크립트 표준 함수이다. fetch() 함수는 요청을 보낼 서버의 주소(URL)와 요청 내용(없다면 생략이 가능하다)을 입력으로 받는다.

```
fetch(요청을 보낼 서버 주소(URL), {요청 내용});
```

fetch() 함수에 전달된 첫 번째 인자인 '/api/message/get'은 routes.py에서 웹 서버가 메시지 데이터를 전달하는 바로 그 주소다. 위 예제 코드에서는 서버로 보낼 별도의 데이터가 없기 때문에 두 번째 인자인 요청 내용은 생략했다. 서버가 제공하는 데이터나 페이지를 일방적으로 받는 경우 요청 내용이 주로 생략된다.

> **노트** 참고로 /api/message/get과 같이 페이지가 아닌 데이터를 얻을 수 있는 주소를 **엔드포인트**(Endpoint)라고 한다.

클라이언트가 서버로 요청을 보내면 바로 응답을 얻을 수는 없다. 통신에 따른 지연 시간과 서버의 처리 시간이 지난 후에 응답을 받게 된다. 응답을 받으면 fetch() 함수와 연결되어 있는 then() 함수가 호출된다. 따라서 then() 함수 안에 응답을 받으면 이를 처리하는 작업을 기술해준다. 그 내용은 응답(response)에 포함된 본문을 문자열 형태로 반환하도록(text()) 되어 있다.

```
response => {
      return response.text();
  }
```

> **노트** 위 코드는 자바스크립트의 화살표 함수 표현으로 되어 있다. 화살표 함수는 한 번 쓰고 잊어버리는, 이름 없는 일회성 함수 작성에 주로 사용된다. 화살표 => 앞부분에 함수에 전달할 인자를 기술하고 화살표의 뒷부분에 함수의 내용을 기술해준다. 화살표 함수 표현에 대한 자세한 내용은 이어질 2.3.2.3절 '함수와 이벤트'에서 다룰 것이다.

❷ fetch() 함수에 연결되어 있는 catch() 함수에는 작업 중 오류가 발생했을 때 실행할 내용을 작성한다. console.log() 함수를 이용해서 웹 브라우저의 콘솔 창에 오류 내용을 보여주도록 작성했다.

```
error => {
        console.log('[Error]fetch.api.message.get:', error);
    }
```

❸ getMessage() 함수는 서버로부터 응답이 도착하면 그 내용을 반환한다.

> **노트** getMessage() 함수에 사용된 비동기 처리 방식, 프로미스 객체, 화살표 함수 표현 등에 관한 내용을 알고 넘어가고 싶은 독자는 이 책 2.3.2.3절 '함수와 이벤트' 그리고 2.3.2.4절 '프로미스' 부분을 미리 읽어보고 돌아와 위 예제 코드를 다시 살펴보기를 권한다.

getMessage() 함수를 호출하는 index.html의 <script> 부분을 이어서 살펴보자. 보기 편하도록 해당 부분을 다음과 같이 다시 나타내었다.

📁 예제 코드 **pyWorld/modular/templates/index.html**

```
<!DOCTYPE html>
<html>
<head>
    <meta charset="UTF-8">
    <title>Title</title>
</head>
<body>
    <h1 id="text"></h1> ❶
</body>
<script type="text/javascript" src="static/js/index.js"></script>
<script>
    let text = document.getElementById('text'); ❷
    let msgPrms = getMessage(); ❸
    msgPrms.then((message) => { ❹
        text.innerHTML = message;
    }).catch((error) => { ❺
        console.log('[Error]msgPrms:', error);
    });
</script>
</html>
```

❶ id 속성의 값이 'text'로 설정된 가장 큰 제목 요소인 h1이다.

❷ 웹 페이지의 HTML 요소 중 id 속성의 값이 **'text'**인 요소인 ❶을 가져온다. 여기에 사용된 document 객체와 getElementById() 함수에 대해서는 2.3.2절 '자바스크립트의 역할과 기본 문법'에서 상세히 다루도록 하겠다.

❸ 클라이언트는 index.html을 해석하고 getMessage() 함수를 호출해서 서버로부터 메시지 데이터를 가져온다.

❹ getMessage() 함수의 반환값은 서버로부터 응답이 도착해야 실제로 전달된다. 따라서 코드를 작성하는 시점에서는 반환값이 전달되면 호출되는 then() 함수 안에 수행할 작업을 기술해준다. 서버의 응답이 도착하고 메시지 데이터가 반환되면 ❷ 과정에서 가져온 ❶ 영역 안(innerHTML)에 메시지 데이터를 채워 넣도록 작업 내용을 작성했다.

❺ ❹에서 기술한 작업이 실패했을 때 오류 내용을 출력하도록 작성했다.

클라이언트가 index.html 페이지를 완성하는 과정을 '페이지 요청 ➡ 페이지 획득 ➡ HTML로 화면에 페이지의 틀 구성 ➡ 자바스크립트를 이용해서 데이터 요청 ➡ 페이지 내용 완성 및 화면에 표시'와 같이 정리할 수 있다.

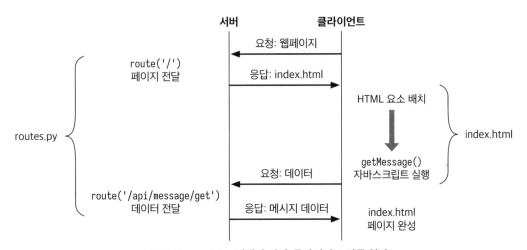

그림 2.29 **modular 예제의 서버-클라이언트 작동 원리**

웹 프로그래밍이 처음인 독자라면 위 부분이 어렵게 느껴질 수 있다. 이는 앞의 mixed 예제에서 웹 프레임워크에 의해 추상화되어 있던 '데이터를 틀에 채워 넣어 페이지 완성하기'를 풀어서 그 내용을 보였기 때문이다. 그리고 mixed 예제에서는 서버가 페이지에 데이터를 채웠다는 점과 이번 modular 예제에서는 클라이언트가 직접 데이터를 채워 페이지를 완성했다는 점에서도 차이가 있다.

이번 modular 예제와 같은 방식으로 프로젝트를 구성하면 백엔드 코드와 프런트엔트 코드가 분리되어 프로젝트 구조가 명료해지고 페이지를 구성하기 위해 이 같은 코딩 패턴을 반복해서 사용하면 되므로 개발에도 속도가 붙게 된다.

mixed 프로젝트의 구조와 modular 프로젝트의 프로그램 구조를 그림으로 비교하면 다음과 같다. 그 구조가 확연히 다름을 알 수 있다.

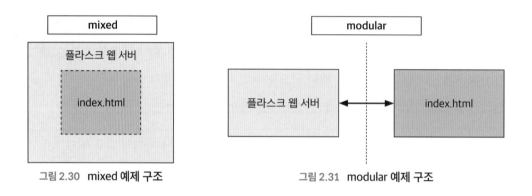

그림 2.30 **mixed 예제 구조**   그림 2.31 **modular 예제 구조**

프런트엔드 코드인 index.html은 더 이상 플라스크 프레임워크에 의존하지 않는다. 백엔드 코드와 프런트엔드 코드가 분리되었고 파이썬과 플라스크를 모르는 프런트엔드 개발자에게도 아래 내용을 전달하면 같은 페이지를 만들어 줄 것이다.

▶ 화면에 메시지를 HTML h1 태그 크기의 글씨로 출력하는 페이지를 만들어주세요.

▶ 메시지는 /api/message/get 주소를 통해 문자열로 받을 수 있습니다.

노트 클라이언트가 페이지를 요청하지 않고 데이터만 요청하여 페이지의 일부만 변경하는 방법을 **AJAX**(Asynchronous Javascript And XML)라고 부른다. 서비스가 제공하는 가치의 중심이 데이터로 이동함에 따라 서버와 클라이언트는 점점 더 많은 데이터를 빈번하게 주고받게 되었다. 이제는 AJAX 방식이 다양한 형태로 널리 이용되고 있다.

2.2.4 ▶ 웹 프레임워크 바꾸어보기 ─ 백엔드

목표 > 모듈 구조의 웹 프로그램에서 특정 요소를 변경하는 경우를 예를 통해 살펴본다.

소스 > https://github.com/sgkim-pub/pyWorld/tree/master/beexpress

백엔드와 프런트엔드가 독립적인 모듈 구조의 장점을 백엔드 프레임워크를 교체하는 예를 통해 살펴보자. 예를 들어 자바스크립트로 작성된 **Express 웹 프레임워크**가 더 많은 요청을 동시에 처리할 수 있다고 판단되어, 백엔드의 성능을 개선하기 위해 백엔드 웹 프레임워크를 Express 프레임워크로 바꾸어야 하는 경우를 가정해보자. 모듈 구조라면 프런트엔드 코드를 그대로 사용하고 백엔드 코드만 교체하여 효율적으로 목적을 달성할 수 있다.

> **노트** 이번 2.2.4절의 목표는 백엔드와 프런트엔드가 독립적인 모듈 구조의 장점을 예를 통해 살펴보는 것이다. 실습 없이 내용을 한 번 읽어보고 넘어가도 좋다.

pyWorld 프로젝트 아래에 beexpress라는 이름으로 디렉터리를 하나 생성하고 2.2.3절 예제의 modular 디렉터리 아래의 static 디렉터리 그리고 templates 디렉터리를 새로 생성한 beexpress 디렉터리로 복사한다.

beexpress 디렉터리 아래에 routes.js 파일을 생성하고 아래 내용을 입력한다.

📁 예제 코드 **pyWorld/beexpress/routes.js**

```
const express = require('express'); ❶
const app = express(); ❷
const port = 8000; ❸

app.use('/static', express.static(__dirname + '/static')); ❹

app.listen(port, () => { ❺
    console.log('Connected to 8000 port.');
});

app.get('/', (req, res) => { ❻
    let options = {
        root: __dirname
    };
    res.sendFile('templates/index.html', options); ❼
});
```

```
app.get('/api/message/get', (req, res) => {  ❽
    res.send('Hello, world!');
});
```

❶ express 모듈을 가져와 포함시킨다.

❷ express 객체를 생성한다.

❸ 웹 서버가 사용할 포트 번호(8000)를 지정한다. 포트 번호는 컴퓨터 안에서 실행되는 각 프로그램을 식별하기 위해 사용되는 식별자 역할을 한다.

❹ 웹 서버가 참고하는 외부 파일이 위치하는 static 디렉터리의 위치를 설정해준다. 사용된 __dirname 키워드는 express 객체가 실행 중인 현재 경로를 의미한다.

❺ express 객체의 listen() 함수를 실행하고 HTTP 요청을 대기한다.

❻ 서버 주소의 '/' 경로로 클라이언트의 요청을 받으면 수행할 작업을 기술한다.

❼ 서버 주소의 '/' 경로로 요청을 받으면 프런트엔드 코드인 index.html을 클라이언트에게 전달한다.

❽ 서버 주소의 '/api/message/get' 경로로 요청이 들어오면 웹 서버는 Hello, world! 문자열을 전송한다.

자바스크립트로 백엔드 웹 프레임워크를 변경한 프로젝트의 구조는 다음과 같다. 변경된 파일을 굵은 글씨체로 표시했다.

```
pyWorld
  └ beexpress
     ├ static
     │   └ js
     │       index.js
     └ templates
         index.html
       routes.js
```

Express 웹 프레임워크를 실행시키기 위해서는 **Node.js** 자바스크립트 인터프리터가 필요하다. 다음 웹 페이지를 방문하여 Node.js 자바스크립트 실행환경을 다운로드한다. 최신 기능이 필요하지는 않으므로 두 가지 버전 중 안정적인 LTS 버전을 다운로드하고 설치하는 것을 추천한다(이 책에서는 16.17.0 버전을 사용했다).

▶ https://nodejs.org/ko/

그림 2.32 Node.js 인터프리터 다운로드 페이지

설치 파일을 다운로드하고 실행시켜 Node.js 자바스크립트 실행환경을 설치한다. 설치 중에 다음과 같이 설치될 요소를 결정하는 화면에서는 Add to PATH 옵션을 포함하여 모든 요소를 설치한다.

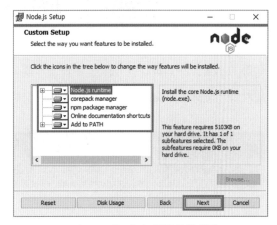

그림 2.33 Node.js 설치 옵션 화면

설치를 진행하다 보면 오른쪽 화면의 내용과 같이 자바스크립트가 아닌 C 또는 C++ 모듈을 사용하기 위해 필요한 확장 기능을 설치할지 묻는다. 예제에서 사용하는 Express 모듈과는 관련이 없는 기능이므로 선택하지 않아도 된다(체크 박스 해제).

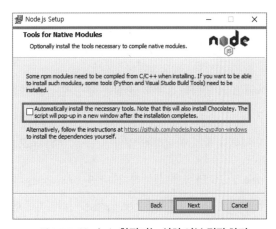

그림 2.34 Node.js 확장기능 설치 여부 결정 화면

Node.js 인터프리터 설치가 완료되면 명령 프롬프트(윈도우 운영체제 기준)를 관리자 권한으로 실행한다. [Windows 시스템] ➡ [명령 프롬프트]를 마우스 오른쪽 버튼으로 클릭하고 [자세히] ➡ [관리자권한으로 실행]을 차례로 선택하면 명령 프롬프트를 관리자 권한으로 실행할 수 있다.

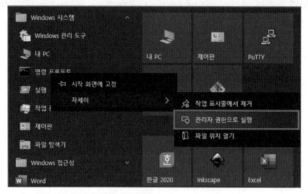

그림 2.35 **명령 프롬프트 관리자 권한 실행**

명령 프롬프트가 나타나면 routes.js 파일이 위치하는 beexpress 디렉터리로 이동한다. 다음 예는 필자의 컴퓨터에서 beexpress 디렉터리로 이동한 결과이다.

```
C:\Windows\system32>d:
D:\>cd "\User documents\Documents\PycharmProjects\pyWorld\beexpress"
D:\User documents\Documents\PycharmProjects\pyWorld\beexpress>
```

beexpress 디렉터리로 이동했으면 `npm init` 명령을 실행하여 Node.js를 이용한 자바스크립트 초기 실행 환경을 구성해준다.

```
D:\User documents\Documents\PycharmProjects\pyWorld\beexpress>npm init
```

`npm init` 명령을 실행하면 실행 환경 설정을 위한 정보를 묻는다. 각 질문들에 아무 내용도 입력하지 않고 Enter 키를 누르면 기본 값으로 채워진다. 질문을 살펴보고 입력할 내용이 없거나 무엇을 입력해야 할지 확실하지 않다면 답을 비워 놓고 Enter 키를 누르면 된다.

`npm init` 명령을 실행하고 나면 beexpress 디렉터리 안에 package.json 파일이 생성된다. package.json 파일에는 beexpress 디렉터리에서 실행되는 자바스크립트 코드를 위한 실행 환경이 저장되어 있다.

실행 환경 설정을 마쳤으면 npm install express --save 명령을 실행하여 Express 프레임워크를 설치한다(--save 옵션은 설치하는 패키지를 package.json 파일 안에 포함시켜 실행 환경으로 관리하도록 해주는 옵션이다).

```
D:\User documents\Documents\PycharmProjects\pyWorld\beexpress>npm install express -save
```

Express 프레임워크가 설치되면 Node.js 명령어를 이용해서 routes.js 파일을 실행한다. node routes.js와 같이 입력하면 된다. 만약 실행 중인 다른 웹 서버 프로그램이 있다면 먼저 이들을 중지한 후 routes.js 스크립트를 실행한다.

```
D:\User documents\Documents\PycharmProjects\pyWorld\beexpress>node routes.js
Connected to 8000 port.
```

routes.js 스크립트와 Express 웹 서버가 실행되면 웹 브라우저를 열고 주소 창에 서버 주소인 http://127.0.0.1:8000/를 입력하여 실행 중인 Express 웹 서버에 접속해보자. 웹 서버의 주소로 접속해보면 문제 없이 서버로부터 메시지를 받고 이를 화면에 표시할 수 있다.

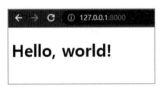

그림 2.36 **Express 웹 서버에 접속 결과**

Node.js를 이용해 실행 중인 routes.js 스크립트는 Ctrl + C 키를 동시에 누르면 중지시킬 수 있다.

백엔드와 프런트엔드를 분리하고 웹 프레임워크의 기능 중 필요한 요소를 선택적으로 사용한 modular 예제의 웹 프로그램 구조에서는 백엔드 프레임워크를 변경해도 프런트엔드 코드에 영향을 주지 않는다. 따라서 백엔드 코드인 routes.js 외에 프런트엔드 코드는 변경 없이 그대로 사용했다.

더불어 백엔드 코드와 프런트엔드 코드가 서로 독립적이기 때문에 기존 백엔드 코드(파이썬 Flask 사용)와 새로운 백엔드 코드(자바스크립트 Express 사용)의 기능을 1:1로 비교하여 빠진 기능 없이 교체가 이루어졌는지 확인해볼 수 있다.

표 2.1 파이썬 Flask로 작성된 백엔드 코드와 자바스크립트 Express로 작성된 백엔드 코드의 비교

	기존 코드 - 파이썬 Flask	새 코드 - 자바스크립트 Express
페이지 전달	send_from_directory()	sendFile()
데이터 전달	return()	send()

2.2.5 ▶ 웹 프레임워크 바꾸어보기 – 프런트엔드

목표 ▶ 백엔드와 프런트엔드가 분리된 웹 프로그램 구조의 장점을 또 다른 예를 통해 살펴본다.

소스 ▶ https://github.com/sgkim-pub/pyWorld/tree/master/fereact

앞서 2.2.3절에서 살펴보았던 modular 예제의 구조가 가진 장점을 또 다른 예를 통해 살펴보자. 이번 예에서는 프런트엔드를 리액트로 바꾸어 볼 것이다. 리액트는 페이스북Facebook 서비스를 운영하는 메타Meta에서 만들고 관리하는 프런트엔드 라이브러리다. 리액트는 코드의 재사용, 페이지 내용의 효율적인 갱신 등 장점이 많기 때문에 프런트엔드 코드 개발에 널리 사용된다. 리액트 자체는 이 책의 주제 밖에 있기 때문에 이번 예제는 모듈 구조의 웹 프로그램의 장점을 추가로 살펴보는 것만으로 충분하다. 굳이 따라 해볼 필요는 없다. 아래는 리액트로 다시 작성한 페이지의 내용이다.

> **노트** 깃허브를 통해 공유하는 예제 소스 코드에는 아래 리액트 프런트엔드 예제 코드의 빌드 버전이 포함되어 있다. 실행 결과를 볼 수는 있지만 소스 코드 자체가 다음과 같은 형태로 기술되어 있지는 않다.

참고 코드 **pyWorld/fereact/src/app.js**

```javascript
import './App.css';
import { useEffect, useState } from 'react';

function App() {

    let [message, setMessage] = useState('');

    function getMessage() {
        fetch('/api/message/get').then((response) => {
          return response.text();
        }).then((resBody) => {
          setMessage(resBody);
        }).catch((error) => {
          console.log('[Error]getMessage():', error);
        });
    }
```

```
    useEffect(() => {
        getMessage();
        console.log('message:', message);
    }, [message]);

    return (
        <div className="App">
          <h1>{message}</h1>
        </div>
    );
}

export default App;
```

> **노트** npm run start 명령으로 리액트 프런트엔드를 실행할 경우 다음과 같이 프록시(proxy) 서버 정보를
> package.json 파일 안의 가장 마지막 부분에 추가해 주어야 한다.
>
> ```
> {
>     ... 생략 ...
>     , "proxy": "http://127.0.0.1:8000"
> }
> ```

리액트 프런트엔드 코드를 빌드하여 배포할 경우 빌드된 파일을 클라이언트가 내려받을 수 있도록
다음과 같이 웹 서비스의 메인 페이지 요청 경로 '/'로 들어오는 요청에 대한 응답 부분 코드를 수
정해주어야 한다. 만약 npm run start 명령 등으로 리액트 프런트엔드를 별도로 실행할 경우에는
백엔드 코드는 이전 예제 modular의 것을 그대로 사용하면 된다.

📁 예제 코드 **pyWorld/fereact/routes.py**

```
from flask import Flask, send_from_directory

app = Flask(__name__, static_folder='build', static_url_path='/')

@app.route('/', methods=['GET'])
def index():
    return send_from_directory('build', 'index.html')  ❶

@app.route('/api/message/get', methods=['GET'])
def getMessage():
    return 'Hello, world!'

if __name__ == '__main__':
    app.run('127.0.0.1', 8000)
```

❶ 웹 서버가 빌드된 리액트 프런트엔드 코드를 클라이언트에게 전달하도록 `send_from_directory()` 함수가 전달하는 파일을 리액트로 작성한 프런트엔드 코드로 지정해주었다.

서버와 리액트 앱을 실행시키고 웹 브라우저를 통해 실행 결과를 살펴보면 웹 서버와 프런트엔드 코드 모두 정상적으로 작동하는 것을 볼 수 있다.

그림 2.37
리액트 프런트엔드 실행 결과

지금까지 네 가지 예(mixed, modular, modular + express, modular + react)를 통해 웹 프로그래밍에 대해 살펴보았다. 웹 프로그램의 기능뿐만 아니라 그 구조에 대해서도 생각해보는 기회가 되었으면 하는 바람이다.

처음부터 좋은 구조로 프로그램을 만들기 시작하면 시간이 지날수록 그리고 프로젝트 규모가 커질수록 그 혜택을 누릴 수 있다. 앞으로 이 책을 보는 동안에는 백엔드와 프런트엔드가 구분된 구조를 따라 웹 프로그램을 작성하면서 웹 프로그래밍을 배워 보도록 할 것이다.

2.3 웹 프로그래밍 기본 다지기 — 프런트엔드

이 책에서는 그 구성 요소가 독립적이고 기능의 확장이 쉬운 웹 프로그램을 지향했다. 백엔드 코드의 경우 파이썬 플라스크 웹 프레임워크가 제공하는 기능 중 최소한의 요소만 이용하여 작성했고 프런트엔드(페이지)를 구성하기 위해서는 별도의 프레임워크나 라이브러리를 사용하지 않고 HTML과 순수한 자바스크립트만을 사용했다.

이와 같은 접근 방법을 취한 가장 큰 이유는 웹 프로그램이 특정 프레임워크나 라이브러리에 종속되는 것을 피하기 위함이다. 그리고 프레임워크의 추상화된 함수를 사용하지 않음으로써 웹 프로그램의 세부적인 내용을 살펴볼 수 있도록 하는 것이 두 번째 이유다.

이번 2.3절에서는 3장에서 시작할 예제 프로젝트 작성에 앞서 웹 프로그램 작성에 필요한 요소를 살펴보고자 한다. 백엔드 코드 작성에 사용한 파이썬은 웹 프로그램 뿐만 아니라 다양한 목적으로 널리 사용되는 언어이므로 웹 프로그램을 주제로 다룬다는 관점에서 이 책에 문법적인 설명을 추가하지 않았다.

HTML과 자바스크립트로 구성된 프런트엔드 코드에서 HTML은 페이지의 틀을 제공하는 정적인 역할을 하고 자바스크립트는 틀에 내용을 채워 넣고 사용자와 상호작용하는 동적인 역할을 담당한다. HTML과 자바스크립트를 각각 자세히 공부하는 것도 좋겠지만 자주 사용되는 내용을 먼저 살펴보고 사용하기 시작하는 것도 좋은 방법이다.

이번 2.3절에서는 3장부터 진행할 예제 프로젝트를 준비하기 위해 HTML과 자바스크립트 문법에 대해 간략하게 살펴보도록 하겠다. HTML과 자바스크립트에 대해 이미 알고 있는 독자라면 이번 2.3절은 건너뛰어도 좋다.

2.3.1 ▶ HTML의 역할과 기본 구조

목표 ▷ 페이지의 틀을 기술하는 HTML에 대해 살펴본다.

소스 ▷ https://github.com/sgkim-pub/html_js

1 HTML의 기본 구조

아래는 구글의 메인 페이지를 디버그 모드(개발자 도구)에서 살펴본 것이다(크롬 브라우저의 경우 F12 키를 누르면 디버그 창이 열린다).

그림 2.38 **디버그 모드로 살펴본 웹 페이지**

화면 왼쪽의 디버그 창을 보면 부등호 기호 <, > 안에 들어 있는 **엘리먼트**Element라는 요소로 페이지가 구성되어 있음을 볼 수 있다. 이들 요소의 가장 위쪽에 표시된 html이라는 키워드를 가진 요소는 이 문서가 HTML 문서임을 나타낸다. HTML 문서의 기본 틀은 다음과 같다.

📁 예제 코드 **html_js/html_basic.html**

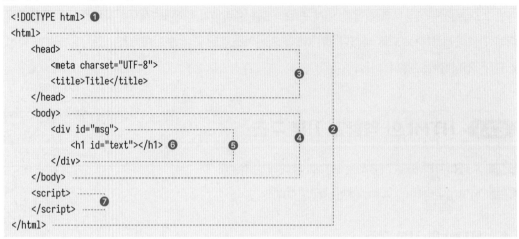

❶ `<!DOCTYPE html>` 요소는 현재 문서가 HTML 문서임을 알려준다.

❷ `<html></html>`은 HTML 문서 전체를 감싸는 최상위 요소다. 각각의 HTML 요소는 원칙적으로 `<요소 이름>`으로 시작하고 `</요소 이름>`으로 끝난다. 시작 요소를 오프닝 태그opening tag라고 부르고, 닫는 요소를 클로징 태그closing tag라고 부른다.

각각의 요소는 다른 요소를 포함할 수 있다. 이때 상위 요소를 부모parent 요소, 부모 요소에 포함되어 있는 요소를 자식children 요소라고 부른다. 요소가 다른 요소를 포함하고 있을 때는 부모 요소와 자식 요소를 합쳐 영역 또는 섹션section이라고 부른다.

❸ head 영역에는 문서에 대한 정보를 기술한다. 예를 들면 문서에 사용된 문자 셋(charset), 페이지의 제목(title) 등과 같은 정보가 있다.

❹ body 영역에는 사용자의 화면에 표시될 본문이 기술된다.

❺ 본문은 일반적으로 하나 이상의 주제와 내용으로 구성된다. 이들 각각을 `<div>` 요소로 구분한다. `<div>` 요소(div는 division의 줄임말이다) 자체는 화면에 표시되지는 않지만 다른 div 영역과 구분되도록 만들어주고 id 속성의 값을 통해 원하는 영역을 특정할 수 있도록 도와준다.

❻ div 영역 안에는 보통 화면에 표시되는 요소가 포함된다. 위의 예에서는 `text`라는 이름의 id 값으로 지정된 가장 큰 제목 `<h1>` 요소가 id 값이 `msg`인 div 요소 안에 포함되어 있다.

❼ script 영역 안에는 자바스크립트 코드를 작성한다. script 영역에 포함되어 있는 자바스크립트는 서버에 데이터를 요청하여 가져오거나 사용자의 화면 클릭 등의 조작에 반응하는 등 페이지의 동적인 기능을 담당한다.

script 영역은 일반적으로 body 영역 뒤에 위치하는데 이는 body 영역이 나타내는 화면 구성 요소를 페이지에 먼저 배치하고 배치된 각각의 요소를 대상으로 자바스크립트가 데이터를 채워 넣거나 사용자의 조작에 반응하는 등의 동작을 하기 때문이다.

② 자주 사용하는 HTML 요소

자주 사용하는 HTML 요소를 몇 가지 살펴보자.

앵커 태그anchor tag 또는 간단히 줄여 a 태그라고 부른다. 하이퍼텍스트 레퍼런스hypertext reference를 의미하는 href 속성을 부여하면, html 페이지에 누를 수 있는 링크로 표시되고, 사용자는 이 링크를 통해 다른 문서로 이동할 수 있다.

```
<a href=""></a>
```

이미지 태그image tag라고 부른다. 페이지에 이미지를 넣을 때 사용된다. src 속성에는 이미지 파일의 경로를 기술하고, 생략 가능한 alt 속성에는 alt 속성에는 이미지에 대한 설명을 작성한다.

```
<img src="" alt="">
```

<span> 태그는 <div> 태그와 그 역할이 같다. 일반적으로 다른 요소를 포함하여 화면에서 섹션을 구성한다. <div> 태그는 화면을 줄 단위로 차지하는데 비해 <span> 태그는 화면을 자신이 포함하고 있는 내용의 크기만큼만 차지한다. 따라서 하나의 줄에 span 영역은 여러 개 위치할 수 있지만 div 영역은 하나만 들어갈 수 있다. 조금 뒤에 나오는 HTML 예에서 그 차이를 볼 수 있을 것이다.

```
<span></span>
```

테이블 태그table tag는 표를 만들 때 사용된다. 복잡해 보이지만 규칙을 알면 사실 간단하다. <thead> 요소는 테이블 가장 윗줄에서 표의 각 항목 이름을 작성할 때 사용되고 <tbody> 요소는 테이블의 데이터를 포함하는 행(row)을 작성할 때 사용된다.

<thead>, <tbody> 각각은 행 단위로 기술된다. 이때 한 행을 의미하는 내용이 tr 영역(table row) 안에 기술된다. <thead> 요소는 tr 영역 안에 <th> 요소(table header)를 이용해서 표시하는 데이터의 이름을 기술하고 <tbody> 요소는 tr 영역 안에 <td> 요소(table data)를 이용해서 행 단위로 데이터를 기술한다.

```
<table>
    <thead>
        <tr>
            <th>first column title</th>
            <th>second column title</th>
        </tr>
    </thead>
    <tbody>
        <tr>
            <td>the first column</td>
            <td>the second column</td>
        </tr>
    </tbody>
</table>
```

예를 통해 HTML 문서의 구조와 태그에 대한 내용을 정리하자. 메모장 등 텍스트 편집기를 이용해서 다음과 같이 html_elements.html 파일을 작성해보자.

📁 예제 코드   html_js/html_elements.html

```
<!DOCTYPE html>
<html>
<head>
    <meta charset="UTF-8">
    <title>HTML예</title>
</head>
<style>
    table, th, td {
        border: 1px solid black;
        border-collapse: collapse;
    }
</style>
<body>
    <div> ❸
        div로 구분된 영역
    </div>
    <span>span으로 구분된 영역 1</span><span>span으로 구분된 영역 2</span> ❹
    <table> ❺
        <thead> ❻
```

```
            <tr> ❼
                <th>검색엔진</th> ❽
                <th>메인페이지</th>
            </tr>
        </thead>
        <tbody> ❾
            <tr> ❿
                <td>네이버</td> ⓫
                <td><a href="https://www.naver.com">바로가기</a></td>
            </tr>
            <tr>
                <td>다음</td>
                <td><a href="https://www.daum.net">바로가기</a></td>
            </tr>
            <tr>
                <td>구글</td>
                <td><a href="https://www.google.com">바로가기</a></td>
            </tr>
        </tbody>
    </table>
</body>
</html>
```

❶ <style></style> 영역은 문서의 **CSS**Cascading Style Sheet 또는 **스타일 시트**Style Sheet라고 한다. 페이지를 구성하는 요소의 위치, 색상, 여백 등을 지정하여 페이지 전체의 외형을 꾸며주는 역할을 한다. 기본적인 CSS 문법은 다음과 같다.

```
요소 이름 또는 요소의 id {
    속성: 값
}
```

앞으로 예제를 진행하면서 CSS를 사용하겠지만 모든 내용을 한 땀 한 땀 직접 작성하지는 않을 것이다. 대신 부트스트랩bootstrap이라는 CSS 라이브러리를 사용할 것이다.

CSS 라이브러리는 CSS 설정을 미리 만들어놓고 해당 설정이 적용되기를 원하는 HTML 요소에 약속된 이름의 id 속성 또는 class 속성 값을 부여하는 방식으로 사용된다. 구체적인 사용 방법은 앞으로 예제 프로젝트를 진행하면서 살펴볼 것이다. 다음과 같이 CSS의 역할과 문법을 정리하자.

▶ CSS의 역할: 페이지 요소의 위치, 형태, 색상 등을 설정한다.

▶ CSS 작성 방법: 요소 이름 혹은 요소의 id를 지정하고 적용하고자 하는 CSS 속성과 값을 설정한다.

❷ 테이블의 테두리 두께와 종류를 설정하기 위해 CSS를 사용했다. border 속성은 테두리의 두께와 색상, 종류(점선, 실선 등)를 지정하고, border-collapse 속성은 이웃해 있는 두 셀의 두 테두리를 합쳐 하나의 경계선으로 나타낼지 여부를 결정한다.

❸ div 영역은 행 단위로 화면을 차지한다.

❹ span 영역은 영역이 포함하고 있는 내용만큼만 화면을 차지한다. 따라서 한 행에 여러 개의 span 영역이 들어갈 수 있다.

❺ 테이블의 시작과 끝은 <table>과 </table> 태그를 이용해서 기술한다.

❻ <thead>와 </thead> 태그 사이에 테이블의 제목을 기술한다.

❼ 테이블 제목이 되는 행을 <tr>와 </tr> 태그 사이에 기술한다.

❽ 테이블 각 열의 제목을 <th>와 </th> 태그 사이에 기술한다.

❾ 테이블의 본문을 <tbody>와 </tbody> 태그 사이에 기술한다.

❿ <tr> </tr> 태그를 추가할 때마다 테이블에 행이 추가된다.

⓫ 테이블 본문 행의 내용을 <td>와 </td> 태그 사이에 기술한다. <td> </td> 태그를 추가할 때마다 같은 행 안에서 열이 추가된다.

HTML 문서를 웹 브라우저를 이용해서 페이지로 해석할 수 있다. 이와 같이 코드를 화면에 보이는 요소로 나타내는 과정을 **렌더링**rendering이라고 한다. 크롬, 사파리 같은 웹 브라우저를 열고 작성한 HTML 문서 파일을 드래그하여 웹 브라우저의 창 위로 가져오면 페이지를 볼 수 있다.

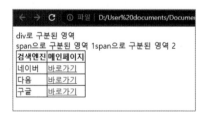

그림 2.39 **HTML 문서 해석 결과**

div, span, table, a 태그 등과 같은 HTML 요소가 페이지를 어떻게 구성하는지 코드와 화면의 요소를 대응시켜 볼 수 있다.

> **목표** > 페이지에 동적인 기능을 부여하는 자바스크립트의 문법을 살펴본다.
> **소스** > https://github.com/sgkim-pub/html_js

HTML이 페이지의 틀을 구성한다면 자바스크립트는 페이지를 관리하는 역할을 한다. HTML은 정적인 요소이고 한 번 정해지면 능동적으로 변하지 않는다. HTML을 집에 비유한다면 자바스크립트는 그 집에 살고 있는 사람이라고 할까? 집 안의 물건을 정리하거나 비가 오면(외부의 자극) 창문을 닫고 날씨가 좋으면 다시 창문을 여는 등 집(페이지)에 생명을 불어넣는다. 자바스크립트의 기본적인 작성 방법은 어떻게 되는지 살펴보자.

① 자바스크립트 기본 문법

자바스크립트의 문법은 HTML보다 백엔드 코드 작성 언어로 사용했던 파이썬에 훨씬 가깝다. 변수, 조건문(if-else), 반복문(for 또는 while)이 사용된다. 자바스크립트는 기능이 추가되면서 문법의 버전이 올라가는데, 여기서는 현재 가장 널리 사용되는 ES6ECMAScript 2015 버전을 기준으로 살펴보겠다. 먼저 변수 선언에 대해 살펴보자.

변수 선언

자바스크립트에서 변수는 세 가지 형태로 선언된다.

표 2.2 **자바스크립트 변수의 종류**

선언 형태	특징
var	변수 재선언(같은 이름으로 변수를 두 번 이상 선언)과 값의 재할당이 가능하다.
let	• 변수 재선언은 불가능하고 값의 재할당만 가능하다. • 블록 범위(예: 조건문, 반복문, 함수) 안에서 유효하다.
const	• 변수 재선언과 값의 재할당 모두 불가능하다. • 블록 범위 안에서 유효하다.

변수 선언을 위해 let과 const가 가장 많이 쓰인다. 변수의 유효 범위가 명확하기 때문에 프로그램을 작성할 때 오류의 가능성이 줄어들기 때문이다. 자바스크립트는 웹 브라우저를 이용해서 바로 실습해볼 수 있다. 그 예를 웹 브라우저의 디버그 모드(크롬 브라우저의 경우 F12 키를 누르면 디버그 모드를 열 수 있다)에서 살펴보자. 웹 브라우저의 디버그 모드를 열고 [Console] 탭에 다음 코드를 입력해보자.

그림 2.40 **크롬 웹 브라우저의 디버그 모드 — [Console] 탭**

📁 예제 코드 html_js/js_variable_var.js

```javascript
var x = 1;
{var x = 2;}
console.log(x);
```

console.log() 함수는 파이썬의 print() 함수와 같이 웹 브라우저의 콘솔 창에 특정 변수의 값 혹은 문자열을 출력하는 역할을 한다. 결과를 살펴보면 그 값이 2임을 볼 수 있다. var 형태로 선언한 변수는 한 번 선언하면 프로그램 전체 범위에서 값이 유지되고 또 같은 이름의 변수를 다시 정의하고 사용할 수 있다.

이번에는 let 형태로 변수를 선언한 아래 코드를 입력해보자.

📁 예제 코드 html_js/js_variable_let.js

```javascript
let y = 1;
{let y = 2;}
console.log(y);
```

let 형태로 변수를 선언한 경우 그 최종 결과 값이 1이 된다. 즉, 중괄호({}) 블록 안의 두 번째 y 변수는 중괄호로 표시된 블록을 벗어나면 사라지게 된다. 이를 '블록 범위 안에서 유효하다'라고 한다.

let 형태의 변수는 하나의 블록 범위 안에서 같은 이름으로 다시 선언될 수 없다. 다음과 같이 입력하면 변수 y가 이미 선언되어 있다는 문법 오류가 발생한다.

```javascript
{let y = 1;
 let y = 2;}
```

```
Uncaught SyntaxError: Identifier 'y' has already been declared
```

하지만 let 형태의 변수에 값을 재할당할 수는 있다. 아래 코드를 웹 브라우저의 콘솔 창에 입력해보면 변수 y에 나중에 할당한 값인 2가 저장되어 있음을 볼 수 있다.

```
{let y = 1;
 y = 2;
 console.log(y);}
```

const 형태로 선언된 변수는 let 형태로 선언된 변수보다 더 엄격하게 관리된다.

📂 예제 코드 html_js/js_variable_const.js

```
const z = 1;
{const z = 2;}
console.log(z);
```

const로 선언한 변수도 let으로 선언한 변수와 마찬가지로 블록 범위 안에서 유효하다. 하지만 하나의 블록 안에서는 같은 이름으로 다시 선언될 수 없을 뿐만 아니라, let 형태의 변수와 달리 값의 재할당도 불가능하다. 위 코드를 다음과 같이 수정하고 웹 브라우저의 콘솔 창에 입력해보면 const 형태 변수의 재선언과 값의 재할당과 관련된 오류가 발생한다.

```
{const z = 1;
 const z = 2;}
console.log(z);
```

```
Uncaught SyntaxError: Identifier 'z' has already been declared
```

```
{const z = 1;
 z = 2;}
console.log(z);
```

```
Uncaught TypeError: Assignment to constant variable.
```

자바스크립트 변수 이름을 정할 때 한 가지 기억해 두어야 할 것은 대소문자를 구분한다는 점이다. 즉, 변수 name과 변수 Name은 서로 다른 변수가 된다.

조건문

조건에 따라 명령을 실행할 때는 `if-else` 구문을 사용한다. 기본적인 형태는 파이썬의 `if-else` 구문과 동일하다. 하지만 자바스크립트에서는 실행 영역을 지정하기 위해 중괄호(`{}`)를 사용한다. 변수에 할당한 값에 따라 실행 내용이 달라지는 예를 하나 살펴보자.

📁 예제 코드 html_js/js_if_else.js

```
let a = 0;
if(a < 0) {
    console.log('negative');
}
else if(a == 0) {
    console.log('zero');
}
else {
    console.log('positive');
}
```

코드를 메모장 등 편집기에 입력하고 전체 내용을 복사한 후 붙여넣기 하면 웹 브라우저 디버그 모드의 [Console] 탭에 여러 줄을 입력할 수 있다.

사실 자바스크립트 문법에는 하나로 된 `elseif` 키워드가 존재하지 않는다. 하지만 작성자의 편의를 위해 `else`에 바로 `if`를 이어서 쓸 수 있게 해 주었다. 따라서 위와 같이 `else if` 구문이 편하다면 사용해도 된다. 위 예제 코드는 중첩된 `if-else` 코드로 아래와 같이 해석된다.

📁 예제 코드 html_js/js_else_if.js

```
let a = 0;
if(a < 0) {
    console.log('negative');
}
else {
    if(a == 0) {
        console.log('zero');
    }
    else {
        console.log('positive');
    }
}
```

반복문

자바스크립트 반복문의 기본적인 형태는 for 또는 while 구문이다. 먼저 for 문은 괄호 ()로 감싼 '초기 상태; 반복 조건; 반복 후 상태' 세 개의 식으로 구성된다. 0에서 9까지 자연수를 더하는 자바스크립트 구문을 살펴보자.

📁 예제 코드 html_js/js_for.js

```
let result = 0;
for (let i = 0; i < 10; i++) { ❶
    result = result + i;
}

console.log(result);
```

❶ 반복문이 처음 시작할 때 변수 i의 값은 0이고(let i = 0), 반복문이 한 번 실행될 때마다 i의 값은 1씩 증가한다(i++). 그리고 i의 값이 10 미만이 될 때까지(i < 10) 반복문이 실행된다.

자주 사용하는 반복문의 형태로 for in 구문이 있다. for in 구문을 이용해 배열array 혹은 객체object와 같이 내부에 여러 개의 원소를 가진 집합형 변수의 각 원소에 자동으로 접근할 수 있다. 아래 내용을 웹 브라우저의 디버그 모드의 [Console] 탭에 입력하여 실행하면 testArr 배열의 원소가 출력된다.

📁 예제 코드 html_js/js_for_in.js

```
let testArr = [1, 2, 3, 4, 5, 6, 7, 8, 9];
for (let index in testArr) { ❶
    console.log(testArr[index]); ❷
}
```

❶ testArr 배열의 각 원소를 차례로 방문한다. index 변수에는 배열의 원소가 아닌 인덱스(위치)가 반환된다.

❷ index 변수에 배열 각 원소의 위치가 저장되어 있기 때문에 '배열 이름[index]'와 같이 지정해야 배열의 값을 가져올 수 있다.

객체 형태 변수의 원소에 접근할 때도 for in 구문을 사용할 수 있다.

📁 예제 코드 html_js/js_for_in_obj.js

```javascript
let testObj = {'a':1, 'b':2, 'c':3, 'd':4, 'e':5, 'f':6, 'g':7, 'h':8, 'i':9};
for (let key in testObj) { ❶
    console.log(`${key}: ${testObj[key]}`); ❷
}
```

❶ key 변수에는 객체의 키key가 저장된다. 객체의 키는 객체에 저장되어 있는 데이터를 지정하는 주소 역할을 한다.

❷ '객체 이름[key]'와 같은 방법으로 객체에서 key에 해당하는 데이터를 가져올 수 있다.

위 예에서 testObj 변수는 '키:값'의 쌍으로 이루어진 원소로 구성된 자바스크립트 객체다. 자바스크립트 객체는 중괄호({}) 안에 원소를 포함시킨다. 자바스크립트 객체는 각 원소를 지칭하는 키 값을 자유롭게 설정하여 사용할 수 있기 때문에 각 원소를 지시하는 인덱스가 0부터 자동으로 증가하는 배열array보다 훨씬 다양한 용도로 더 자주 사용된다. 위 예를 실행하면 다음과 같은 결과를 볼 수 있다.

```
a: 1
b: 2
...
g: 7
h: 8
i: 9
```

> **노트** 위 예에서 console.log() 구문 안에 사용된 백틱(` , 키보드에 물결표(~)와 함께 표시되어 있다)으로 시작하고 다시 백틱으로 끝나는 표현을 **템플릿 리터럴**(template literal)이라고 한다. 템플릿 리터럴을 사용하면 변수를 쉽게 문자열로 만들 수 있다. 백틱으로 시작하고 끝내며 ${변수 이름}으로 문자열로 변환할 변수를 지정한다.

자바스크립트 반복문의 마지막 형태로 while 구문을 살펴보자. while 구문은 실행 조건을 while 키워드와 함께 괄호()를 이용해서 지정하고 괄호 안의 실행 조건이 참(true)이라면 중괄호({})로 지정된 실행 영역 안의 내용을 반복적으로 실행한다. 0부터 9까지 자연수의 합을 구하는 예를 while 구문을 이용해서 다음과 같이 작성해볼 수 있다.

```
let i = 0;
let result = 0;
while(i < 10){ ❶
    result = result + i;
    i = i + 1; ❷
}
console.log(result);
```

❶ while 구문 안에는 실행 조건만 기술한다. 변수 i의 값이 10 미만일 때까지 중괄호({})로 지정
   된 영역 안의 코드를 실행한다.

❷ 실행 조건을 구성하는 변수 i의 값을 1씩 증가시킨다.

자바스크립트로 작성된 프로그램 코드를 보면 while 구문은 for 구문보다 자주 사용되지는 않는
다. 하지만 while 구문을 사용하는 것이 for 구문보다 편하다면 반복을 위해 while 구문을 사용해
도 괜찮다.

② 문서 객체 모델(DOM)

자바스크립트는 HTML 요소와 상호작용한다. 예를 들어 HTML 문서에 특정 요소를 생성하여 추
가하거나 이미 존재하는 요소의 값을 읽고 변경하며 삭제할 수 있다. **DOM**Document Object Model이라
불리는 **문서 객체 모델**은 자바스크립트가 HTML 문서 안의 요소를 해석하는 방법이다. DOM에서
는 문서를 부모-자식 관계의 체계적인 구조로 파악하여 문서 안에서 특정 요소를 식별할 수 있도
록 해준다. 예를 하나 살펴보자. 다음과 같이 페이지에 Hello world!를 출력하는 HTML 문서를
DOM으로 표현할 수 있다.

```
<!DOCTYPE html>
<html>
<head>
    <meta charset="UTF-8">
    <title>Title</title>
</head>
<body>
    <h1>Hello, world!</h1>
</body>
</html>
```

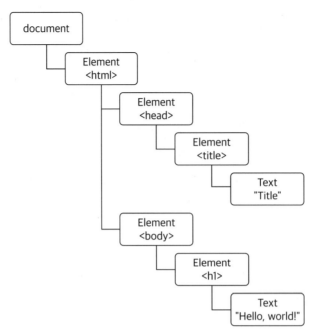

그림 2.41 **문서 객체 모델(DOM)로 재구성한 HTML 문서**

자바스크립트는 DOM으로 표현된 요소의 집합에서 요소를 생성 또는 삭제하거나 특정 요소를 지정하고 그 값을 변경할 수 있다. 예를 들어 문서의 `<h1>` 요소의 값 `Hello, world!`를 자바스크립트를 이용해서 `Hello, JavaScript!`로 변경해보자.

📂 예제 코드 **html_js/js_change_element_value.html**

```
<!DOCTYPE html>
<html>
<head>
    <meta charset="UTF-8">
    <title>Title</title>
</head>
<body>
    <h1>Hello, world!</h1>
</body>
<script>
    let elements = document.getElementsByTagName('h1'); ❷
    let heading = elements[0]; ❸                                    ❶
    heading.innerHTML = 'Hello, JavaScript!'; ❹
</script>
</html>
```

추가된 자바스크립트 코드는 다음과 같다. 그 의미를 살펴보자.

❶ HTML 문서에서 자바스크립트 코드를 `<script>`와 `</script>` 사이에 작성한다.

❷ document 객체는 HTML 문서 전체를 포함하는 자바스크립트 객체이다. document 객체의 `getElementsByTagName()` 함수는 document 아래, 즉 문서 객체 아래에 있는 요소를 인자로 전달한 태그 이름(ByTagName)으로 수집하여 배열로 반환한다. 따라서 `document.getElements` `ByTagName('h1')`은 문서의 h1 태그 요소를 수집하여 배열 형태로 반환한다.

❸ h1 태그 요소들 중 가장 첫 번째 요소를 가져온다. 문서에는 h1 태그 요소가 하나밖에 없기 때문에 가장 첫 번째 요소가 우리가 원하는 `Hello, world!`를 담은 h1 요소임을 알 수 있다.

❹ 요소의 `innerHTML` 속성(property)은 요소 안에 포함되어 있는 값을 나타낸다. `innerHTML` 속성을 이용해서 요소 안에 포함되어 있는 내용을 가져오거나 설정할 수 있다. 앞의 예에서는 `innerHTML` 속성을 이용하여 h1 요소의 내용을 `Hello, JavaScript!`로 설정했다.

`<script>` 섹션이 포함된 html 문서를 웹 브라우저를 이용해서 열어보면 Hello, world! 대신 Hello, JavaScript!가 표시된 페이지를 볼 수 있을 것이다.

그림 2.42 **자바스크립트를 이용한 HTML 문서 조작 결과**

자바스크립트는 문서의 요소를 DOM이라는 계층적인 구조로 파악한다. DOM을 이용하여 문서 안의 특정 요소를 식별하고 이 요소를 제어할 수 있다. DOM 개념을 알고 있으면 DOM을 이용한 다양한 페이지의 동적인 구조를 파악할 수 있고 페이지의 요소를 조작할 수 있다.

3 함수와 이벤트

함수function는 코드 재활용과 구조화를 위해 거의 모든 프로그래밍 언어에서 사용되는 구조다. 코드 블록의 이름(함수 이름)과 블록의 시작과 끝을 표시하는 기호 사이에 수행할 작업 내용을 기술하면 코드 블록의 이름을 호출하는 것만으로 그 내용을 실행시킬 수 있다.

자바스크립트에서 함수는 **이벤트**event와 함께 자주 사용된다. 이벤트는 자바스크립트의 독특한 요소인데 문서 안에서 특정 사건이 발생했을 때 이를 감지하고 처리하는 방법이다. 사용자가 HTML 문서에 표시된 버튼을 누르는 예를 통해 이벤트와 처리 방법을 살펴보자.

버튼을 누르면 문서 안의 Hello, world! 문자열을 Hello, JavaScript!로 바꿔보자. HTML 문서 부분에 버튼 요소를 추가했고 `<script> … </script>` 부분에 버튼이 클릭되었을 때 즉, 버튼 클릭 이벤트가 발생했을 때 실행해야 할 내용을 추가했다.

📁 예제 코드 html_js/js_event_handler.html

```html
<!DOCTYPE html>
<html>
<head>
    <meta charset="UTF-8">
    <title>Event</title>
</head>
<body>
    <h1>Hello, world!</h1>
    <button>변경</button> ❶
</body>
<script>
    function changeHTML() { ❷
        let elements = document.getElementsByTagName('h1');
        let heading = elements[0];

        heading.innerHTML = 'Hello, JavaScript!';
    }

    let btnElements = document.getElementsByTagName('button'); ❸
    let updateButton = btnElements[0]; ❹

    updateButton.addEventListener('click', changeHTML); ❺
</script>
</html>
```

❶ 이름이 [변경]인 버튼을 페이지에 추가했다.

❷ 페이지의 가장 첫 h1 태그 요소의 내용을 `Hello, JavaScript!`로 바꾸는 코드를 `changeHTML()` 함수로 구성했다. 자바스크립트에서 함수를 기술하는 기본적인 문법은 다음과 같다.

```
function <함수 이름>(함수에 전달할 인자 1, 함수에 전달할 인자 2, …) {
    … 함수 내용 …
}
```

❸ 페이지의 버튼button 요소를 수집한다.

❹ 수집된 버튼 요소들 중 가장 첫 번째 버튼 요소를 `updateButton` 변수로 가져온다. 페이지에는 버튼이 하나밖에 없기 때문에 [변경] 버튼이 지정된다.

❺ 어떤 요소의 addEventListener() 함수는 해당 요소에 이벤트가 발생했을 때 실행될 이벤트 처리 함수를 지정해줄 때 사용된다. 이 addEventListener() 함수는 updateButton 요소가 클릭click되었을 때 changeHTML() 함수를 실행할 것을 지정하고 있다. 언젠가 일어날 수 있는 사건들인 이벤트들은 이렇게 **이벤트 리스너**event listener를 통해 처리된다. 이벤트 리스너의 기본적인 문법은 다음과 같다.

```
요소.addEventListener(이벤트 종류, 이벤트가 발생되었을 때 실행될 함수);
```

위와 같은 내용을 **화살표 함수 표현**arrow expression을 사용하여 작성할 수도 있다. 화살표 함수 표현은 함수를 간략하게 표현하는 방법으로 자주 사용된다. 자바스크립트를 이용해 함수를 작성하면서 오히려 화살표 함수를 더 자주 만나고 또 사용하게 될 수도 있다.

📁 예제 코드 html_js/js_arrow_function.html

```html
<!DOCTYPE html>
<html>
<head>
    <meta charset="UTF-8">
    <title>Event</title>
</head>
<body>
    <h1>Hello, world!</h1>
    <button>변경</button>
</body>
<script>
    const changeHTML = () => { ❶
        let elements = document.getElementsByTagName('h1');
        let heading = elements[0];

        heading.innerHTML = 'Hello, JavaScript!';
    };

    let btnElements = document.getElementsByTagName('button');
    let updateButton = btnElements[0];

    updateButton.addEventListener('click', changeHTML);
</script>
</html>
```

❶ 화살표 함수 표현의 문법은 다음과 같다.

> 함수를 저장할 변수 = (함수에 전달할 인자들) => { 함수 내용 };

위의 화살표 함수 예에서는 입력 마침을 나타내기 위해 세미콜론(;) 기호가 마지막에 추가되어 있다.

화살표 함수도 일반적인 함수와 같이 함수 이름을 통해 호출하고 변수를 전달할 수 있다. 다음과 같이 화살표 함수 표현으로 정의된 함수를 arrowExpTest()와 같이 호출할 수 있다. 웹 브라우저 디버그 모드의 [Console] 탭을 이용해서 한 번씩 입력해보기 바란다.

📁 예제 코드 html_js/js_call_arrow_function.js

```
const arrowExpTest = (arg) => {
        console.log(arg);
};


arrowExpTest('Hello, JavaScript');
```

(4) 프로미스

자바스크립트의 역사는 웹 그리고 웹 브라우저와 함께 시작되었다. 웹의 기반인 네트워크 환경은 서로 떨어져 있는 컴퓨터가 통신망으로 연결되어 구성된다. 따라서 네트워크 환경에서 클라이언트가 서버로 요청을 보내면 통신망의 지연 시간과 서버의 요청 처리 시간이 흐른 후 응답을 받게 된다.

요청과 응답 사이에 존재하는 지연latency 때문에 자바스크립트는 서버로 요청을 보낸 후 응답을 반환하는 것이 아니라 응답이 도착하면 그 내용을 전달하는 객체를 반환하도록 프로그래밍된다. 그리고 이 객체를 이용해서 응답이 도착하면 다음 작업을 이어서 진행한다. 이와 같은 작업 처리 방식을 **비동기 방식**asynchronous method이라고 부른다. 비동기asynchronous란 '사건들이 동시에 발생하지 않는다'라는 뜻이고 여기서 말하는 사건은 요청과 이에 대한 응답이다.

비동기 방식의 작업을 위해 자바스크립트가 사용하는 객체가 **프로미스**Promise다. 프로미스는 설정된 이벤트의 발생을 기다렸다가 해당 이벤트가 발생하면 값을 반환한다. 프로미스는 은행 창구의 대기 번호표와 같다. 당장 업무를 처리해주지는 않지만 가까운 미래의 언젠가 업무를 처리해주겠다는 약속이다.

프로미스의 기본적인 형태는 다음과 같다. 만들어진 프로미스를 사용하는 경우가 많기 때문에 참고로만 알고 있어도 좋다.

```
Promise((resolve, reject) => { ❶
    resolve(반환 값); ❷
    reject(오류 내용); ❸
});
```

❶ 수행할 비동기 작업을 기술한다. 결과로 resolve 또는 reject 함수 중 하나를 호출한다.

❷ 작업이 성공하면 resolve 함수를 호출하여 값을 반환한다.

❸ 작업이 실패하면 reject 함수를 호출하여 오류를 반환한다.

프로미스 객체가 값을 반환하면 수행할 작업을 프로미스 객체의 then() 함수를 이용해서 기술해준다. 기본적인 사용 방법은 다음과 같다.

프로미스 객체.then(작업 1).then(작업 2).then(작업 3).then(…).catch(오류 발생 시 처리)

프로미스 객체의 then() 함수는 다시 프로미스를 반환한다. 은행 업무에 비유하자면 하나의 업무를 처리하면 다시 번호표를 내어주는 것과 같다. 대기 고객이 많다면 모든 고객에게 공평하게 시간을 분배하기 위한 방법이다. 따라서 위의 프로미스의 기본적인 사용 방법에서 작업 1을 마치면 그 결과를 포함한 프로미스가 반환되고 다시 반환된 프로미스의 then() 함수를 호출하여 작업 2를 진행한다. 이렇게 연속된 작업을 이어서 기술하는 방법을 **체이닝**chaining이라고 한다.

프로미스와 그 사용 방법을 예를 통해 살펴보자.

📁 예제 코드 **html_js/js_promise.js**

```
let aPromise = new Promise((resolve, reject) => { ❶
    setTimeout(() => { ❷
        resolve('success!');
    }, 1000);
});
…
```

❶ 프로미스 객체를 생성한다.

❷ 프로미스 객체가 처리할 작업을 기술한다. 자바스크립트의 setTimeout() 함수는 첫 번째 인자로 전달한 함수를 두 번째 인자로 주어진 시간(단위는 밀리초, 즉 1/1000초이다)이 흐른 뒤 호출해주는 함수이다. 따라서 생성한 프로미스 객체는 1초 뒤에 success!라는 문자열을 반환한다.

프로미스를 호출하면 실행은 바로 되지만 결과는 나중에 반환된다. 따라서 결과가 반환되면 수행할 작업을 프로미스의 then() 함수 안에 기술한다. aPromise의 사용 방법은 다음과 같다. 아래 코드를 실행하면 1초 뒤에 웹 브라우저의 콘솔창에 result: success!라는 문자열을 출력한다.

📁 예제 코드 html_js/js_promise.js

```
…
aPromise.then((result) => { ❸
    console.log('result: ', result);
});
```

❸ 프로미스가 값을 반환하면 웹 브라우저의 콘솔 창에 반환값을 출력한다.

비동기 방식, 프로미스, 체이닝을 생각하면서 아래 코드를 살펴보자. 아래 코드는 2.2.3절에서 사용했던 예제 코드이다.

📁 예제 코드 pyWorld/modular/static/js/index.js

```
function getMessage() {
    let message = fetch('/api/message/get').then(response => { ❶
        return response.text();
    }).catch(error => { ❷
        console.log('[Error]fetch.api.message.get:', error);
    });

    return message; ❸
}
```

❶ 자바스크립트 fetch() 함수는 서버로 요청을 보내고 응답 대신 프로미스를 반환한다. fetch() 함수가 반환하는 프로미스는 서버의 응답이 도착하는 이벤트를 기다리고 있다. 응답이 도착하면 then() 함수에 기술된 응답(response)의 본문(body)을 문자열 형태로 반환하는 아래 작업이 수행된다.

```
response => {
        return response.text();
    }
```

❷ catch() 함수는 fetch() 함수 수행 중 오류가 발생되었을 때 호출된다. 오류가 발생하면 웹 브라우저의 콘솔 창에 그 내용을 출력하는 아래 코드가 실행된다.

```
error => {
        console.log('[Error]fetch.api.message.get:', error);
    }
```

❸ getMessage() 함수는 실행 결과로 서버의 응답을 반환하는 것이 아니라 응답이 도착하면 이를 반환하겠다는 약속인 프로미스 객체를 반환한다.

getMessge() 함수의 반환값인 프로미스 객체를 어떻게 이용하는지 살펴보자. 아래 코드는 2.2.3 절에서 페이지 구성에 사용했던 예제 코드 pyWorld/modular/templates/index.html이다.

📁 예제 코드 **pyWorld/modular/templates/index.html**

```
<!DOCTYPE html>
<html>
<head>
    <meta charset="UTF-8">
    <title>Title</title>
</head>
<body>
    <h1 id="text"></h1> ❶
</body>
<script type="text/javascript" src="static/js/index.js"></script>
<script>
    let text = document.getElementById('text'); ❷
    let msgPrms = getMessage(); ❸
    msgPrms.then((message) => {  ----------
        text.innerHTML = message;  -------❹
    }).catch((error) => {  --------------------------------------
        console.log('[Error]msgPrms:', error);  -------❺
    });
</script>
</html>
```

❶ id 속성의 값이 text로 지정된 HTML 제목(h1) 요소이다.

❷ document 객체의 getElementById() 함수를 사용하여 DOM에서 id 값이 text인 요소, 즉 ❶을 가져온다.

❸ 서버로부터 응답(메시지 데이터)이 도착하면 그 값을 반환하는 프로미스를 얻는다.

❹ then() 함수를 이용해서 메시지 도착 후 작업을 기술한다. ❶ 요소에 innerHTML 속성의 값을 설정하여 HTML 요소의 내용에 서버로부터 받은 메시지가 출력되도록 했다.

❺ ❹ 과정 수행 중 오류가 발생하면 오류 내용을 출력하도록 기술했다.

비동기 방식의 개념과 자바스크립트에서 비동기 방식 처리를 위해 제공하는 프로미스 객체와 사용 방법을 살펴보았다. 다소 복잡해 보일 수 있지만 그 내용을 다음과 같이 정리할 수 있다.

▶ 비동기 방식: 시간 지연이 발생하는 작업을 처리할 때 다른 작업을 처리하다가 앞서 시작했던 지연 작업의 처리가 완료되면 작업을 이어서 수행하는 처리 방식이다.

▶ 프로미스 객체: 자바스크립트에서 비동기 방식을 처리하기 위해 사용하는 객체이다. 프로미스 객체는 약속된 조건이 충족되었을 때 값을 반환한다. 값이 반환되면 이어서 수행할 작업을 프로미스의 then() 함수 안에 기술한다.

▶ 체이닝: 프로미스의 then() 함수는 수행 결과로 다시 프로미스를 반환한다. 따라서 이어지는 작업을 then() 함수를 호출하여 기술한다. 연속된 작업들이 then() 함수의 나열 형태로 나타나기 때문에 체이닝이라는 명칭이 붙었다.

웹 페이지를 구성하는 가장 중요한 요소들인 HTML과 자바스크립트의 주요 내용을 간략하게 정리해보았다. 언젠가 이들 각각에 대해 깊이 공부할 기회가 있겠지만 필요한 만큼 알고 시작한 후 모르는 내용이 있을 때마다 책이나 검색 등을 통해 공부해 나가는 것도 좋은 방법이다. HTML 그리고 자바스크립트와 관련하여 추가되는 내용들은 앞으로 이 책에서 다루게 될 예제들과 함께 살펴보도록 하겠다.

2.4 웹 프로그래밍 기본 다지기 — 백엔드

목표 > 데이터를 저장하고 관리하기 위한 데이터베이스의 사용 방법과 작동 원리를 살펴본다.

소스 > https://github.com/sgkim-pub/pyWorld/tree/master/database

앞서 살펴보았던 예제 웹 프로그램에서 'Hello, world!' 메시지는 백엔드(웹 서버)의 getMessage() 함수 안에 문자열 형태로 저장되어 있었다. 사용자에게 전달해야 할 데이터가 항상 같다면 이렇게 코드 안에 적어 놓을 수도 있다. 하지만 대부분의 경우 사용자가 찾는 데이터는 사용자의 요구가 변함에 따라 매번 달라진다.

데이터를 잘 관리하고 사용자(고객)에게 필요한 적절한 데이터를 빠르게 제공하는 것이 웹 서버의 목적이라고도 할 수 있다. 따라서 서비스를 제공할 목적으로 만들어지는 웹 서버는 서비스에 필요한 데이터를 안전하게 저장하고 변경하며 또 쉽게 찾을 수 있어야 한다. 이를 위해 데이터 관리만 전문적으로 수행하는 프로그램인 **데이터베이스**Database가 사용된다.

데이터베이스에 대해 깊이 알아야 하는 것은 아닌지 부담스러워 할 필요는 없다. 앞으로 살펴볼, 데이터베이스와 테이블을 생성하고 값을 저장하고 읽어오는 정도면 웬만한 웹 서비스를 구현하는 데 충분하다. 따라서 몇 가지 패턴을 살펴보고 이들을 반복해서 이용할 것이다.

파이썬을 설치하면 SQLite라는 데이터베이스 패키지가 기본으로 설치된다. SQLite를 통해 데이터 베이스가 무엇이고 또 어떻게 사용하는지 간략히 살펴보자. 데이터베이스를 아직 경험해보지 못 한 독자에게는 생소한 경험이 될지도 모르겠다. 처음이니까 가벼운 마음으로 한번 살펴본다는 생 각으로 이번 내용을 읽어주었으면 좋겠다. 파이썬과 SQLite를 이용해서 다음과 같이 사용자 정보 를 저장하는 테이블을 만들어보자.

표 2.3 **사용자 정보 테이블**

id	username	email	passwd
1	admin	admin@abc.com	imsi_00
...	...	...	...

파이참을 실행하고 메뉴에서 [File] ➡ [New Project]를 선택한 후 database이라는 이름으로 프로 젝트를 하나 생성하자. 다음과 같이 데이터베이스와 그 안에 users라는 이름의 테이블을 생성하 는 파이썬 코드를 작성하자.

📁 예제 코드 **database/init_db.py**

```
import sqlite3 ❶

conn = sqlite3.connect("test.db") ❷
cursor = conn.cursor() ❸

SQL = 'CREATE TABLE IF NOT EXISTS users(id INTEGER PRIMARY KEY AUTOINCREMENT, ↵
username TEXT NOT NULL, email TEXT NOT NULL, passwd TEXT NOT NULL)' ❹
cursor.execute(SQL) ❺

cursor.close() ┄┄┄┄
                      ❻
conn.close() ┄┄┄┄┄
```

❶ SQLite 데이터베이스를 사용하기 위해 파이썬의 sqlite3 패키지를 가져온다. sqlite3 패키지는 필요할 때마다 SQLite를 호출하는 인터페이스 역할을 하는 파이썬 패키지이다.

❷ test라는 이름으로 데이터베이스를 생성한다. 스크립트가 실행되고 있는 위치에 test.db라는 이름의 파일이 생성될 것이다.

❸ **커서**cursor는 데이터베이스를 사용하기 위한 인덱스를 관리하는 객체다. 이 커서 객체를 이용해서 test 데이터베이스를 사용하게 된다.

❹ 데이터베이스에 대해 들어본 독자라면 **SQL**Structured Query Language을 알고 있거나 사용해본 경험이 있을 것이다. SQL은 데이터베이스를 사용하기 위한 표준 언어라고 할 수 있다. 데이터는 **테이블**table이라는 2차원 표 형태로 데이터베이스 안에 저장된다. 앞의 SQL의 CREATE 명령으로 다음과 같은 테이블이 생성된다.

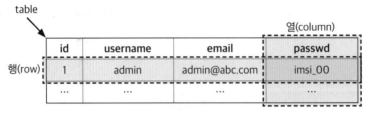

그림 2.43 **테이블의 행과 열**

테이블을 생성하기 위한 CREATE 명령의 기본 형태는 다음과 같다. 앞의 예에서는 테이블이 존재하지 않을 때만 테이블을 생성하도록 IF NOT EXISTS 구문을 추가로 사용했다.

```
CREATE TABLE <테이블 이름>(첫 번째 열, 두 번째 열, …)
```

SQL은 대소문자를 구분하지 않는다. 하지만 SQL 명령어와 사용자가 전달하는 변수를 구분하기 위해 일반적으로 SQL 명령을 대문자로 표기한다. 예제 코드에서 테이블의 각 열(컬럼)을 정의하기 위해 쓰인 키워드를 정리해보면 다음과 같다.

표 2.4 **열 속성 키워드 예**

키워드	의미
INTEGER	정수형 데이터. 저장되는 데이터의 크기에 따라 1~8바이트를 차지한다.
PRIMARY KEY	테이블의 각 행을 구분하기 위해 먼저 참고하는 열을 지정한다.
AUTOINCREMENT	새로운 행이 생성될 때마다 자동으로 1씩 증가된 값이 저장된다.
TEXT	문자, 문자열 데이터.
NOT NULL	값이 비어 있음을 허용하지 않는다.

❺ 데이터베이스 커서의 execute() 함수를 이용하여 SQL 변수에 저장되어 있는 SQL 명령을 실행한다.

❻ 커서와 데이터베이스 사용을 마치고 사용한 커서와 데이터베이스 접속을 해제한다. 프로그램의 여러 부분에서 데이터베이스를 사용하게 된다. 따라서 데이터베이스 사용을 마치면 반드시 사용한 커서와 데이터베이스를 해제해야 프로그램의 다른 부분에서 데이터베이스를 사용할 때 문제가 없다.

이제 데이터를 하나 입력하고 테이블의 내용을 살펴보자. 테이블을 생성했던 파이썬 코드와는 다른 users.py 파일을 하나 더 생성하고 아래 내용을 작성한다.

📁 예제 코드 **database/users.py**

```python
import sqlite3

conn = sqlite3.connect("test.db")
cursor = conn.cursor()

SQL = 'INSERT INTO users (username, email, passwd) VALUES (?, ?, ?)' ❶
cursor.execute(SQL, ('admin', 'admin@abc.com', 'imsi_00')) ❷
conn.commit() ❸

SQL = 'SELECT * FROM users' ❹
cursor.execute(SQL) ❺
rows = cursor.fetchall() ❻
for row in rows:
    print(row)          ❼

SQL = 'PRAGMA table_info(users)' ❽
cursor.execute(SQL) ❾
rows = cursor.fetchall() ❿
for row in rows:
    print(row)          ⓫

cursor.close()
conn.close()            ⓬
```

❶ 테이블에 데이터를 기록하기 위해 INSERT 명령을 사용했다. INSERT 명령의 기본 형태는 다음과 같다.

INSERT INTO <테이블 이름> (목표 열 1, 목표 열 2, …) VALUES (데이터 1, 데이터 2, …)

❷ 위 INSERT 명령을 커서 객체의 execute() 함수를 이용해서 실행한다. 데이터는 execute() 함수를 실행할 때 변수 형태로 전달했다. INSERT 명령어의 (?, ?, ?)에 해당하는 데이터를 ('admin', 'admin@abc.com', 'imsi_00')과 같이 순서대로 SQL 명령어 실행 시점에 전달하면 된다.

❸ 테이블의 내용이 변경되었으면 변경 내용을 데이터베이스에 반영해주는 단계가 꼭 필요하다. 데이터베이스를 의미하는 conn 객체의 commit() 함수를 호출하여 지금까지 변경된 내용을 데이터베이스에 반영해준다.

❹ SELECT 명령어는 테이블에서 데이터를 꺼내 오는 SQL 명령어이다. SELECT 명령의 기본 형태는 다음과 같다.

```
SELECT 열 1, 열 2, … FROM <테이블 이름>
```

❺ users 테이블에서 모든(*) 컬럼을 꺼내는 ❹의 명령을 커서의 execute() 함수를 이용해서 실행한다.

❻ 커서의 execute() 함수를 실행하면 그 결과가 커서 객체 안에 저장된다. 커서 객체의 fetchall() 함수는 커서가 보관하고 있는 실행 결과를 반환한다. 위 예에서는 execute() 함수를 이용해서 users 테이블의 모든 컬럼 데이터를 꺼내오는 명령을 실행한 결과가 반환될 것이다.

❼ 테이블이 여러 행(row)으로 구성되어 있기 때문에 테이블의 데이터를 꺼내오면 행이 배열 형태의 변수에 저장된다. for 루프를 이용해서 배열의 원소(=테이블의 행)을 차례로 방문하며 각 행의 내용을 출력한다.

❽ PRAGMA table_info() SQL 명령을 실행하면 table_info() 함수에 지정한 테이블의 구조를 출력할 수 있다.

❾ ❽의 PRAGMA 명령을 실행한다.

❿ ❾의 명령 실행 결과를 rows 변수로 가져온다.

⓫ ❾의 명령 실행 결과는 테이블의 열 수만큼의 요소들로 구성되어 있다. 이 요소를 for 반복문을 이용하여 차례로 방문하여 각 요소의 내용을 출력한다.

⓬ 데이터베이스 사용을 마치면 커서와 데이터베이스 객체를 종료하여 데이터베이스 사용을 마쳐야 한다.

init_db.py를 실행한 후 users.py 스크립트를 실행하면 파이참의 콘솔 창에 다음과 같이 테이블의 내용이 출력되는 것을 볼 수 있을 것이다.

Run: users
"D:\User documents\Documents\PycharmProjects\database\venv\Scripts\python.exe"
(1, 'admin', 'admin@abc.com', 'imsi_00')
Process finished with exit code 0

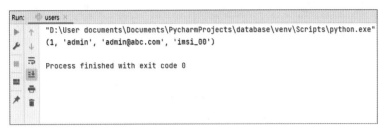

그림 2.44 **users 테이블의 내용 출력**

참고로 PRAGMA 명령을 실행하여 출력한 테이블의 구조도 볼 수 있다.

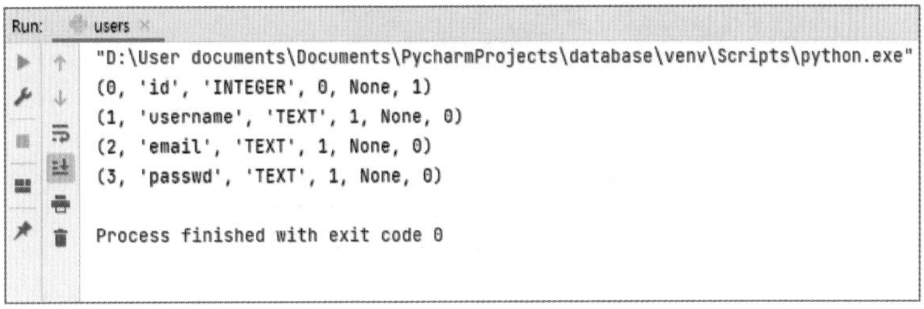
Run: users
"D:\User documents\Documents\PycharmProjects\database\venv\Scripts\python.exe"
(0, 'id', 'INTEGER', 0, None, 1)
(1, 'username', 'TEXT', 1, None, 0)
(2, 'email', 'TEXT', 1, None, 0)
(3, 'passwd', 'TEXT', 1, None, 0)
Process finished with exit code 0

그림 2.45 **users 테이블 구조 출력**

결과의 각 열은 열 번호, 열 이름, 데이터 형태, 값 없음 상태를 금지하는지 여부, 기본 값, 키key 값 여부를 나타낸다. 여기서 키 값은 테이블의 각 행을 식별하는 데 사용하는 인덱싱indexing 용도의 고유한 값을 의미한다. 테이블을 생성할 때 해당 열 이름 뒤에 KEY라는 키워드를 추가하여 키 값을 지정해줄 수 있다.

데이터를 저장하는 데 데이터베이스를 사용하면 데이터를 체계적으로 저장하고 빠르게 가지고 올 수 있다. 구체적인 예에 대해서는 앞으로 책의 예제를 진행하면서 설명이 필요할 때마다 이야기를 이어가도록 하겠다.

03 장

기본 기능 만들기
― 회원 관리 기능

웹 서비스들은 회원가입, 로그인 등 회원 관리 기능을 다 갖고 있지?

무슨 얘기야?

정답보다 중요한 게 뭔지 아니?

???

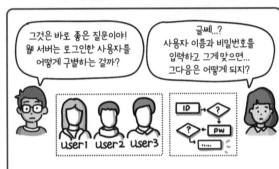

그것은 바로 좋은 질문이야! 웹 서버는 로그인한 사용자를 어떻게 구별하는 걸까?

글쎄..? 사용자 이름과 비밀번호를 입력하고 그게 맞으면... 그다음은 어떻게 되지?

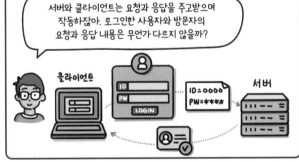

서버와 클라이언트는 요청과 응답을 주고받으며 작동하잖아. 로그인한 사용자와 방문자의 요청과 응답 내용은 무언가 다르지 않을까?

음... 로그인 같은 사용자 인증 과정이...

2장에서 살펴보았던 웹 프로그램의 구조와 프로그래밍 요소를 이용해서 본격적으로 웹 서비스를 하나 만들어보자. 중고 서적을 거래하는 웹 서비스를 만들면서 웹 프로그래밍을 통해 웹 서비스가 어떻게 만들어지는지 세부적인 부분까지 살펴볼 수 있을 것이다.

이번 3장에서는 프로젝트의 기본 구조를 만들고 거의 모든 웹 서비스에서 공통적으로 제공하는 기능인 사용자 인증 및 관리 기능을 구현할 것이다. 이어지는 4장에서는 웹 서비스 고유 기능인 서적을 거래하는 서비스를 완성해볼 것이다.

깃허브Github를 통해 예제의 소스 코드가 제공된다. 하지만 책의 내용을 따라서 작성하면서 코드의 각 부분은 어떤 역할을 하는지, 특정 부분들은 왜 이렇게 작성되었는지 의문을 가지고 직접 해결해보면 배움에 도움이 될 것이다. 깃Git과 깃허브에 대해서는 책의 가장 마지막 부분인 부록에 간략하지만 설명을 추가했다. 예제 진행과 직접 관련은 없으므로 깃과 깃허브를 이용해서 코드를 관리할 필요가 생길 때 살펴보면 도움이 될 것이다.

3.1 프로젝트 기본 틀 잡기

목표 > 웹 프로그래밍 프로젝트를 생성한다.

소스 > https://github.com/sgkim-pub/pyBook/tree/03-01

파이참을 실행하고 메뉴에서 [File] ➡ [New Project]를 선택한 후 **pyBook**이라는 이름으로 프로젝트를 하나 생성하자.

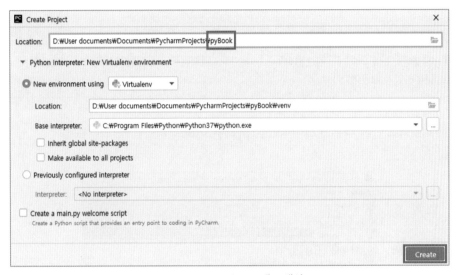

그림 3.1 **pyBook 프로젝트 생성**

다시 pyBook 프로젝트 아래에 appmain 이라는 이름으로 디렉터리를 하나 만들자. appmain 디렉터리는 프로젝트의 최상위 패키지로서 웹 서비스의 다양한 기능을 구현하는 하위 패키지와 그 코드, 이미지 파일 등과 같은 자원을 보관하는 역할을 할 것이다.

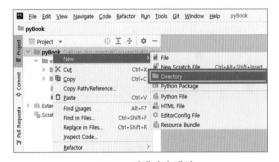

그림 3.2 **디렉터리 생성**

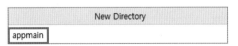

그림 3.3 **디렉터리 이름 입력**

다시 appmain 디렉터리 안에 static, templates 두 개의 디렉터리를 새로 만든다. static 디렉터리에는 웹 서비스에 필요한 이미지, 자바스크립트 코드, CSS 등의 자원을 보관할 것이고 templates 디렉터리에는 프런트엔드 코드에 해당하는 페이지 파일인 HTML 스크립트를 보관할 것이다. 이제 다음과 같이 디렉터리가 만들어졌을 것이다.

```
pyBook
 └ appmain
     ├ static
     └ templates
```

> **노트** 깃허브의 예제 소스 코드에는 static과 templates 디렉터리가 포함되어 있지 않다. 이는 이 두 디렉터리가 아직 비어 있기 때문이다.

appmain 디렉터리 안에 다음과 같이 routes.py라는 이름의 파일을 하나 만들자.

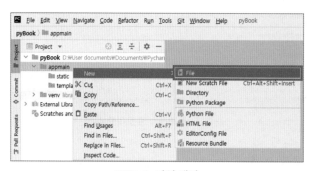

그림 3.4 **파일 생성**

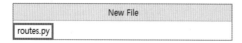

그림 3.5 **파일 이름 입력**

만약 파일을 깃에 추가하겠느냐고 묻는 창이 나타난다면 [Cancel] 버튼을 클릭한다.

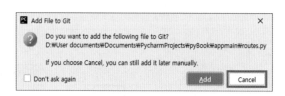

그림 3.6 **Add File to Git 창**

```
from flask import Blueprint ❶

main = Blueprint('main', __name__) ❷

@main.route('/')
@main.route('/home')
def home():
    response = 'pyBook main page'

    return response
```

appmain의 routes.py 파일에는 웹 서비스의 진입점, 즉 사용자가 웹 서비스에 처음 접속했을 때 서버가 처리해야 할 내용이 위치한다. 파이썬에서는 코드 블록을 들여쓰기로 지정하므로 파이썬 코드를 작성할 때는 들여쓰기에 신경써서 코드를 작성했는지 확인한다.

❶ 2장에서 Hello, world 예제를 진행하면서 Flask 객체의 route() 데커레이터 함수에 대해 살펴보았다. route() 데커레이터는 함수의 인자로 전달된 경로로 HTTP 요청이 들어왔을 때 먼저 호출되고 이어서 데커레이터 아래에 위치한 코드를 실행시킨다.

2장에서는 다음과 같이 Flask 서버 객체의 route() 데커레이터 함수를 직접 이용했다.

```
app = Flask(__name__)

@app.route('/', methods=['GET'])
def index():
    …
```

위와 같이 Flask 서버 객체의 route() 함수를 직접 이용하면 웹 서비스의 기능을 여러 파일들에 기능별로 나누어 코딩했을 때 이 app 객체를 여러 파일에서 포함import하게 되면서 어떤 파일들에서 app 객체가 사용되었는지 관리하기 어려워진다.

Flask 서버 객체와 route() 함수를 직접 사용하는 대신 플라스크 프레임워크의 Blueprint 객체와 이 객체의 route() 데커레이터 함수를 이용하면 편리하다. route() 데커레이터를 사용하는 파일별로 Blueprint 객체를 생성하고 Flask 서버 객체가 있는 파일에서 이들 Blueprint 객체를 모아서 서버 객체에 등록할 수 있다. 이를 그림으로 나타내면 다음과 같다.

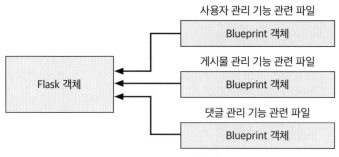

그림 3.7 **Blueprint 객체 사용 예**

이렇게 Blueprint 객체를 이용하면 서로 성격이 다른 서비스 요청(예: 로그인과 상품 검색)을 처리하는 코드를 서로 다른 파일에 보관하고 체계적으로 관리할 수 있어 프로젝트 크기가 커져도 관리에 따르는 복잡함을 줄일 수 있다.

Blueprint는 Flask 웹 프레임워크에서 가장 중심이 되는 객체인 Flask 객체의 일부 기능을 가진 객체다. Flask 객체는 이들 Blueprint 객체들을 register_blueprint 함수를 이용해서 최종적으로 웹 애플리케이션에 통합시킨다. 비유하자면 Flask 객체는 은행의 본점, Blueprint 객체는 은행의 지점, 웹 애플리케이션은 은행 자체에 비유될 수 있다.

❷ main이라는 이름의 Blueprint 객체를 생성했다.

❸ 사용자가 웹 서비스의 / 경로 또는 /home 경로로 접속했을 때 서버가 해야 할 동작을 route() 데커레이터와 home() 함수를 이용해서 정의해주었다. home() 함수는 'pyBook main page'라는 문자열을 반환하고 데커레이터 함수인 route() 함수는 이 값을 받아 클라이언트에게 전달한다.

다시 appmain 디렉터리 안에 새로 __init__.py 파일을 만들자. __init__.py 파일은 appmain 디렉터리를 파이썬이 패키지로 인식할 수 있도록 해주고 appmain 패키지가 포함된 파이썬 스크립트가 처음 실행될 때 함께 실행되어 appmain 패키지를 초기화해준다. 그 내용은 Flask 객체를 만들고 위에서 작성했던 routes.py 파일의 Blueprint 객체를 Flask 객체에 등록하는 것이다.

> **노트** 파이썬 패키지는 서로 관련된 기능을 갖는 파이썬 스크립트를 하나의 디렉터리 안에 모아놓은 것이다. 파이썬 인터프리터는 디렉터리 안에 __init__.py 파일이 존재하면 해당 디렉터리를 파이썬 패키지라고 인식하고 이 패키지 안의 스크립트 파일을 실행할 때 __init__.py 파일을 자동으로 실행해준다. 일반적으로 변수 초기화, 객체 생성 등과 같이 스크립트를 실행하기 위해 필요한 사전 작업을 __init__.py 파일 안에 기술하면 이들이 자동으로 실행되어 편리하다.
>
> 또한 파이썬 패키지는 파이썬 코드를 다른 사람들에게 제공하는 배포(release)와 관련된 다양한 기능을 제공한다. 이 책에서 다루는 예제에서 파이썬 패키지를 배포할 경우는 없으므로 참고로만 알아두자.

📁 예제 코드 **pyBook/appmain/__init__.py**

```
from flask import Flask

app = Flask(__name__) ❶

from appmain.routes import main ❷
app.register_blueprint(main) ❸
```

❶ 파이썬 Flask 클래스를 이용해 Flask 객체를 생성한다.

❷ appmain/routes.py 파일에서 Blueprint 객체인 `main`을 가져온다.

❸ ❷의 Blueprint 객체를 Flask 객체의 `register_blueprint()` 함수를 이용해서 파이썬 Flask
객체에 등록한다.

appmain 디렉터리 아래에 웹을 통해 서비스를 제공하는 코드를 다음과 같이 작성했다.

```
pyBook
  └ appmain
      ├ static
      └ templates
      __init__.py
      routes.py
```

이제 이 pyBook 프로젝트를 실행하는 파이썬 스크립트인 run.py를 pyBook 디렉터리 바로 아래
에 다음과 같이 작성하자.

📁 예제 코드 **pyBook/run.py**

```
from appmain import app ❶

if __name__ == '__main__': ❷
    app.run('127.0.0.1', 8000) ❸
```

❶ appmain 패키지에서 Flask 객체인 app을 가져온다.

❷ 파이썬 스크립트는 다른 스크립트에 포함되거나 또는 파이썬 인터프리터에 의해 직접 호출되
어 실행될 수 있다. run.py 파일은 프로젝트 최상위 스크립트로서 ❶의 플라스크 웹 서버 객체
를 포함한다. 그리고 우리는 run.py 파일을 실행함으로써 Flask 객체를 실행시킬 것이다.

파이썬 인터프리터는 직접 실행되는 스크립트에게 그 이름(__name__)으로 '__main__'이라는 이름을 준다. 따라서 if __name__ == '__main__':의 의미는 '사용자가 run.py 스크립트를 직접 실행시킬 경우'라는 뜻이 된다. 사용자가 run.py 스크립트를 직접 실행시킬 경우 Flask 객체인 app의 run() 함수를 호출하여 플라스크 웹 서버를 시작하게 된다.

❸ run() 함수에 인자로 IP 주소와 포트 번호를 전달한다. IP 주소는 스크립트가 실행될 수 있는 컴퓨터를 가리키며, 포트 번호는 파이썬 플라스크 프로그램을 식별하기 위해 쓰인다. IP 주소와 포트 번호의 의미는 2.2.2절 '처음 만들어보는 웹 프로그램'에서 설명했다.

프로젝트가 다음과 같이 구성되었을 것이다.

```
pyBook
  └ appmain
      ├ static
      └ templates
      __init__.py
      routes.py
  run.py
```

프로젝트 실행을 위해 Flask 패키지가 필요하다. 파이참의 [File] ➡ [Settings] 메뉴를 실행한다.

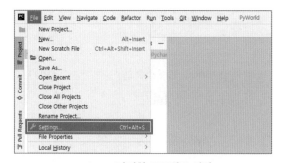

그림 3.8 **파이참 프로젝트 설정**

Settings 창이 나타나면 Project 항목에서 [Python Interpreter]를 선택하고 설치되어 있는 패키지를 나타내는 리스트 영역에서 ✚ 버튼을 클릭하면 패키지를 검색할 수 있는 창이 나타난다.

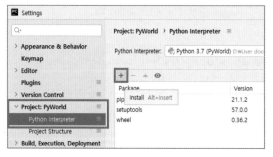

그림 3.9 **파이썬 패키지 설치**

패키지 검색 창에 **Flask**를 입력하여 검색하고 [Flask]를 선택한 후 [Install Package]를 클릭하여 Flask 패키지를 설치한다(이 책에서는 2.1.1 버전을 사용했다).

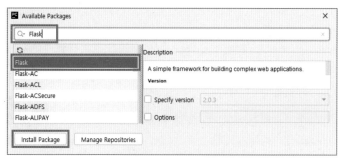

그림 3.10 **Flask 패키지 검색**

패키지 설치가 완료되었다는 메시지가 나타나면 [OK] 버튼을 클릭하여 창을 닫으면 된다. 같은 방식으로 Blueprint 패키지도 설치하면 된다.

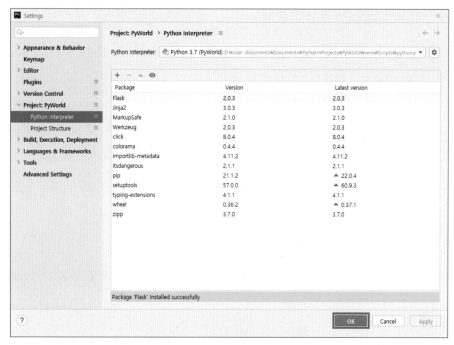

그림 3.11 **Flask 패키지 설치 결과**

이제 프로젝트의 실행 스크립트인 run.py 파일 위에 마우스 커서를 두고 마우스 오른쪽 버튼을 클릭하여 다음과 같이 메뉴를 열고 [Run]을 선택한다.

그림 3.12 **프로젝트 실행 스크립트 run.py 실행**

플라스크 웹 서버가 실행되면 웹 브라우저를 열고 주소 창에 127.0.0.1:8000을 입력하여 웹 서버에 접속해보자. 다음과 같이 코딩한 메시지를 웹 브라우저에서 볼 수 있으면 프로젝트의 기본 틀이 문제없이 구성된 것이다.

그림 3.13 **웹 서버에 접속 결과**

프로젝트가 정상적으로 작동하는 것을 확인했으면 파이참 아랫부분 콘솔 영역의 [Stop] 버튼(빨간색 사각형)을 클릭하면 프로젝트를 중지할 수 있다.

```
Run:    run ×
    "D:\User documents\Documents\PycharmProjects\pyBook\venv\Scripts\python.exe" "D:/User documents/Documents/PycharmProjects/pyBook/run.py"
     * Serving Flask app 'appmain' (lazy loading)
     * Environment: production
       WARNING: This is a development server. Do not use it in a production deployment.
       Use a production WSGI server instead.
Stop 'run' Ctrl+F2 ode: off
     * Running on http://127.0.0.1:8000 (Press CTRL+C to quit)
    127.0.0.1 - - [04/Apr/2022 06:44:25] "GET / HTTP/1.1" 200 -
    127.0.0.1 - - [04/Apr/2022 06:44:26] "GET /favicon.ico HTTP/1.1" 404 -
    |
```

그림 3.14 **실행 중인 프로젝트 중지**

앞으로 예제를 진행하게 될 프로젝트의 구조를 한 번 더 정리하고 이번 절을 마무리하려 한다.

```
pyBook
 └ appmain
    ├ static
    └ templates
   __init__.py
   routes.py
 run.py
```

appmain 디렉터리 안에는 웹 서비스의 하위 기능이 위치할 것이다. 예를 들어 사용자 관리 기능을 담당하는 코드는 appmain 디렉터리 아래에 앞으로 만들게 될 user라는 디렉터리 안에 보관된다.

appmain 패키지의 routes.py 파일에는 웹 서비스에 처음 접속했을 때 메인 페이지에서 제공하는 기능을 구현할 것이다. 그리고 이들 다양한 기능을 모아서 Flask 객체로, 즉 플라스크 웹 서버로 만드는 코드를 appmain 디렉터리의 __init__.py 파일 안에 구현했다.

appmain 디렉터리 아래의 static 디렉터리 안에는 프로젝트에 필요한 그림 파일, CSS 파일, 자바스크립트 코드가 위치한다. 이들은 내용이 변하지 않고 여러 페이지가 함께 사용하기 때문에 디렉터리 이름을 static이라고 붙여주었다.

templates 디렉터리 안에는 프런트엔드 코드인 각각의 웹 페이지를 구성하는 HTML 파일을 보관할 것이다.

최종적으로 pyBook 디렉터리 바로 아래의 run.py 파일을 통해 Flask 객체 즉 플라스크 웹 서버가 실행된다.

3.2 메인 페이지

목표 > HTML 문서를 작성하고 플라스크 웹 서버를 이용해서 제공하는 방법을 배운다.
> 부트스트랩과 CSS를 사용해서 페이지를 꾸미는 방법을 살펴본다.

소스 > https://github.com/sgkim-pub/pyBook/tree/03-02

이번 절에서는 웹 서비스의 첫 페이지에 해당하는 메인 페이지를 구성해볼 것이다. appmain/ templates 디렉터리 안에 메인 페이지에 해당하는 index.html 파일을 생성하고 다음과 같이 페이지를 구성하자.

> **노트** 깃허브를 통해 제공되는 예제 소스 코드와 다음 index.html 파일의 내용이 다를 것이다. 깃허브의 index.html에는 CSS가 적용되어 있지만 다음의 index.html에는 적용되어 있지 않다. CSS 관련해서는 이번 절의 후반부에서 살펴볼 것이다.

```
<!DOCTYPE html>
<html>
<head>
    <meta charset="UTF-8">
    <title>pyBook</title>
</head>
<body>
    <div class="navbar">
        <div id="logo">pyBook</div>
        <div><a href="/signup">SignUp</a></div>
        <div><a href="/signin">SignIn</a></div>
        <div><a href="/signout">SignOut</a></div>
        <div><a href="/myinfo">MyInfo</a></div>
    </div>
    <div class="contents">
        contents
    </div>
</body>
</html>
```

appmain의 routes.py 파일의 `home()` 함수를 다음과 같이 pyBook main page 문자열 대신 templates 디렉터리의 index.html 파일을 제공하도록 수정한다.

📁 예제 코드 pyBook/appmain/routes.py

```
from flask import Blueprint, send_from_directory

from appmain import app

main = Blueprint('main', __name__)

@main.route('/')
@main.route('/home')
def home():
    return send_from_directory(app.root_path, 'templates/index.html') ❶
```

❶ `send_from_directory()` 함수는 첫 번째 인자인 디렉터리에서 두 번째 인자로 전달받은 파일을 찾아서 클라이언트로 전달한다. `send_from_directory()` 함수에 첫 번째 인자로 전달한 `app.root_path`는 웹 서버인 Flask 객체가 위치하는 디렉터리를 의미하고, 예제에서는 appmain 디렉터리가 된다. 따라서 코드는 클라이언트가 서버 주소의 / 또는 /home 경로로 접근하면 appmain/templates/index.html 파일을 전달한다.

pyBook 디렉터리 아래의 run.py 스크립트를 실행해 웹 서버를 실행한 후 웹 브라우저를 실행해 run.py 파일에서 웹 서버의 주소로 지정한 127.0.0.1:8000으로 접속해보면 다음과 같이 서비스의 첫 페이지가 표시될 것이다.

그림 3.15 예제 프로젝트 메인 페이지

내용은 표시되었지만 보기 좋은 모양은 아니다. 이제 CSS를 적용해서 페이지를 꾸며보자. 프로젝트의 static 디렉터리 아래에 css라는 이름으로 빈 디렉터리를 생성하자. templates 디렉터리에 index.html 파일이 추가되고 css 디렉터리가 추가된 프로젝트 구조가 다음과 같을 것이다.

```
pyBook
  └ appmain
    ├ static
    │    └ css
    └ templates
         └ index.html
    __init__.py
    routes.py
  run.py
```

CSS 라이브러리로 **부트스트랩**Bootstrap을 사용할 것이다. 아래 주소로 접속한 후 다운로드 페이지로 이동한 후 Compiled CSS and JS의 [Download] 버튼을 클릭해 다운로드하자(참고로 예제에서는 부트스트랩 5.1.3 버전을 사용했다).

▶ https://www.getbootstrap.com

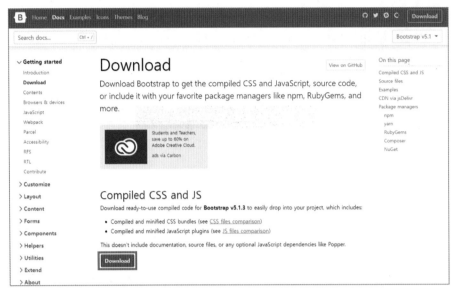

그림 3.16 **부트스트랩 CSS 라이브러리 다운로드**

다운로드한 파일의 압축을 풀면 css와 js 두 디렉터리가 들어 있다. 이 중 css 디렉터리에 있는 bootstrap.min.css 파일을 프로젝트의 static/css 디렉터리로 복사한다. 그러면 다음과 같이 프로젝트 파일이 구성될 것이다.

```
pyBook
 └ appmain
    ├ static
    │   └ css
    │        └ bootstrap.min.css
    └ templates
        └ index.html
      __init__.py
     routes.py
 run.py
```

부트스트랩은 HTML의 클래스 속성class attribute을 이용해서 약속된 이름의 클래스 이름을 가진 HTML 요소에 부트스트랩에서 지정한 스타일을 적용시켜준다.

templates 디렉터리의 index.html 파일에 다음과 같이 부트스트랩 스타일을 적용해보자.

📁 예제 코드 **pyBook/appmain/templates/index.html**

```html
<!DOCTYPE html>
<html>
<head>
    <meta charset="UTF-8">
    <link rel="stylesheet" href="/static/css/bootstrap.min.css"> ❶
    <title>pyBook</title>
</head>
<body>
    <div class="container"> ❷
        <div class="row navbar bg-light align-items-center"> ❸
            <div class="col-6"> ❹
                <a class="nav-link" href="/home"><h4>pyBook</h4></a>
            </div>
            <div class="col-6">
                <ul class="nav justify-content-end"> ❺
                    <li class="nav-item"> ❻
                      <a class="nav-link" id="signup_link" href="/signup">SignUp</a>
                    </li>
                    <li class="nav-item">
                      <a class="nav-link" id="signin_link" href="/signin">SignIn</a>
                    </li>
                    <li class="nav-item">
                      <a class="nav-link" id="signout_link" href="#">SignOut</a>
                    </li>
                    <li class="nav-item">
                      <a class="nav-link" id="myinfo_link" href="/myinfo">MyInfo</a>
                    </li>
                </ul>
            </div>
        </div>
    </div>
    <div class="container mt-5"> ❼
        <div class="row">
            <div class="col" style="text-align: center">contents</div>
        </div>
    </div>
</body>
</html>
```

부트스트랩을 적용한 부분의 주요 내용을 살펴보면 다음과 같다.

❶ bootstrap.min.css 파일 안에는 부트스트랩 디자인의 CSS 설정이 기술되어 있다. 즉, 각 클래스 속성 값과 매칭되는 HTML 요소의 형태와 페이지에서의 위치가 정의되어 있다. 이들 CSS 설정을 이용하겠다고 선언한다.

❷ 부트스트랩 컨테이너 클래스는 부트스트랩의 화면 배치 기능(레이아웃Layout 또는 그리드 시스템Grid system이라고 한다)이 적용되는 영역을 지정한다. 부트스트랩 화면 배치 기능은 화면을 행(row)과 열(col)로 나누고 그 안에 HTML 요소를 배치하여 페이지 구성을 도와준다.

❸ row 클래스는 부트스트랩 화면 배치에서 한 행(row)을 의미한다. 이 행에 내비게이션 메뉴 바(navbar) 스타일을 적용하고 배경색으로 옅은 회색을 사용하며(bg-light) 아이템을 행 안에서 가운데 세로 정렬(align-items-center)한다.

❹ 부트스트랩 화면 배치에서 한 행은 다시 12개의 세로 영역(col)으로 나뉜다. col-6은 12개로 나뉘어진 세로 영역 중 6개의 영역 크기에 해당한다. 즉, 한 행의 절반 크기 영역이 된다.

❺ ul은 순서 없는 리스트(un-ordered list)를 나타내는 HTML 태그다. ul은 li 요소를 그 내용으로 갖는다. 클래스 속성 값으로 지정된 nav는 메뉴 바 스타일을 의미하고 justify-content-end는 뒤쪽(오른쪽) 맞춤을 의미한다.

❻ li는 리스트의 각 요소를 나타낸다. 스타일로 부트스트랩 메뉴 바의 메뉴 아이템을 의미하는 nav-item 클래스 속성을 사용했다.

❼ 영역 위쪽(top)으로 부트스트랩에서 내부적으로 정한 5만큼의 여유 공간(margin)을 둔다(mt-5).

run.py 스크립트가 실행 중이라면 이를 중지한 후 웹 서버를 재실행한다. 웹 브라우저에서 웹 서버의 주소인 127.0.0.1:8000으로 접속해보면 부트스트랩 디자인이 적용된 메인 페이지를 볼 수 있다.

그림 3.17 **예제 프로젝트 메인 페이지 - CSS 적용 후**

부트스트랩 CSS 라이브러리의 다양한 디자인 요소를 부트스트랩 홈페이지의 문서 페이지에서 찾아볼 수 있다.

▶ 영어 페이지: https://getbootstrap.com/docs/5.1/getting-started/introduction/

▶ 한국어 페이지: https://getbootstrap.kr/docs/5.1/getting-started/introduction/

필요한 부트스트랩 디자인을 찾아보고 문서에 적용하는 데는 연습이 필요하다. 부트스트랩의 디자인 요소를 적용하고 페이지에 어떻게 나타나는지 확인하는 것을 반복하다 보면 처음에는 생소했던 부트스트랩 사용 방법도 점차 익숙해질 것이다. 앞으로 예제 프로젝트를 이어가면서 부트스트랩 디자인을 계속 사용할 것이므로 자연스럽게 다양한 예를 보고 실습하게 될 것이다.

3.3 회원가입 기능

목표 > 사용자로부터 데이터를 입력받고 서버에 저장하는 방법을 배운다.

소스 > https://github.com/sgkim-pub/pyBook/tree/03-03

앞 절에서 웹 서비스의 메인 페이지와 메뉴 바를 만들었었다. 하지만 아직 메뉴 바의 각 메뉴를 클릭해도 아무 일도 일어나지 않는다. 이제 회원가입(sign up) 페이지와 기능부터 만들어가자.

3.3.1 회원 정보 정의

먼저 사용자를 구분하는 데 필요한 데이터를 정의하고 이를 저장할 데이터베이스와 테이블을 만든다.

웹 프로그램 파일을 보관하는 appmain 디렉터리 아래에 user라는 이름으로 디렉터리를 새로 생성하고 user 디렉터리 안에 __init__.py 파일과 routes.py 파일을 생성한다. 앞으로 사용자 관리와 관련된 백엔드 코드를 모아서 user 디렉터리 안에 위치시킬 것이다.

user 디렉터리 안의 __init__.py 파일의 내용을 다음과 같이 작성하자.

📁 예제 코드 **pyBook/appmain/user/__init__.py**

```
import sqlite3

conn = sqlite3.connect('pyBook.db') ❶

cursor = conn.cursor() ❷

SQL = 'CREATE TABLE IF NOT EXISTS users (id INTEGER PRIMARY KEY AUTOINCREMENT, ' \ ┄┄┄┄
      'username TEXT NOT NULL, email TEXT NOT NULL, passwd TEXT NOT NULL, authkey TEXT)' ┄┄ ❸
```

```
cursor.execute(SQL) ❹

cursor.close() ❺
conn.close() ❻
```

user 디렉터리의 __init__.py 파일은 파이썬 인터프리터가 user 디렉터리를 파이썬 패키지로 인식할 수 있도록 만들어 주고 user 패키지가 포함된 파이썬 스크립트를 실행할 때마다 함께 실행된다. 그 내용은 pyBook 데이터베이스(pyBook.db)에 사용자 데이터를 저장하는 users라는 테이블을 생성하는 것이다.

❶ pyBook 데이터베이스에 접속한다. SQLite는 **pyBook.db** 파일 안에 데이터베이스를 저장하고 관리한다. 만약 지정한 이름의 파일이 없다면 SQLite는 파일을 자동으로 생성해준다.

❷ 데이터베이스 사용을 위한 인덱스 등이 포함되어 있는 데이터베이스 커서를 가져온다.

❸ 테이블을 생성하는 SQL 명령에는 IF NOT EXISTS라는 조건을 붙여서 users 테이블이 존재하지 않는 경우에만 테이블을 생성하도록 했다. SQL 문자열 안의 역슬래시 기호(\ 또는 ₩)는 줄 바꿈을 의미한다. 에디터 창에 표시되는 문자열이 긴 경우 줄 바꿈 문자를 이용해 하나의 문자열을 여러 줄에 걸쳐 표시할 수 있다. 문자열의 길이가 화면의 너비를 넘어갈 경우 줄 바꿈 문자를 이용하면 코드를 조금 더 읽기 쉽게 기술할 수 있다.

사용자 정보를 저장하는 users 테이블은 다음과 같이 구성되어 있다. 이를 사용자 데이터 모델이라고 한다.

표 3.1 **사용자 정보 테이블**

id: 정수	username: 문자열	email: 문자열	passwd: 문자열	authkey: 문자열
각 행의 고유 ID	사용자 이름	이메일 주소	로그인 패스워드	로그인 인증 키

토큰Token이란 정보를 일정한 형식에 따라 기술한 문자열이다. 일반적으로 크기가 1KB보다 작으며 내용을 알아챌 수 없도록 암호화하여 주고받는다. 로그인 토큰 authkey는 사용자가 로그인했을 때 서버에 의해 만들어진다. 서버는 이 토큰을 로그인한 사용자에게 보내고 로그인한 사용자는 서버로 요청을 보낼 때마다 토큰을 함께 전달한다. 서버는 사용자가 보내온 토큰과 서버에 저장되어 있는 토큰이 일치하는지 확인하여 정상적인 로그인 여부를 판단한다. 토큰 발행과 확인은 다음 절에 이어질 로그인 기능 구현에서 자세히 살펴볼 것이다.

❹ 테이블을 생성하는 SQL 명령을 실행한다.

❺ 데이터베이스 사용이 끝나면 커서를 종료한다.

❻ 데이터베이스 사용을 마치면 데이터베이스에 접속하기 위해 사용했던 객체를 종료한다.

3.3.2 ▶ 프런트엔드 코드 작성

클라이언트에서 실행되는 페이지의 코드를 보관하는 appmain/templates 디렉터리 안에 회원가입 페이지를 signup.html이라는 이름으로 다음과 같이 작성하자.

📁 예제 코드 pyBook/appmain/templates/signup.html

```html
<!DOCTYPE html>
<html>
<head>
    <meta charset="UTF-8">
    <link rel="stylesheet" href="/static/css/bootstrap.min.css">
    <title>SignUp</title>
</head>
<body>
    <div class="container">
        <div class="row navbar bg-light align-items-center">
            <div class="col-6">
                <a class="nav-link" href="/home"><h4>pyBook</h4></a>
            </div>
            <div class="col-6">
                <ul class="nav justify-content-end">
                  <li class="nav-item">
                    <a class="nav-link" id="signup_link" href="/signup">SignUp</a>
                  </li>
                  <li class="nav-item">
                    <a class="nav-link" id="signin_link" href="/signin">SignIn</a>
                  </li>
                  <li class="nav-item">
                    <a class="nav-link" id="signout_link" href="#">SignOut</a>
                  </li>
                  <li class="nav-item">
                    <a class="nav-link" id="myinfo_link" href="/myinfo">MyInfo</a>
                  </li>
                </ul>
            </div>
        </div>
    </div>
```

```
        ┌------- <div class="container mt-5">
        │    ┌------- <div class="row justify-content-center">
        │    │    ┌------- <div class="col-4">
        │    │    │    ┌------- <form>
        │    │    │    │    ┌------- <div>
        │    │    │    │    │        <label for="username_input" class="form-label">이름</label>
        │    │    │    │ ❺ │        <input type="text" class="form-control" id="username_input">
        │    │    │    │    └------- </div>
        │    │    │    │        <div class="mt-3">
        │    │    │    │            <label for="email_input" class="form-label">이메일</label>
        │    │    │    │            <input type="text" class="form-control" id="email_input">
        │ ❷ │ ❸ │ ❹ │        </div>
        │    │    │    │        <div class="mt-3">
        │    │    │    │        <label for="password_input" class="form-label">패스워드</label>
        │    │    │    │            <input type="password" class="form-control" id="password_input">
        │    │    │    │        </div>
     ❶  │    │    │    │        <div class="mt-3">
        │    │    │    │        <label for="password_confirm" class="form-label">패스워드 확인</label>
        │    │    │    │            <input type="password" class="form-control" id="password_confirm">
        │    │    │    │        </div>
        │    │    │    └------- </form>
        │    │    └------- </div>
        │    └------- </div>
        │    ┌------- <div class="row justify-content-center mt-4">
        │    │        <div class="col-4 text-center">
        │    │            <button type="button" class="btn btn-primary" id="submit_button">제출</button>
      ❻ │    │            <button type="button" class="btn btn-secondary" id="cancel_button">취소</button>
        │    │        </div>
        │    └------- </div>
        └------- </div>
      </body>
      <script>
          const username = document.querySelector('#username_input');
          const email = document.querySelector('#email_input');
          const passwd = document.querySelector('#password_input');
          const confirmPasswd = document.querySelector('#password_confirm');

          function checkPw() {
              return (passwd.value.length >= 5) && (passwd.value === confirmPasswd.value);
          }

          function onSubmitHandler() {
              let pwValid = checkPw();

              if(pwValid){
                  let formData = new FormData();
```

```javascript
            formData.set("username", username.value);
            formData.set("email", email.value);
            formData.set("passwd", passwd.value);

            fetch('/api/user/signup', {
                method: 'POST',
                body: formData
            }).then((response) => {
                let url = '/home';
                window.location.replace(url);
            }).catch((error) => {
                console.log('[Error]signup:', error);
            });
        }
    }

    let submitButton = document.querySelector('#submit_button');
    submitButton.addEventListener('click', onSubmitHandler);

    function onCancelHandler() {
        let url = '/home';
        window.location.replace(url);
    }

    let cancelButton = document.querySelector('#cancel_button');
    cancelButton.addEventListener('click', onCancelHandler);
</script>
</html>
```

내용이 조금 길어 보이지만 HTML과 자바스크립트 두 부분으로 구분할 수 있고 각각 몇 가지 코딩 패턴이 반복되고 있기 때문에 천천히 살펴보면 충분히 이해할 수 있다. 웹 프로그래밍에 꼭 필요한 HTML과 자바스크립트 코드에 익숙해지는 기회로 삼아보자.

회원가입 페이지 signup.html 파일은 사용자에게 보여지는 요소들인 HTML과, 웹 페이지의 [제출], [취소] 등과 같은 버튼 요소를 클릭했을 때 실행되는 자바스크립트, 이 두 부분으로 구성되어 있다. HTML 요소는 <head> … </head>, <body> … </body> 부분이고 자바스크립트는 <script> … </script>로 구분된 영역에 각각 기술되어 있다.

HTML 요소의 내용부터 살펴보자. 페이지들에 공통적으로 들어가는 메뉴 바(navbar)는 3.2절에서 이미 살펴보았기 때문에 가입 정보 입력 부분인 두 번째 컨테이너 클래스 영역 ❶ <div class="container mt-5">에 초점을 맞추어 살펴보겠다.

❶ 가입 정보 입력 영역과 [제출], [취소] 버튼이 위치하는 버튼 영역을 포함하는 가입 페이지 본문 영역이다.

❷ 이 영역(div class="row ...")은 회원가입 정보 입력을 위한 HTML 요소를 포함한다. HTML 요소를 적절하게 배치하기 위해 부트스트랩의 그리드 시스템Grid system을 사용했다. 부트스트랩의 그리드 시스템에서는 영역을 가로 행(row)과 세로 열(column)로 나누고 그 안에 HTML 요소를 배치한다. 영역을 가로 행 영역으로 지정하고 이 영역 안의 하위 요소를 가운데 정렬(justify-content-center)하도록 했다.

❸ 행(row) 영역 안에 이 영역의 4/12 크기(col-4)를 차지하는 하위 영역을 생성했다. 이를 그림으로 나타내면 다음과 같다. 부트스트랩의 그리드 시스템은 행(row) 클래스로 지정된 영역을 12개의 세로 열로 구성한다. 따라서 <div class="col-4">의 의미는 12개 세로 열 중 4개, 즉 4/12 크기의 영역을 차지하는 요소를 만들겠다는 의미가 된다.

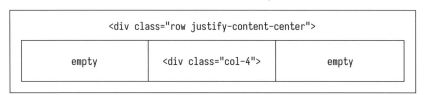

그림 3.18 **부트스트랩의 그리드 시스템 활용 예**

노트 행(row)의 4/12에 해당하는 영역을 다음과 같이 구성해도 되는지 생각하는 독자가 있을 수 있다.

```
<div class="row col-4 justify-content-center">
    ...
</div>
```

좋은 의문이라고 생각한다. 하지만 부트스트랩 디자인 프레임워크에서는 열(col)이 행(row) 안에 포함되도록 규정하고 있다. 즉 공식 문서에 따르면 '행은 열의 래퍼입니다(Rows are wrappers for columns).'라고 정의하고 있다. 따라서 부트스트랩 디자인 프레임워크를 이용하기 위해서는 다음과 같이 행이 열을 포함하도록 구성해야 한다.

```
<div class="row justify-content-center">
    <div class="col-4">
        ...
    </div>
</div>
```

더불어 하나의 행 안에 여러 개의 열 영역을 지정하고 사용할 때도 있을 것이므로 위와 같이 기술하는 것이 논리적인 관점에서도 더 타당해 보인다.

❹ `<form>` 영역은 입력 요소(입력 창)의 집합을 나타낸다. `<form>` 영역에 포함되어 있는 하위 요소를 살펴보면 `<div>`-`<label>`-`<input>` 구조가 반복되는 것을 알 수 있다. `<div>`로 구분되는 각각의 영역 안에는 하나의 입력 필드(예: 사용자 이름 입력)가 들어간다. 이때 입력 창의 이름을 `<label>` 태그로 지정하고 실제 입력을 받는 입력 창은 `<input>` 태그를 이용해서 생성한다. 이 중 먼저 등장하는 `<div>` 영역을 대표로 살펴보자.

> **노트** `<form>`…`</form>`은 영역 안의 모든 입력 창의 값을 모아서 지정한 서버 주소로 POST 방식의 요청을 통해 전송하는 기능을 가지고 있다. 이 책의 예제에서는 입력값을 자바스크립트 코드를 이용해서 수집하고 전송할 것이다. 입력값 수집과 전송에 자바스크립트를 이용하면 입력값을 서버로 보내기 전에 값을 검사하고 필요하면 수정할 수 있어 편리하다. 따라서 `<form>` 요소 자체의 전송 기능은 사용하지 않았다.

❺ `<label>` 요소의 `for` 속성에는 이름이 부여될 HTML 입력 요소의 id 속성 값을 지정한다. 디자인 요소로 부트스트랩의 `form-label` 클래스에 지정되어 있는 디자인을 적용했다.

`<input>` 요소의 `type` 속성은 입력의 종류를 지정한다. 사용자 이름을 입력받기 위해 1줄짜리 문자열(`text`)을 지정했다. 그리고 이 입력 요소에 이름(label)을 붙여주기 위해 `id` 속성에 `"username_input"`이라는 값을 설정했다. 마지막으로 `<input>` 입력 요소에 부트스트랩의 `form-control` 디자인을 적용했다.

❻ 입력 창에 입력한 내용을 서버로 전송하는 [제출] 버튼과, 회원가입을 취소하고 웹 서비스의 첫 페이지로 돌아가는 [취소] 버튼을 생성하는 HTML 코드다. [제출], [취소] 두 버튼을 부트스트랩의 화면 배치 시스템을 이용하여 줄(row)의 4/12 크기의 영역(col-4) 안에 배치했고 영역 안에서 가운데에 정렬(text-center)되도록 해주었다.

두 HTML `<button>` 요소는 각각 id 속성을 지정하여 서로 구별되도록 했다. 자바스크립트는 이 id 속성을 이용하여 두 버튼 중 어떤 요소가 클릭되었는지 구분할 수 있다. `<button>` 태그의 type 속성은 버튼의 종류를 지정하는 속성으로 일반적인 용도의 버튼을 "button"으로 지정한다. 이 외에 reset, submit 타입이 있는데, reset은 입력 내용을 삭제하고 submit은 같은 form 요소 안의 모든 입력 내용을 전송하는 것과 같은 특별한 용도로 사용된다. class 속성 안에 설정된 값은 부트스트랩 디자인을 적용해주기 위해 약속된 이름이다.

이제 자바스크립트 코드를 살펴보자. 첫째, 자바스크립트 코드가 HTML 부분과 어떻게 상호작용하는지, 둘째, 서버에 어떻게 요청을 보내고 응답을 받는지 두 부분을 유심히 봐주면 좋겠다. 보기 편하도록 signup.html 페이지의 자바스크립트 영역을 아래에 다시 표시했다.

```
<script> ❶
    const username = document.querySelector('#username_input'); ┄┄┄┄┄┄┄┄┐
    const email = document.querySelector('#email_input');                       │
    const passwd = document.querySelector('#password_input');                   ❷
    const confirmPasswd = document.querySelector('#password_confirm'); ┄┄┄┄┘

┌┄ function checkPw() {
❸     return (passwd.value.length >= 5) && (passwd.value === confirmPasswd.value);
└┄ }

┌┄ function onSubmitHandler() {
│      let pwValid = checkPw();
│
│      if(pwValid){ ❺
│          let formData = new FormData(); ❻
│
│          formData.set("username", username.value); ┄┄┄┄┄┄┐
│          formData.set("email", email.value);                    ❼
│          formData.set("passwd", passwd.value); ┄┄┄┄┄┄┄┘
│
❹          fetch('/api/user/signup', { ┄┄┄┄┄┐
│              method: 'POST',          ❽
│              body: formData ┄┄┄┄┄┄┄┘
│          }).then((response) => { ┄┄┄┄┄┄┐
│              let url = '/home';          ❾
│              window.location.replace(url); ┄┄┄┄┘
│      ┌┄ }).catch((error) => {
│      ❿     console.log('[Error]signup:', error);
│      └┄ });
│      }
└┄ }

    let submitButton = document.querySelector('#submit_button'); ┄┄┄┄┄┐
    submitButton.addEventListener('click', onSubmitHandler); ┄┄┄┄┄┄┄┄⓫

┌┄ function onCancelHandler() {
│      let url = '/home';
⓬      window.location.replace(url);
└┄ }

    let cancelButton = document.querySelector('#cancel_button'); ┄┄┄┄┄┐
    cancelButton.addEventListener('click', onCancelHandler); ┄┄┄┄┄┄┄┄⓭
</script>
```

❶ <script> … </script>는 자바스크립트 코드 영역을 지정한다. 하나의 문서 안에 여러 개의 자
바스크립트 영역이 있을 수는 있지만 보통 그럴 필요가 없기 때문에 하나의 자바스크립트 영
역 안에 문서의 자바스크립트 코드를 기술한다.

노트 자바스크립트 코드 영역은 HTML의 기술이 끝난 후 페이지의 뒷부분에 기술되는데 이는 웹 기술이 표준으로 만들어지는 초기에 웹 브라우저 등에 의해 HTML 코드가 먼저 읽혀지고(해석되고) 그 다음 자바스크립트 코드를 읽어가게 하기 위함이었다. 왜냐하면 자바스크립트의 적용 대상이 HTML 요소이기 때문에 HTML이 먼저 존재하는 것이 자연스러웠기 때문이다. 보통 이와 같은 습관이 남아서 자바스크립트 코드를 HTML에 이어서 기술하는 경우가 많다.

❷ 웹 페이지는 HTML로 기술한 일종의 문서다. 웹 페이지를 구성하는 요소인 HTML 요소를 체계적인 구조로 표현한 것을 DOM이라고 부른다. DOM에 대해서는 81쪽의 '문서 객체 모델(DOM)'에서 살펴보았다.

자바스크립트는 DOM으로 표현된 문서의 요소들 가운데 필요한 요소를 선택할 수 있다. 앞의 자바스크립트 코드는 DOM에서 문서를 의미하는 document 객체의 querySelector() 함수를 이용하여 문서의 입력 창 요소를 지정하고 있다.

노트 querySelector() 함수와 같이 객체에 속해 있는 함수를 메서드(method)라고 한다.

document.querySelector() 함수에 전달된 인자들은 HTML 요소의 id 값이다. HTML 요소의 id 속성값은 하나의 문서 안에서 각각 유일하게 설정되기 때문에 특정 요소를 식별할 수 있도록 해준다. 예를 들어 username 입력 창 HTML 요소의 id 값을 'username_input'으로 설정했고 querySelector() 함수에 인자로 전달할 때는 id를 의미하는 # 기호를 붙여서 전달한다. 참고로 HTML 요소를 식별하기 위한 식별자로 class, HTML 태그 이름 등 다양한 요소를 사용할 수 있다. 앞으로 예제를 진행하면서 좀 더 다양한 사용 예를 살펴보게 될 것이다.

❸ 비밀번호 입력 창에 입력한 비밀번호 값이 사용 가능한지 확인하는 자바스크립트 함수를 작성했다. passwd로 지정한 HTML 요소는 비밀번호 입력 창이고 confirmPasswd로 지정한 HTML 요소는 비밀번호 확인 창이다. 입력 창의 입력값을 해당 요소의 value 속성을 이용해 가져올 수 있다.

checkPw() 함수는 비밀번호의 길이가 5글자 이상이고 비밀번호 입력 창의 내용과 비밀번호 확인 창에 입력한 두 입력값이 같은지 확인한다.

❹ onSubmitHandler() 함수는 페이지의 입력값을 서버로 전달하는 자바스크립트 함수다.

❺ 만약 입력한 비밀번호가 조건을 만족한다면, 즉 checkPw() 함수의 반환 값이 참(true)이라면 입력값을 모아서 서버로 전달한다.

❻ FormData 클래스는 데이터를 키key – 값value의 쌍으로 저장할 수 있도록 도와주는 자바스크립트 클래스다. 이 클래스의 객체에 입력값을 저장하여 서버로 전송한다.

❼ FormData 객체의 set() 함수에 키와 값을 전달하면 이를 객체 안에 저장해준다. 위 코드의 내용은 위로부터 각각 사용자 이름(username), 이메일 주소(email), 비밀번호(passwd)를 FormData 객체에 저장시켜준다.

❽ 자바스크립트의 fetch() 함수는 서버와 통신하기 위한 자바스크립트 표준 함수다. 이름이 'fetch'이기 때문에 서버로부터 값을 가져오는 용도로 쓰일 것 같지만 값을 가져온다는 의미는 '요청을 전달하고 응답을 받는 것'이기 때문에 사실 요청을 보내는 용도로 사용된다. 그리고 서버가 요청에 대한 응답을 전달하면 이 응답을 반환한다. fetch() 함수의 기본적인 사용 방법은 다음과 같다.

```
fetch('서버의 서비스 엔드포인트 URL', { 전달하려는 요청 })
```

코드를 보면 서버의 서비스 엔드포인트는 '/api/user/signup'이고 전달하려는 요청은 입력값의 묶음인 FormData 객체인 formData이다. 그리고 요청의 종류를 POST로 지정했다. 즉, 데이터를 보내니 처리(회원가입)해 달라는 뜻이다. 서버의 백엔드 프로그램은 이 서비스의 엔드포인트인 '/api/user/signup'으로 요청이 들어오면 요청을 해석하고 알맞은 처리를 한 후 응답이 필요하면 전달한다. 이와 같은 기능의 백엔드 프로그램을 조금 뒤이어 작성할 것이다.

fetch() 함수는 자바스크립트 프로미스Promise를 반환한다. 프로미스는 특정 이벤트가 발생하면 그 결과 값을 반환하는 객체로서 여기서 특정 이벤트는 서버로부터 응답이 도착하는 것이다. 네트워크 환경에서 요청을 보내면 요청이 전달되고 처리되는 데 시간 지연이 발생한다. 따라서 요청에 대한 응답이 도착한 후에 이어지는 작업을 순차적으로 진행하기 위해 프로미스 객체를 이용한다.

fetch() 함수에 이어지는 then() 블록과 catch() 블록은 응답이 도착하면 실행되는 부분이다. 이 중 then() 블록은 요청이 성공했을 때 실행된다. 즉, 오류 없이 HTTP 요청에 대한 응답이 도착했을 때 블록 안에 기술된 내용을 실행하게 된다. 그 내용은 다음과 같다.

❾ then 블록의 내용은 화살표 함수로 되어 있다. 일반적으로 서버로부터 받은 응답을 함수를 이용하여 적절하게 처리한 후 그 결과를 사용자에게 보여주기 때문이다. 이때 함수의 입력에는 서버로부터 받은 응답이 전달된다. 앞의 예에서는 사용자가 입력한 정보를 서버로 보내 사용자 등록이 오류 없이 이루어지면 서버는 잘 처리되었다는 응답을 클라이언트에게 보내고 이 응답

이 then 블록 안 함수의 response 인자를 통해 전달된다. 함수의 내용은 '/home' 즉 웹 서비스의 첫 페이지로 이동하는 것이다. 페이지 이동을 위해 window.location 객체의 replace() 함수를 사용했다.

❿ catch 블록은 서버와의 요청-응답 과정 중 오류가 발생했을 때, 즉 요청이 비정상적으로 종료되었을 때 실행될 내용을 담고 있다. 요청-응답 과정 중 오류가 발생하면 해당 오류의 내용이 catch 블록 안 함수의 error 인자를 통해 전달된다. 그리고 이 함수는 오류 내용을 웹 브라우저의 콘솔 화면에 출력하도록 되어 있다. 크롬 웹 브라우저를 예로 살펴보면 [F12] 키를 눌러 디버그 모드로 변경한 후 디버그 창의 [Console] 탭을 클릭하면 디버그 콘솔 화면에 출력되는 메시지를 볼 수 있다(2.3.2.1절 '자바스크립트 기본 문법'을 참고하기 바란다). 자바스크립트의 console.log() 함수를 이용하면 디버그 콘솔에 메시지를 출력할 수 있다.

⓫ 사용자가 입력한 내용을 서버로 전송하는 onSubmitHandler() 함수를 [제출] 버튼과 연결하는 부분이다. DOM의 document 객체의 querySelector() 함수를 이용해서 [제출] 버튼을 지정한 후 선택한 [제출] 버튼이 클릭되었을 때 즉, 버튼 클릭 이벤트가 발생했을 때 실행할 onSubmitHandler() 함수를 버튼 요소의 addEventListener() 함수를 이용해서 설정해준다.

⓬ 사용자가 [취소] 버튼을 클릭했을 때 처리해야 할 내용을 기술한 함수이다. 웹 서비스의 첫 페이지로 이동하도록 했다.

⓭ 페이지의 [취소] 버튼과 onCancelHandler() 함수를 연결하는 부분이다. DOM의 document 객체의 querySelector() 함수를 이용해서 [취소] 버튼을 지정하고, [취소] 버튼이 클릭되었을 때 처리해주어야 할 내용을 [취소] 버튼 요소의 addEventListener() 함수를 이용해서 설정해주었다.

사용자가 가입 페이지를 통해 서비스에 가입하는 과정을 다음과 같이 정리해볼 수 있다.

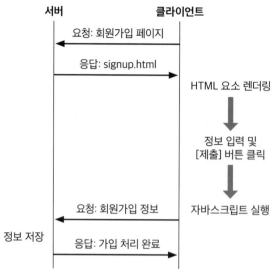

그림 3.19 회원가입 과정에서 서버와 클라이언트의 작동 원리

클라이언트는 프런트엔드 코드인 signup.html을 받으면 먼저 HTML 코드를 화면의 요소들로 시각화(렌더링)하고 자바스크립트 코드를 읽어 들인다. 이제 사용자가 정보를 입력하고 [제출] 버튼을 클릭하면 자바스크립트가 버튼 클릭 이벤트를 감지하고 사용자 정보를 서버로 보낸다. 서버는 이 정보를 받아서 데이터베이스의 사용자 테이블에 저장하고 요청한 처리, 즉 회원가입이 완료되었음을 클라이언트에 응답으로 전달한다. 클라이언트는 회원가입 처리가 정상적으로 이루어졌다는 응답을 받으면 그 후속 동작을 진행한다. 위 예에서는 사용자를 서비스의 첫 페이지로 이동시켰다.

3.3.3 백엔드 코드 작성

이제 백엔드 코드를 작성해보자. 회원가입 기능을 구성하는 백엔드 코드는 아래 두 가지 기능을 수행한다.

▶ 클라이언트에게 회원가입 페이지를 전달한다.

▶ 회원가입 정보를 받으면 회원가입 절차를 진행한다.

이 두 가지 기능을 수행하는 코드를 다음과 같이 user 패키지 안의 routes.py 파일 안에 작성한다.

📁 예제 코드 pyBook/appmain/user/routes.py

```python
from flask import Blueprint, send_from_directory, make_response, jsonify, request ❶
import sqlite3 ❷
import bcrypt ❸

from appmain import app ❹

user = Blueprint('user', __name__) ❺

@user.route('/signup')
def signUp():                                                                    ❻
    return send_from_directory(app.root_path, 'templates/signup.html')

@user.route('/api/user/signup', methods=['POST']) ❼
def register():
    data = request.form ❽

    username = data.get("username")
    email = data.get("email")                 ❾
    passwd = data.get("passwd")

    hashedPW = bcrypt.hashpw(passwd.encode('utf-8'), bcrypt.gensalt()) ❿

    conn = sqlite3.connect('pyBook.db') ⓫
    cursor = conn.cursor() ⓬

    if cursor:
        SQL = 'INSERT INTO users (username, email, passwd) VALUES (?, ?, ?)'
⓭       cursor.execute(SQL, (username, email, hashedPW))
        conn.commit()

        SQL = 'SELECT * FROM users'
        cursor.execute(SQL)
⓮       rows = cursor.fetchall()
        for row in rows:
            print(row)

        cursor.close()
    conn.close()              ⓯

    payload = {"success": True}
    return make_response(jsonify(payload), 200) ⓰
```

❶ 기능 구현에 필요한 요소를 Flask 패키지에서 가져온다.

❷ SQLite 데이터베이스 사용을 위한 파이썬 패키지를 가져온다.

❸ bcrypt 패키지는 평문으로 된 문자열을 암호화해준다. 비밀번호를 암호화해서 저장하기 위해 사용할 것이다.

❹ 플라스크 앱 객체를 가져온다. 플라스크 앱과 관련한 여러 기능을 사용할 때 필요하다.

❺ 사용자 관리 기능과 관련된 `route()` 데커레이터 함수를 플라스크 서버 객체에 직접 설정하지 않고 user라는 이름으로 Blueprint 객체를 생성하여 이 Blueprint 객체에 설정할 것이다. 그리고 플라스크 웹 서버 객체를 생성하고 초기화하는 appmain의 __init__.py 파일에서 프로젝트의 Blueprint 객체를 모아서 플라스크 서버 객체에 등록할 것이다.

❻ 플라스크 웹 서버는 /signup 경로로 클라이언트의 요청을 받으면 `signUp()` 함수를 실행시킨다. `signUp()` 함수의 내용은 Flask 패키지의 `send_from_directory()` 함수를 이용하여 templates 디렉터리 안의 signup.html 파일, 즉 회원가입 페이지 코드를 클라이언트에게 전달하는 것이다.

❼ 서버의 '/api/user/signup' 경로는 회원가입을 위해 클라이언트가 사용자 데이터를 보낼 때 접속하는 주소다. 서버의 데이터를 변경할 수 있도록 요청 방식 중 POST 방식을 허용하고 있다. 참고로 GET 방식 요청은 서버의 상태를 변경시키지 않고 데이터를 읽기만 하기 때문에 명시적으로 기술해주지 않아도 모든 요청에 대해 허용된다.

❽ Flask 패키지의 `request` 객체는 클라이언트의 요청을 담고 있다. `request` 객체의 요소인 `form` 객체에는 요청의 본문(body)이 들어있다.

❾ 클라이언트에서 생성한 요청의 본문은 '키-값'의 형태로 데이터를 저장하고 있다. `form` 객체의 `get()` 함수에 키 이름을 전달하면 각 키에 해당하는 값을 반환한다. `form` 객체의 `get()` 함수를 이용해서 사용자 이름(username), 이메일 주소(email), 비밀번호(passwd)를 가지고 온다.

❿ 사용자가 입력한 비밀번호는 평문으로 되어 있다. 비밀번호는 보안 측면에서 가장 중요한 정보이므로 이를 암호화해서 저장한다. 암호화를 위해 파이썬 bcrypt 패키지의 `hashpw()` 함수를 이용했다. `bcrypt.gensalt()` 함수는 임의의 문자열을 생성하는 함수로 실제 서버에 저장되는 암호는 보안을 강화하기 위해 사용자가 입력한 내용에 임의의 문자열을 더한 값이 된다. 사용자가 보내온 비밀번호와 서버에 저장되어 있는 암호화된 비밀번호와 일치 여부를 검증하는 부분은 다음 절에서 다룰 로그인 기능 구현에서 자세히 살펴보도록 하겠다.

⓫ 예제의 서버는 데이터베이스로 SQLite를 사용했다. SQLite는 파일에 데이터를 저장하는 비교적 단순한 데이터베이스로, sqlite3 패키지의 `connect()` 함수는 인자로 전달한 SQLite 데이터베이스 파일에 접속할 수 있도록 만들어준다.

⑫ cursor는 데이터베이스의 인덱스로 작업 중인 데이터를 가리킨다. 이제 데이터베이스를 사용할 준비가 되었다.

⑬ 데이터베이스의 users 테이블에 사용자 이름, 이메일 주소, 비밀번호를 저장한다. 데이터 저장을 위해 사용된 SQL INSERT 명령어는 2.4절 '웹 프로그래밍 기본 다지기 – 백엔드'에서 자세히 설명했다. conn.commit() 함수는 테이블의 변경 내용을 실제로 데이터베이스에 반영하는 명령이다.

⑭ 해당 코드는 users 테이블의 내용을 살펴보기 위해 기술한 것이다. 사용자 데이터가 어떻게 저장되었는지 확인할 수 있도록 보여준다. 단지 예제 진행을 위한 것이고 실제 서비스 환경에서는 불필요하다.

⑮ 데이터베이스 사용을 마쳤으면 데이터베이스 객체를 닫아준다. 데이터베이스 객체를 열린 채로 두면 다음 번에 데이터베이스를 사용할 때 이전 사용이 끝나지 않았다고 보고 접근이 제한될 수 있다. 따라서 데이터베이스 사용이 끝나면 반드시 데이터베이스 객체를 닫아주어야 한다.

⑯ 마지막으로 클라이언트의 요청이 정상적으로 처리되었다는 내용의 객체인 {"success": True}를 생성하고 이를 jsonify() 함수를 통해 클라이언트의 자바스크립트도 알 수 있는 **JSON** ~JavaScript Object Notation~ 형식으로 변환하여 HTTP에서 '요청이 정상적으로 처리되었음'을 의미하는 HTTP 코드인 200번 코드와 함께 클라이언트에 응답한다.

> **노트** JSON 형식은 {"키 1": 값 1, "키 2": 값 2, "키 3": 값 3, … , "키 N": 값 N}과 같이 '키-값'의 쌍을 원소로 가지는 객체이다.

마지막으로 사용자 관리 기능이 등록되어 있는 Blueprint 객체인 user 객체를 웹 서버 객체인 Flask 객체에 통합시켜준다.

📁 예제 코드 **pyBook/appmain/__init__.py**

```
from flask import Flask

app = Flask(__name__)

from appmain.routes import main
app.register_blueprint(main)

from appmain.user.routes import user
app.register_blueprint(user)  ❶
```

❶ user 패키지의 routes 파일에서 Blueprint 객체인 **user** 객체를 가져와서 Flask 객체인 **app**에
등록해주었다.

지금까지 작성한 프로젝트의 전체 내용을 살펴보면 다음과 같다. 이전 3.2절의 예제와 비교하여
추가되거나 변경된 부분을 굵은 글씨로 표시했다.

```
pyBook
  └ appmain
     ├ static
     │   └ css
     │        └ bootstrap.min.css
     ├ templates
     │   └ index.html
     │   └ signup.html
     └ user
         └ __init__.py
         └ routes.py
     __init__.py
     routes.py
  run.py
```

3.3.4 ▶ 예제 실행

예제를 실행하기 위해 필요한 파이썬 패키지를 먼저 설치해야 한다. 파이참의 [File] ➡ [Settings]
를 선택하고 Settings 창이 열리면 패키지 리스트 화면 왼쪽 윗부분의 ➕ 기호를 선택하여 bcrypt
패키지를 검색하고 설치한다(이 책에서는 3.2.0 버전을 사용했다).

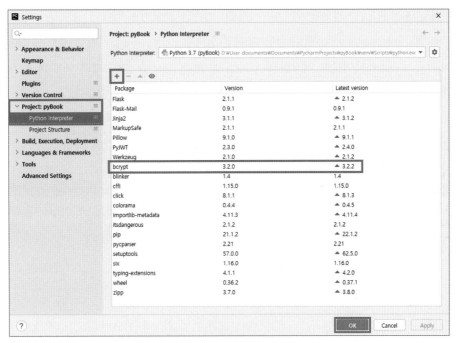

그림 3.20 **파이썬 패키지 검색 및 설치**

이제 프로젝트의 run.py 스크립트를 실행하여 플라스크 웹 서버를 실행하고 페이지 위쪽의 내비게이션 바에서 [SignUp]을 클릭하고 회원가입 페이지로 이동하자. 다음과 같이 회원가입 페이지가 보일 것이다.

그림 3.21 **회원가입 페이지**

이름, 이메일, 패스워드 등 정보를 입력하고 [제출] 버튼을 클릭하면 입력한 정보가 서버로 전달되고 웹 서버의 /api/user/signup에 구현된 파이썬 함수인 register()가 실행된다. 사용자 정보를 데이터베이스의 users 테이블에 저장한 후 users 테이블의 내용을 출력(SELECT * FROM users)하도록 했다. 따라서 파이참의 콘솔 창에 다음과 같이 저장된 데이터가 표시될 것이다.

그림 3.22 **서버에 저장된 사용자 데이터**

예제 프로젝트에 회원가입 기능을 추가했다. 이번 회원가입 기능은 웹 서버(백엔드 코드), 클라이언트 (프런트엔드 코드), 데이터베이스가 상호작용하여 완성된 기능을 제공하는 첫 예제로 매우 중요하다. 다음 내용으로 넘어가기 전에 한 번 더 정리하고 가자.

이번 예제에서 작성한 사용자 관리 관련 파일을 다음과 같이 웹 프로그래밍 요소들로 구분해볼 수 있다. 이미지 등과 같은 파일을 사용하지 않았으므로 리소스에 해당하는 요소는 아직 없다.

백엔드 코드	프런트엔드 코드
appmain/__init__.py user/__init__.py user/routes.py 데이터베이스 – pyBook.db	signup.html
	리소스
	없음

그림 3.23 **사용자 등록 관련 파일들**

이들 요소가 회원가입 과정에서 하는 역할을 다음과 같이 정리해볼 수 있다. 예제를 진행하면서 코딩했던 파일이 무엇을 위한 것이었는지 살펴보면 도움이 될 것이다.

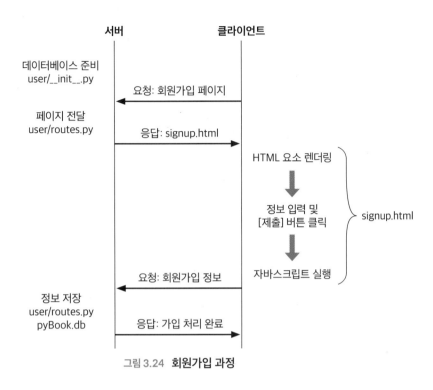

그림 3.24 **회원가입 과정**

예제에서는 백엔드 프레임워크로 파이썬 플라스크를 선택했지만 어떤 프레임워크를 선택하더라도 기능적인 관점에서는 차이가 없다.

프런트엔드 프레임워크도 마찬가지다. 이 책의 예제에서는 프런트엔드 프레임워크를 사용하지 않고 순수한 HTML과 자바스크립트를 가지고 프런트엔드 코드를 구성했다. 하지만 어떤 프레임워크를 사용하더라도 화면의 요소를 표현하고 사용자와 상호작용하며 서버에 요청을 보내고 응답을 받는 과정 자체는 동일하다. 리액트, 앵귤러, 뷰같이 이름을 한 번쯤은 들어보았을 것 같은 프레임워크들은 좀 더 복잡한 페이지를 효율적으로 구성할 수 있도록 도와주는 역할을 한다. 물론 간단한 웹 서비스라면 굳이 프런트엔드 프레임워크를 사용하지 않아도 된다.

이번 3.3절에서 다음과 같은 내용을 살펴보았다. 이번 절의 코딩 패턴이 앞으로도 반복적으로 사용되므로 이해가 가지 않는 부분이 있다면 시간이 조금 걸리더라도 이번 절의 내용을 한 번 더 살펴보고 웹 프로그램의 작동 원리를 이해했으면 좋겠다.

▶ 페이지(프런트엔드 코드)의 구성과 동작 흐름
▶ 사용자로부터 정보를 입력받은 방법 그리고 입력받은 정보를 웹 서버로 전송하는 방법
▶ 웹 서버(백엔드 코드)의 구성 그리고 클라이언트 요청과의 상호작용

로그인/로그아웃 기능

목표 > 암호화된 토큰을 이용해서 사용자 로그인 기능을 구현하는 방법을 살펴본다.

소스 > https://github.com/sgkim-pub/pyBook/tree/03-04

회원가입 기능에 이어서 로그인 그리고 로그아웃 기능을 구현해보자. 사용자 로그인, 로그아웃과 같이 웹 서비스에 접속한 대상에게 권한을 부여하거나 부여된 권한을 확인하는 것을 일반적으로 **사용자 인증**authentication이라고 표현한다.

사용자 인증 기능 구현을 돕기 위해 여러 웹 프레임워크에서 기성품 코드(라이브러리)를 제공하고 있다. 예를 들어 이 책에서 예제 진행을 위해 사용하고 있는 플라스크 프레임워크에서는 flask login 라이브러리를 제공한다. 하지만 책에서는 웹 프로그래밍을 배우는 것이 목적이므로 인증 토큰authentication token이라는 암호화된 문자열을 이용한, 좀 더 원론적인 방법을 이용하도록 할 것이다. 하지만 인증 토큰을 이용하는 방법이 웹 프레임워크에서 제공하는 사용자 인증 라이브러리를 이용하는 것과 비교해 보안 측면에서 불리하지 않다.

사용자의 데이터를 보관하기 위해 3.3절에서 다음과 같은 데이터베이스 테이블을 생성했던 것을 기억할 것이다.

표 3.2 **사용자 정보 테이블 — users**

id: 정수	username: 문자열	email: 문자열	passwd: 문자열	authkey: 문자열
각 행의 고유 ID	사용자 이름	이메일 주소	로그인 패스워드	로그인 인증 키

테이블에서 authkey는 로그인과 로그인한 사용자 식별을 위해 사용되는 부분이다. authkey는 로그인을 위해 사용자가 제출한 아이디와 비밀번호가 서버에 저장되어 있는 내용과 일치하면 웹 서버가 사용자에게 발급하는 무작위로 생성된 문자열이다. 웹 서버는 로그인한 사용자에게 이 authkey를 전달하고 동시에 사용자 테이블의 authkey 영역에도 저장한다. 로그인한 사용자는 서버로 요청을 보낼 때마다 전달받은 authkey를 함께 보낸다. 웹 서버는 요청 안에 포함된 authkey와 데이터베이스의 사용자 정보 테이블에 저장된 authkey의 일치 여부를 보고 정상적으로 로그인한 사용자인지 판단하게 된다. 로그인 예제를 통해 구체적인 작동 방식을 살펴보자.

먼저 templates 디렉터리 아래에 로그인 페이지 signin.html을 다음과 같이 작성하자. 내비게이션 바를 구현하는 코드가 포함되어 있기 때문에 코드의 양이 많아 보이지만 HTML 파트와 자바스크립트 파트로 구성되는 구조를 생각해보면 코드의 내용들은 이전 3.3절의 회원가입 페이지의 코드 패턴과 거의 같다.

📁 예제 코드   **pyBook/appmain/templates/signin.html**

```html
<!DOCTYPE html>
<html>
<head>
    <meta charset="UTF-8">
    <link rel="stylesheet" href="/static/css/bootstrap.min.css">
    <title>Signin</title>
</head>
<body>
    <div class="container">
        <div class="row navbar bg-light align-items-center">
            <div class="col-6">
                <a class="nav-link" href="/home"><h4>pyBook</h4></a>
            </div>
            <div class="col-6">
                <ul class="nav justify-content-end">
                    <li class="nav-item">
                      <a class="nav-link" id="signup_link" href="/signup">SignUp</a>
                    </li>
                    <li class="nav-item">
                      <a class="nav-link" id="signin_link" href="/signin">SignIn</a>
                    </li>
                    <li class="nav-item">
                      <a class="nav-link" id="signout_link" href="#">SignOut</a>
                    </li>
                    <li class="nav-item">
                      <a class="nav-link" id="myinfo_link" href="/myinfo">MyInfo</a>
                    </li>
                </ul>
            </div>
        </div>
    </div>
    <div class="container mt-5">
        <div class="row justify-content-center">
            <div class="col-4">
                <form>
                    <div>
                        <label for="email_input" class="form-label">이메일</label>
                        <input type="text" class="form-control" id="email_input">
```

❶
❷
❸
❹

```
                        </div>
                        <div class="mt-3">
 ❸                          <label for="password_input" class="form-label">패스워드</label>
                                <input type="password" class="form-control" id="password_input">
                        </div>
                    </form>
                </div>
            </div>
 ❷          <div class="row justify-content-center mt-3">
                <div class="col-4 text-center">
 ❺                  <button type="button" class="btn btn-primary" id="submit_button">제출</button>
                    <button type="button" class="btn btn-secondary" id="cancel_button">취소</button>
                </div>
            </div>
        </div>
    </div>
</body>
<script type="text/javascript" src="/static/js/navbar.js"></script> ❻
<script>
    const email = document.querySelector('#email_input'); ┄┄┄┄┄┄┄┄┄
    const passwd = document.querySelector('#password_input'); ┄┄┄┄ ❽

    function onSubmitHandler() { ┄┄┄┄┄┄┄┄┄┄┄┄┄┄┄┄┄┄┄┄┄

        let formData = new FormData();

        formData.set("email", email.value);
        formData.set("passwd", passwd.value); ┄┄ ❾

        fetch('/api/user/signin', {
            method: 'POST',
            body: formData ┄┄┄┄┄┄┄┄┄┄┄┄┄┄┄┄
        }).then((response) => { ┄┄┄┄┄┄┄
            return response.json(); ❿
        }).then((resBody) => { ┄┄┄┄┄
 ❼          window.sessionStorage.setItem("authtoken", resBody["authtoken"]); ┄┄┄┄┄
            window.sessionStorage.setItem("username", resBody["username"]); ┄┄┄┄┄ ⓫
            let url = '/home'; ┄┄┄┄┄┄┄┄┄┄┄┄┄
            window.location.replace(url); ┄┄┄┄┄ ⓬
        }).catch((error) => {
            console.log('[Error]signin:', error);
        });
    }

    let submitButton = document.querySelector('#submit_button'); ┄┄┄┄┄┄┄
    submitButton.addEventListener('click', onSubmitHandler); ┄┄┄┄┄┄┄┄ ⓭

    function onCancelHandler() { ┄┄┄┄┄┄┄┄
        let url = '/home'; ┄┄┄┄┄┄┄┄┄┄┄ ⓮
        window.location.replace(url); ┄┄┄┄┄┄
```

```
    }

    let cancelButton = document.querySelector('#cancel_button');
    cancelButton.addEventListener('click', onCancelHandler);    ⑮
  </script>
</html>
```

❼

❶ 로그인 페이지 코드의 HTML 영역인 <body>…</body> 부분은 두 부분으로 구성되어 있다. 이들 중 앞 부분에 위치하는 container 클래스 영역은 내비게이션 바를 구현하는 부분이다.

❷ 로그인을 위한 정보 입력 창, 로그인 버튼을 구현하는 부분이다.

❸ 입력 창의 그룹인 <form>…</form> 영역을 보면 이메일, 비밀번호(패스워드) 두 가지 입력을 받도록 되어 있다.

❹ 입력 창의 HTML 코드 패턴은 창 이름(label)과 입력 창(input)으로 구성되어 있다.

❺ 이어지는 영역은 버튼 영역이다. [제출](submit_button)과 [취소](cancel_button) 두 버튼으로 구성되어 있다.

signin.html 코드를 보면 자바스크립트를 나타내는 <script> 영역이 두 개로 되어 있다. 먼저 <body> 영역 바로 아래에 이어지는 <script>인 ❻은 다음과 같다.

❻ 스크립트의 형식은 자바스크립트(text/javascript)이고 소스 코드의 위치(src)는 '/static/js/navbar.js'로 지정되어 있다. 이 <script> 요소의 내용은 /static/js/navbar.js 파일을 참고하도록 되어 있다. 내비게이션 바는 모든 페이지들에 공통적으로 들어간다. 따라서 내비게이션 바를 구성하는 HTML 요소들과 상호작용하는 자바스크립트 코드를 파일로 만들어 두어 계속 재사용이 가능하도록 했다. 이렇게 파일로 참조하면 코드를 한 번만 만들고 다시 이용할 수 있어 편리하다.

> **노트** 순수한 HTML은 아쉽게도 요소를 따로 저장해두고 이를 가져와 재사용하는 export/import 기능을 지원하지 않는다.

❼ 로그인 페이지의 두 번째 자바스크립트 블록은 두 가지 동작으로 구성된다. 첫 번째는 [제출](submit_button) 버튼을 클릭했을 때 사용자가 HTML의 입력 창에 입력한 정보를 서버로 전송하고(fetch() 함수) 서버로부터 로그인 토큰을 전달받는 동작이고, 두 번째는 [취소](cancel_button) 버튼을 클릭했을 때 화면을 웹 서비스의 첫 페이지로 전환하는 동작이다.

먼저 [제출] 버튼을 클릭했을 때 작동 원리를 기술한 내용을 살펴보면 다음과 같다.

❽ 로그인을 위해 사용자를 식별할 수 있는 정보로 이메일과 비밀번호를 입력받는다. 이메일과 비밀번호를 입력받는 두 입력 창으로부터 값을 가져오기 위해 입력 창 HTML 요소를 자바스크립트의 email, passwd 변수로 가져온다.

❾ onSubmitHandler() 함수는 [제출] 버튼이 클릭되었을 때 실행될 함수이다. email, passwd 두 입력 창에 입력된 내용을 formData 객체에 각각 'email', 'passwd'를 키key로 하여 저장한 후 fetch() 함수를 이용해서 서버의 '/api/user/signin' 주소로 처리를 요청한다. 요청에 사용된 POST 방식은 데이터를 요청 메시지의 본문에 포함시켜 보내고 해당 데이터를 서버에서 처리해 주도록 요청하는 방식이다. 서버는 데이터를 받고 처리한 후 그에 따른 응답을 클라이언트로 전달한다. 응답의 내용은 로그인 성공 여부가 될 것이다.

❿ 서버의 응답인 로그인 성공 여부와 로그인 토큰은 클라이언트의 자바스크립트가 알 수 있는 형태인 JSON 즉, { "키 1": 값 1, "키 2": 값 2, … } 형태로 만들어져 전달된다. 서버는 이 JSON 형태의 데이터를 HTTP 규약을 통해 전달하기 위해 문자열로 변환한 후 보낸다. 따라서 응답을 받으면 이 문자열을 JSON 형태로 복구할 필요가 있다. response.json() 함수는 복구된 JSON 객체를 반환한다(정확히는 JSON 객체가 포함된 프로미스를 반환한다). 이어지는 then((resBody) => { … }) 블록은 JSON 객체를 받아 처리하는 부분이다.

⓫ 클라이언트가 서버의 응답인 JSON 객체를 얻으면 서버가 보낸 로그인 토큰(resBody["authtoken"]) 그리고 사용자의 이름(resBody["username"])을 웹 브라우저의 **sessionStorage**라는 영역에 저장하도록 했다. sessionStorage는 웹 브라우저의 각 탭에 배정된 크기 5MB 정도의 저장 공간이다. sessionStorage에 저장된 정보는 탭을 닫기 전까지 남아 있게 된다. sessionStorage에 데이터를 저장하기 위해 setItem() 함수에 키-값 형태로 데이터를 전달한다.

```
window.sessionStorage.setItem("키", 값)
```

⓬ 로그인의 마지막 단계로 사용자를 로그인 페이지에서 웹 서비스의 첫 페이지로 이동시키도록 구현했다.

⓭ [제출] 버튼 그리고 [제출] 버튼을 클릭했을 때 실행될 onSubmitHandler() 함수를 연결하는 자바스크립트 코드다.

다음으로 [취소] 버튼을 클릭했을 때 작동 원리를 구현한 부분을 살펴보자.

⓮ onCancelHandler() 함수는 [취소] 버튼이 클릭되었을 때 웹 브라우저가 수행해야 할 동작을 기술하고 있다. 로그인 페이지에서 나와 웹 서비스의 첫 페이지로 돌아가도록 구현했다.

⓯ [취소] 버튼에 해당하는 HTML 요소를 식별하고 [취소] 버튼이 클릭되었을 때 수행되어야 할 동작이 기술된 onCancelHandler() 함수와 연결했다.

signin.html의 첫 번째 <script> … <script> 블록에서 참조하는 navbar.js 파일을 이어서 작성하자. 프로젝트의 static 디렉터리 아래에 js라는 디렉터리를 새로 생성하고 이 디렉터리에 navbar.js 파일을 다음과 같이 작성하자. 그리고 이 navbar.js를 참고하도록 하는 <script> 영역을 index.html 파일의 <body> 영역 아래에도 추가해준다.

📂 예제 코드 **pyBook/appmain/static/js/navbar.js**

```
const signup = document.querySelector("#signup_link");
const signin = document.querySelector("#signin_link");
const signout = document.querySelector("#signout_link");
const myinfo = document.querySelector("#myinfo_link");

function showAndHideNavbarMenu() { ❶
    let authtoken = window.sessionStorage.getItem("authtoken");

    if(authtoken){ ❷
        signup.style.display = "none";
        signin.style.display = "none";
    }
    else{ ❸
        signout.style.display = "none";
        myinfo.style.display = "none";
    }
}

window.addEventListener("load", showAndHideNavbarMenu); ❹

function signOutHandler() { ❺
    window.sessionStorage.removeItem("authtoken");
    window.sessionStorage.removeItem("username");

    let url = '/home'; ┄┄┄┄┄┄┄┄┄┄┄┄┄
                                    ❻
    window.location.replace(url); ┄┄┄
}

signout.addEventListener("click", signOutHandler); ❼
```

아래 두 기능을 구현하는 것으로 코드의 내용이 구성되어 있다.

▶ 로그인 상태에 따라 로그인 링크(signin) 또는 로그아웃 링크(signout) 둘 중 하나만 표시한다.

▶ 로그아웃 링크(signout)를 클릭하면 사용자 데이터를 sessionStorage에서 삭제하고 웹 서비스 첫 페이지로 이동한다.

먼저 로그인 상태에 따라 로그인 링크(signin) 또는 로그아웃 링크(signout) 둘 중 하나만 표시하는 부분을 살펴보자.

❶ 로그인 후 서버로부터 로그인 토큰을 받으면 클라이언트는 이 로그인 토큰을 웹 브라우저의 sessionStorage라는 곳에 저장한다. 이 저장 동작을 로그인 버튼을 클릭하면 실행되는 프런트엔드 자바스크립트 코드에서 구현했다. 위 자바스크립트 코드에서는 먼저 getItem() 함수를 이용하여 이 sessionStorage에서 로그인 투큰을 가져오도록 하고 있다. sessionStorage의 getItem() 함수는 키 이름을 인자로 전달받고 sessionStorage에 저장된 키 이름에 해당하는 값을 반환한다.

```
window.sessionStorage.getItem("키 이름")
```

❷ 이어서 authtoken 즉, 서버로부터 전달받은 로그인 토큰의 유무에 따라 특정 HTML 요소를 화면에서 감춘다. 만약 로그인 토큰이 있다면(=로그인 상태) 회원가입(signup)과 로그인(signin) 링크를 내비게이션 바에서 감춘다.

❸ 로그인 토큰이 없다면(=로그아웃 상태) 로그아웃(signout)과 사용자 정보(myinfo) 페이지로 이동하는 링크를 감춘다. 화면에 특정 요소를 표시하지 않도록 위해 각 요소의 스타일의 display 속성 값을 'none'으로 설정했다.

❹ addEventListener() 함수는 특정 이벤트가 발생했을 때 인자로 전달한 함수를 실행시키도록 이벤트와 그 처리 함수를 연결해주는 역할을 한다. window 객체, 즉 웹 브라우저 창의 load 이벤트는 화면에 HTML 요소의 표시가 완료되었을 때 발생한다. 이 시점에서 로그인 토큰 유무를 확인하고 화면에서 특정 요소를 감추는 내용의 자바스크립트 함수인 showAndHideNavbarMenu()를 실행시킨다.

다음으로 로그아웃 링크(signout)를 클릭하면 사용자 데이터를 sessionStorage에서 삭제하고 웹 서비스 첫 페이지로 이동하는 내용을 기술한 부분을 살펴보자.

❺ signOutHandler() 함수는 로그아웃 기능을 구현한 함수다. 웹 브라우저의 sessionStorage에서 로그인 토큰(authtoken)과 사용자 이름(username)을 삭제(removeItem())하고 웹 서비스의 첫 페이지로 화면을 전환하도록 구성했다. sessionStorage의 removeItem() 함수에 키 이름을 전달하면 웹 브라우저의 sessionStorage에서 키 이름에 해당하는 값을 삭제해준다.

```
window.sessionStorage.removeItem("키 이름")
```

❻ 로그인 키를 삭제한 후 즉 로그아웃 후에는 웹 서비스의 첫 페이지로 화면을 전환한다.

❼ 로그아웃 버튼을 클릭했을 때, 로그아웃 버튼의 이벤트 처리 함수인 signOutHandler() 함수를 실행하도록 설정해 주었다. 웹 서비스의 모든 페이지에서 로그아웃이 가능하도록 하기 위해 웹 서비스의 모든 페이지에 기본적으로 배치되는 내비게이션 바 코드에 로그아웃 기능을 구현해 주었다.

3.4.2 ▶ 백엔드 코드 작성

이제 서버 측 백엔드 코드를 구성할 차례다. 사용자 로그인을 위해 백엔드 코드가 해야 할 일을 정리해보면 다음과 같다.

▶ 로그인 페이지(signin.html)를 제공한다.

▶ 로그인 요청을 받으면 사용자 식별 정보와 비밀번호를 검증한 후 로그인 여부를 응답한다.

프로젝트의 user 패키지 안의 routes.py 파일에 사용자 인증 관련하여 위 기능을 구현하는 아래 내용을 추가하자.

📂 예제 코드 **pyBook/appmain/user/routes.py**

```
from flask import Blueprint, send_from_directory, make_response, jsonify, request
import sqlite3
import bcrypt
import secrets
import jwt

…

@user.route('/signin') ❶
def signIn():
    return send_from_directory(app.root_path, 'templates/signin.html')
```

```
@user.route('/api/user/signin', methods=['POST']) ❷
def getAuth():
    data = request.form --------------------┐
                                            │
    email = data.get("email")           ❸ │
    passwd = data.get("passwd") --------┘

    conn = sqlite3.connect('pyBook.db') --------┐
                                            ❹
    cursor = conn.cursor() ---------------------┘

    payload = {"authenticated": False, "email": '', "username": '', "authtoken": ''} ❺

    if cursor: ❻
        SQL = 'SELECT id, username, passwd FROM users WHERE email=?'
        cursor.execute(SQL, (email,))
        result = cursor.fetchone()

        if result: ❼
            pwMatch = bcrypt.checkpw(passwd.encode('utf-8'), result[2]) ❽
            id = result[0]
            username = result[1]
        else:
            pwMatch = None

        if pwMatch: ❾
            authkey = secrets.token_hex(16)

            SQL = 'UPDATE users SET authkey=? WHERE id=?' ----------┐
            cursor.execute(SQL, (authkey, id))                  ❿
            conn.commit() ------------------------------------------┘

            token = jwt.encode({"id": id, "email": email, "username": username, ↵
"authkey": authkey}, app.config["SECRET_KEY"], algorithm='HS256') ⓫
            payload = {"authenticated": True, "email": email, "username": username, ↵
"authtoken": token} ⓬

            # print('user.signin: %s' % email)
        else:
            pass

        cursor.close()
    conn.close()

    return make_response(jsonify(payload), 200) ⓭
```

❶ 클라이언트가 웹 서버 주소의 /signin 경로로 접근했을 때 signIn() 함수가 실행된다. signIn()
함수는 요청에 대한 응답으로 로그인 페이지를 전달한다.

❷ 웹 서버 /api/user/signin 경로의 getAuth() 함수는 사용자가 로그인 페이지에 정보를 입력하고 [제출] 버튼을 클릭했을 때 데이터를 전달받고 로그인 과정을 수행하는 함수이다. getAuth() 함수를 다음과 같이 구분해서 정리해볼 수 있다.

▶ 클라이언트가 전달한 데이터를 얻는다.

```
data = request.form

email = data.get("email")                   ❸
passwd = data.get("passwd")
```

⬇

▶ 데이터베이스에 저장되어 있는 비밀번호와 일치하는지 확인한다.

```
conn = sqlite3.connect('pyBook.db')          ❹
cursor = conn.cursor()

payload = {"authenticated": False, "email": '', "username": '', "authtoken": ''} ❺

if cursor:  ❻
    SQL = 'SELECT id, username, passwd FROM users WHERE email=?'
    cursor.execute(SQL, (email,))
    result = cursor.fetchone()

    if result:  ❼
        pwMatch = bcrypt.checkpw(passwd.encode('utf-8'), result[2])
        id = result[0]
        username = result[1]
    else:
        pwMatch = None
```

⬇

▶ 로그인 토큰을 생성한다.

```
    if pwMatch:  ❾
        authkey = secrets.token_hex(16)

        SQL = 'UPDATE users SET authkey=? WHERE id=?'
        cursor.execute(SQL, (authkey, id))       ❿
        conn.commit()

        token = jwt.encode({"id": id, "email": email, "username": username, ↲
"authkey": authkey}, app.config["SECRET_KEY"], algorithm='HS256') ⓫
        payload = {"authenticated": True, "email": email, "username": username, ↲
"authtoken": token} ⓬
```

```
            # print('user.signin: %s' % email)
        else:
            pass

        cursor.close()
    conn.close()
```

⬇

▷ 응답을 클라이언트에게 전달한다.

```
return make_response(jsonify(payload), 200) ⑬
```

❸ request 객체의 form 객체는 요청의 본문(body)를 담고 있다. 요청의 본문에서 로그인 대상의
이메일("email")과 비밀번호("passwd")를 얻는다.

❹ sqlite3 객체의 connect() 함수는 인자로 전달된 파일에 해당하는 데이터베이스를 사용할 수
있도록 해준다. 다시 이 데이터베이스 객체에서 cursor() 함수를 이용하여 대상이 되는 데이
터를 지시하는 cursor 객체를 얻는다.

❺ payload는 클라이언트에게 보낼 응답이다. 초깃값을 일단 로그인 실패("authenticated": False)
상태로 설정했다.

❻ 코드에서 사용된 SELECT SQL 명령은 사용자 데이터가 저장되어 있는 데이터베이스의 users
테이블에서 id(사용자가 가입할 때 웹 서버가 부여한 고유 일련번호), username(사용자 이름) 그리고
passwd(비밀번호)를 가져오는 명령이다.

위 SQL 명령을 execute() 함수를 이용해서 실행하고 fetchone() 함수를 이용해서 먼저 출력
되는 데이터를 가져온다. 사용자 각각의 이메일이 중복되지 않고 고유하다면 하나의 값만이 출
력될 것이다. 출력되는 값은 SELECT 명령에 지정한 순서대로 배열에 담겨서 반환된다. 따라서
다음과 같이 사용자 정보를 읽을 수 있다.

표 3.3 SQL SELECT 명령 실행 결과

result[0]	result[1]	result[2]
사용자 고유 id	사용자 이름	비밀번호

❼ 로그인을 요청한 사용자의 정보가 웹 서버의 데이터베이스에 저장되어 있다면 즉, 가입되어
있는 회원이라면 비밀번호를 검증하는 코드가 실행된다.

❽ 회원가입을 처리할 때 사용자가 보내온 비밀번호를 한 번 더 암호화해서 데이터베이스에 저

장했다. 따라서 로그인을 요청한 사용자가 보내온 비밀번호를 회원가입 때와 같은 방법으로 암호화한 후 그 결과를 저장되어 있는 비밀번호와 일치하는지 비교해야 한다. bcrypt 패키지의 checkpw() 함수는 이와 같은 과정을 수행하여 인자로 전달한 값인 result[2], 즉 데이터베이스에 저장되어 있는 비밀번호가 사용자가 보내온 값(passwd)과 같은지 비교하고 결과를 반환한다. 참고로 사용자가 보내온 비밀번호를 웹 서버에서 사용하는 문자 인코딩 방식인 UTF-8 방식으로 맞추어 주기 위해 encode() 함수를 추가했다.

❾ 로그인을 요청한 사용자가 서비스에 가입되어 있는 사용자이고 비밀번호가 일치한다면 추측하기 어려운 임의의 문자열인 인증 키를 생성한다. secrets 패키지의 token_hex() 함수는 인자로 전달한 숫자를 길이로 가지는 임의의 16진수(hex) 문자열을 생성해준다. 여기에서는 16자리 16진수 문자열을 생성해준다. 16진수 문자 1개(숫자 0~9와 알파벳 A~F로 표현된다)의 길이가 4비트$_{bit}$이고 이와 같은 문자가 16개이기 때문에 인증 키 문자열의 길이는 64비트, 즉 8바이트$_{byte}$가 된다.

❿ 생성한 인증 키를 데이터베이스의 사용자 데이터 테이블 안에 저장한다. 사용자 데이터를 저장하는 테이블의 authkey 열이 바로 인증 키를 저장하는 용도로 사용된다.

표 3.4 **사용자 정보 테이블 — authkey: 로그인 인증 키**

id: 정수	username: 문자열	email: 문자열	passwd: 문자열	authkey: 문자열
각 행의 고유 ID	사용자 이름	이메일 주소	로그인 패스워드	로그인 인증 키

서버는 인증 키를 로그인을 요청한 클라이언트에게 전달하고 키를 받은 클라이언트는 서버로 요청을 보낼 때마다 인증 키를 함께 보내게 된다. 서버는 클라이언트로부터 받은 인증 키와 데이터베이스에 저장되어 있는 키가 같은지 비교하고 인증된 사용자인지 여부를 판단하게 된다.

⓫ 클라이언트에 전달되는 로그인 정보는 인증 키(authkey)가 가장 중요하지만 그 외에 인증 키가 누구의 것인지 표시하는 정보를 함께 암호화하여 로그인 토큰으로 만들어 보낸다. 예제에서는 회원가입 시 서버가 부여한 사용자 식별 id, 이메일 주소(email), 사용자 이름(username) 등을 인증 키와 함께 암호화해서 클라이언트에게 전달했다.

로그인 토큰에 포함된 사용자 정보들은 서버가 클라이언트의 요청과 함께 다시 로그인 토큰을 받으면 이 토큰이 어떤 사용자의 토큰인지 식별하는 작업을 도와준다. 예를 들어 토큰에 포함된 id 값을 이용해서 데이터베이스에서 id에 해당하는 사용자 정보를 가져온 후 토큰의 인증 키 값과 데이터베이스에 저장된 인증 키 값을 비교하여 정상적으로 로그인한 사용자인지 쉽게 판단할 수 있다. 로그인 토큰에 포함된 정보들을 정리해보면 다음과 같다.

표 3.5 **로그인 토큰**

로그인 토큰 — token			
id	email	username	authkey
사용자 식별 id	사용자 이메일	사용자 이름	로그인 인증 키

토큰을 **JSON Web Token**(JWT) 형식으로 생성했다. JWT는 키(key, 작은 길이의 데이터)를 이용하여 주고받는 메시지의 서명(signature)을 생성한 후 이를 메시지와 함께 묶어놓은 형태의 데이터다. 키를 수학적인 방법으로 메시지와 연산하여 서명을 생성하였기 때문에 키를 공유하지 않은 외부인에 의해 메시지가 변조되었다면 포함된 서명과 맞지 않게 된다. 따라서 대화 참가자들이 주고받는 메시지가 중간에 위조되거나 변조되지 않았는지 검증할 수 있도록 보안 기능이 추가된 데이터라고 할 수 있다.

JWT를 생성하기 위해 파이썬의 jwt 패키지와 encode() 함수를 사용했다. encode() 함수는 다음과 같이 3가지 인자를 전달받고 암호화된 문자열(토큰)을 반환한다.

```
jwt.encode(토큰에 포함할 정보, 서명, 암호화 방법)
```

JWT를 생성하기 위해 서버의 서명, 즉 서버만 알고 있는 비밀번호가 필요하다. 서버의 서명을 생성하기 위해 secrets 패키지의 token_hex() 함수를 이용했다. 파이참의 로그 영역에서 [Python Console] 탭을 선택한 후 다음과 같이 입력하면 임의의 8바이트 문자열을 생성할 수 있다.

> **노트** 아래 입력 내용에서 >>> 표시는 입력 창의 입력 행 표시이다. 코드의 일부분이 아니므로 입력하지 않는다.

```
>>> import secrets
>>> secrets.token_hex(16)
```

그림 3.25 **서버의 서명 생성**

이 정보를 플라스크 웹 서버 객체에 설정해줄 것이다. 출력 결과에 나타난 서명을 복사한다(여기서는 a6490c591739b89066e3331993faeb78에 해당한다). 다음과 같이 appmain 즉, 프로젝트 최상위 패키지의 초기화 파일인 __init__.py 파일 안에 app.config["SECRET_KEY"] 항목에 서버의 서명을 설정해준다.

📁 예제 코드 pyBook/appmain/__init__.py

```
from flask import Flask

app = Flask(__name__)

app.config["SECRET_KEY"] = 'a6490c591739b89066e3331993faeb78'

from appmain.routes import main
app.register_blueprint(main)

...
```

JWT 토큰을 생성하기 위해 jwt 패키지의 encode() 함수에 전달한 마지막 인자인 algorithm은 정보를 암호화하는 방법이다. 예제에서는 HMAC SHA256 방법인 HS256 암호화 방법을 지정했다.

⑫ payload는 서버가 클라이언트에게 보내는 로그인에 대한 응답이다. 그 내용은 다음과 같다.

표 3.6 **로그인 응답**

payload			
authenticated	email	username	authtoken
로그인 성공 여부	사용자 이메일	사용자 이름	로그인 토큰

payload에 포함된 로그인 성공 여부, 이메일, 사용자 이름 등은 클라이언트가 페이지에 로그인 여부를 표시하거나 사용자 이름 등을 표시할 필요가 있을 때 이들 정보를 이용할 수 있도록 제공했다.

> **노트** payload에 포함되어 있는 로그인 토큰(authtoken) 안에도 사용자의 정보가 담겨 있지만 클라이언트는 로그인 토큰 암호화에 사용된 서명이 없어 이들 정보를 읽을 수 없다. 그리고 로그인 토큰에 담겨 있는 사용자 정보는 토큰을 클라이언트의 요청과 함께 받으면 토큰이 누구의 것인지 식별하기 위해 서버가 사용할 정보이다.

로그인이 성공적으로 이루어지면 클라이언트에게 전달하는 응답의 내용을 정리하면 다음과 같다.

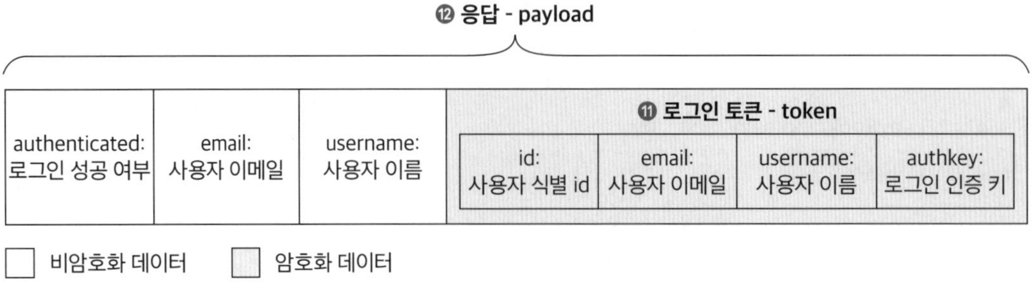

⑫ 응답 - payload

authenticated: 로그인 성공 여부	email: 사용자 이메일	username: 사용자 이름	**⑪ 로그인 토큰 - token**			
			id: 사용자 식별 id	email: 사용자 이메일	username: 사용자 이름	authkey: 로그인 인증 키

☐ 비암호화 데이터　　☐ 암호화 데이터

그림 3.26 **로그인 성공 응답 내용**

위 그림의 응답 데이터 중 비암호화 데이터는 클라이언트가 페이지를 구성하기 위해(예: 사용자 이름을 페이지에 표시) 사용하고 암호화 데이터는 클라이언트가 요청과 함께 서버로 전달하면 로그인 여부를 판단하기 위해 서버가 사용하는 영역이라고 정리할 수 있다.

⑬ 응답의 본문인 payload를 클라이언트의 자바스크립트가 다룰 수 있도록 JSON 형태로 변경하고 HTTP 상태 코드 200과 함께 전달했다.

로그인 기능을 위해 수정 또는 추가된 코드를 정리해보면 다음과 같다.

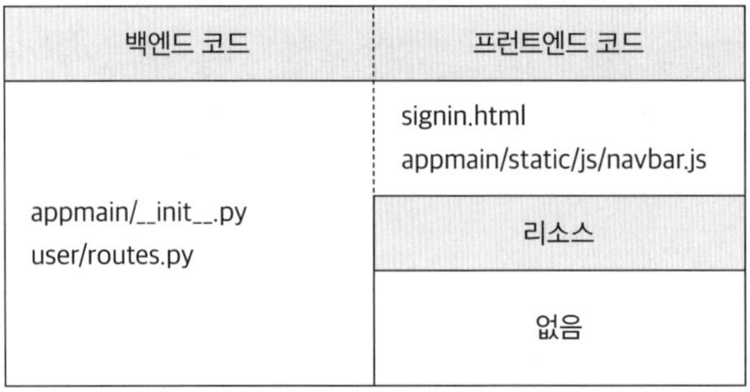

백엔드 코드	프런트엔드 코드
appmain/__init__.py user/routes.py	signin.html appmain/static/js/navbar.js
	리소스
	없음

그림 3.27 **로그인 기능 관련 파일**

프로젝트 전체 구조 관점에서 수정되었거나 추가된 파일을 살펴보면 다음과 같다. 수정되었거나 추가된 파일을 굵은 글씨로 표시했다.

```
pyBook
  └ appmain
    ├ static
    │   └ css
    │       └ bootstrap.min.css
    │   └ js
    │       └ navbar.js
    ├ templates
    │   └ index.html
    │   └ signup.html
    │   └ signin.html
    └ user
        └ __init__.py
        └ routes.py
    __init__.py
    routes.py
  run.py
```

3.4.3 **예제 실행**

실행을 위해 아래 파이썬 패키지를 설치한다.

▶ itsdangerous: 인증 키, 서버 서명 등을 생성할 때 필요한 secrets 객체가 포함되어 있다.

▶ PyJWT: JWT 토큰 생성(암호화) 및 해독을 위해 사용된다.

파이참에서 [File] ➡ [Settings]를 선택하고 Settings 창이 열리면 패키지 리스트 화면 왼쪽 윗부분의 + 기호를 선택하여 itsdangerous와 PyJWT 패키지를 각각 검색하고 설치한다(책에서는 버전 2.1.2의 itsdangerous 패키지와 버전 2.3.0의 PyJWT 패키지를 사용했다).

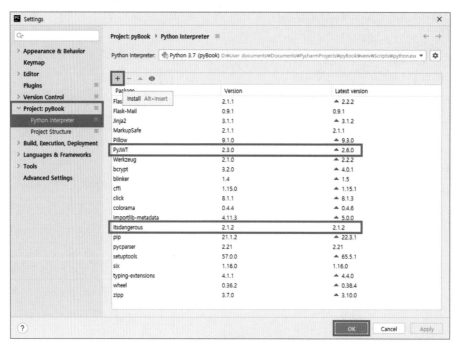

그림 3.28 **파이썬 패키지 검색 및 설치**

프로젝트의 run.py 파일을 실행한 후 웹 브라우저를 열어 주소 창에 127.0.0.1/home을 입력하여 웹 서버에 접속한 후 내비게이션 바의 [SignIn] 링크를 클릭하면 다음과 같이 로그인 페이지가 나타날 것이다.

그림 3.29 **로그인 페이지**

3.3절에서 회원가입 기능을 테스트하면서 입력했던 이메일과 패스워드를 입력하고 [제출] 버튼을 클릭하면 로그인이 이루어진 후 내비게이션 바의 링크가 SignUp, SignIn에서 SignOut, MyInfo로 변경되는 것을 볼 수 있다.

그림 3.30 로그인 이후 페이지

로그인 과정을 서버와 클라이언트 관점에서 아래 그림과 같이 정리해볼 수 있다.

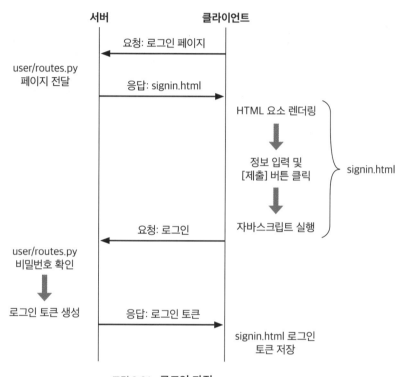

그림 3.31 로그인 과정

클라이언트의 요청과 서버의 응답으로 구성되는 패턴은 3.3절의 회원가입 과정과 동일하다. 서버-클라이언트 관점에서 웹 프로그램을 구성하면 작성하는 코드의 역할이 분명해지고 기능의 추가, 보수, 오류 수정을 위해 어떤 부분을 어떻게 변경해야 하는지도 명확해진다.

로그인 결과로 클라이언트가 받게 되는 응답에 여러 개의 값이 포함되어 있어 처음에는 혼란스러울 수 있다. 그림 3.26을 참조하여 최종적으로 어떤 데이터가 응답에 포함되어 전달되는지 정리하면 앞으로 예제를 진행하는 데 도움이 될 것이다. 응답의 내용이 웹 서비스에 어떻게 쓰이는지 로그인 이후의 서비스를 다루는 다음 예제부터 계속해서 살펴볼 수 있다.

MVC

MVC 혹은 모델-뷰-컨트롤(Model-View-Control)이라는 말을 들어보았을 것이다. MVC는 웹 프로그램을 정보 모델, 페이지 뷰, 정보를 처리하는 로직인 컨트롤로 구분하는 방법이다. 예를 들어 앞서 예제에서 구현했던 회원가입 기능과 로그인 기능에서 모델은 사용자 데이터를 저장하는 users 테이블이 되고, 뷰는 프런트엔드 코드인 signup.html과 signin.html, 로직은 백엔드 코드인 user/routes.py 파일에 기술했던 정보를 처리하고 응답을 생성하는 부분에 대응된다.

웹 프로그래밍에서 MVC 모델이 무엇보다 유용하게 쓰이는 때는 바로 새로운 기능을 만들 때이다. 새로운 기능을 추가할 때 어디서부터 시작해야 할지 막막하다면 M-V-C 순서에 따라 처리하고자 하는 정보를 저장하는 모델을 먼저 만들고 사용자에게 보여지는 페이지, 즉 뷰를 그다음에 그리고 뷰로부터 입력 데이터와 요청을 받아서 처리하는 컨트롤(로직)을 마지막에 만들면 된다. 앞서 진행했던 3.3절과 3.4절의 예제에서도 모델-뷰-컨트롤의 순서로 기능을 구현했다.

3.5 내 정보 보기·수정 페이지

목표 > 로그인 토큰을 이용하여 사용자 권한을 확인하는 방법을 살펴본다.
> 프런트엔드의 요청 코드와 백엔드의 응답 코드 패턴을 복습한다.

소스 > https://github.com/sgkim-pub/pyBook/tree/03-05

3.5.1 프런트엔드 코드 작성

회원가입, 로그인 기능에 이어서 내 회원 정보를 조회하고 수정할 수 있는 기능을 만들어보자. 회원 정보를 다루기 위해 기존의 사용자 정보 테이블을 그대로 사용할 것이다. 따라서 뷰에 해당하는 프론드엔드 코드 작성부터 시작하자.

사용자가 자신의 정보를 조회하고 수정할 수 있는 페이지를 만들자. 클라이언트에서 실행될 프런트엔드 코드인 페이지를 보관하는 appmain/templates 디렉터리 아래에 mypage.html 파일을 새로 생성하고 아래 내용을 입력하자.

📁 예제 코드 **pyBook/appmain/templates/mypage.html**

```
<!DOCTYPE html>
<html>
<head>
```

```html
        <meta charset="UTF-8">
        <link rel="stylesheet" href="/static/css/bootstrap.min.css">
        <title>My page</title>
    </head>
    <body>
        <div class="container">
            <div class="row navbar bg-light align-items-center">
                … 내비게이션 바 - 생략 …
            </div>
        </div>
        <div class="container mt-5">
            <div class="row justify-content-center">
                <div class="col-4">
                    <form>                                                          ❶
                        <div>
                            <label for="username_input" class="form-label">이름</label>
                            <input type="text" class="form-control" id="username_input">
                        </div>
                        <div class="mt-3">
                        <label for="password_input" class="form-label">패스워드</label>
                            <input type="password" class="form-control" id="password_input">
                        </div>
                        <div class="mt-3">
                        <label for="password_confirm" class="form-label">패스워드 확인</label>
                            <input type="password" class="form-control" id="password_confirm">
                        </div>
                    </form>
                </div>
            </div>
            <div class="row justify-content-center mt-4">
                <div class="col-4 text-center">
                    <button type="button" class="btn btn-primary" id="submit_button"> 수정</button>     ❷
                    <button type="button" class="btn btn-secondary" id="cancel_button"> 취소</button>
                </div>
            </div>
        </div>
    </body>
<script type="text/javascript" src="/static/js/navbar.js"></script> ❸
<script> ❹
    const username = document.querySelector('#username_input');
    const passwd = document.querySelector('#password_input');                       ❺
    const confirmPasswd = document.querySelector('#password_confirm');

    function fillUserData() { ❻
        let headerData = new Headers(); ❼

        let authToken = sessionStorage.getItem("authtoken");
        if(authToken){                                                              ❽
            headerData.set("authtoken", authToken);
```

```
        }

        fetch('/api/user/myinfo', {  ❾
            method: 'POST',
            headers: headerData,  ❿
        }).then((response) => {
            return response.json();  ⓫
        }).then((resBody) => {
            username.value = resBody["username"];  ⓬
        }).catch((error) => {
            console.log('[Error]fillUserData:', error);
        });
    }

    window.addEventListener('load', fillUserData);  ⓭

    function checkPw() {
        let retVal = false;

        if(passwd.value.length == 0){  ⓮
            retVal = true;
        }
        else{  ⓯
            retVal = (passwd.value.length >= 5) && (passwd.value === confirmPasswd.value);
        }

        return retVal;
    }

    function onSubmitHandler() {
        let pwValid =  checkPw();

        if(pwValid){
            let headerData = new Headers();

            let authToken = sessionStorage.getItem("authtoken");
            if(authToken){
                headerData.set("authtoken", authToken);  ⓰
            }

            let formData = new FormData();  ┄┄┄┄┄┄┄┄┄┄┐
                                                        ┆
            formData.set("username", username.value);  ⓱
            formData.set("passwd", passwd.value);  ┄┄┄┄┘

            fetch('/api/user/update', {  ⓲
                method: 'POST',
```

```
            headers: headerData, ·············
            body: formData ···············  ⑲
        }).then((response) => {  ⑳
            let url = '/home';
            window.location.replace(url);
        }).catch((error) => {
            console.log('[Error]signup:', error);
        });
    }
}

    const submitButton = document.querySelector('#submit_button');
    submitButton.addEventListener('click', onSubmitHandler);

    function onCancelHandler() {
        history.back();
    }

    const cancelButton = document.querySelector('#cancel_button');
    cancelButton.addEventListener('click', onCancelHandler);
</script>
</html>
```

내 정보 수정 페이지는 HTML 요소와 자바스크립트 요소 두 부분으로 구성되어 있다. 먼저 화면에 표시되는 부분인 HTML 요소를 살펴보자.

내 정보 수정 페이지의 뷰를 참조하면서 코드를 살펴보면 도움이 될 것이다. 다음 그림과 같이 완전한 형태는 아니더라도 페이지 디자인 단계에서 페이지 전체의 모습과 구성 요소들의 배치에 대한 구상이 먼저 이루어져 있을 것이다. 예제에서는 사용자의 이름과 패스워드를 수정할 수 있도록 구성했다.

그림 3.32 **내 정보 수정 페이지 뷰(예)**

❶ HTML 부분은 데이터 수정을 위한 입력 창의 집합인 <form> … </form> 영역과 버튼의 집합인 <button> … </button>으로 구성되어 있다. 먼저 입력 창을 살펴보면 사용자 이름(username_input), 비밀번호(password_input), 비밀번호 확인(password_confirm)의 세 입력 창이 다음과 같이 창 이름(label)과 입력 창(input) 형태로 구성되어 있다.

```
<div>
    <label for="username_input" class="form-label">이름</label>
    <input type="text" class="form-control" id="username_input">
</div>
```

❷ [수정], [취소] 버튼을 HTML의 <button> 요소를 이용하여 구현한다. HTML 요소에 사용된 class 속성의 값은 부트스트랩 디자인을 적용하기 위한 식별자 역할을 한다.

❸ 회원 정보 조회 페이지 mypage.html의 자바스크립트 부분은 내비게이션 바의 동작을 기술하는 부분과 회원 정보 조회 및 데이터 입력 동작을 기술하는 부분으로 구성되어 있다. 먼저 모든 페이지들에 공통적으로 포함되는 내비게이션 바의 동작을 기술하는 자바스크립트를 별도의 자바스크립트 파일로부터 가져오도록 했다(3.4절 예제와 동일하다).

❹ 회원 정보 조회 페이지의 동작을 기술하는 자바스크립트 코드는 크게 세 부분으로 구성되어 있다.

> ▶ ⓐ 회원 정보를 채워 넣는 코드
> ▶ ⓑ 입력(수정)한 정보를 확인하는 부분
> ▶ ⓒ 수정한 정보를 서버로 보내는 코드

이들 각각을 다음과 같이 구분해볼 수 있다.

📁 예제 코드 **pyBook/appmain/templates/mypage.html** — ⓐ 회원 정보를 채워 넣는 코드

```
const username = document.querySelector('#username_input');
const passwd = document.querySelector('#password_input');          ❺
const confirmPasswd = document.querySelector('#password_confirm');

function fillUserData() { ❻
    let headerData = new Headers(); ❼

    let authToken = sessionStorage.getItem("authtoken");
    if(authToken){                                                   ❽
        headerData.set("authtoken", authToken);
    }
```

```
    fetch('/api/user/myinfo', { ❾
        method: 'POST',
        headers: headerData, ❿
    }).then((response) => {
        return response.json(); ⓫
    }).then((resBody) => {
        username.value = resBody["username"]; ⓬
    }).catch((error) => {
        console.log('[Error]fillUserData:', error);
    });
}

window.addEventListener('load', fillUserData); ⓭
```

❺ username, passwd, confirmPasswd 변수는 이름, 비밀번호, 비밀번호 확인 입력 창에 해당하는 HTML 요소를 자바스크립트 객체로 가져온 것이다.

❻ fillUserData() 함수는 서버로부터 사용자에 대한 기존 정보를 받아와 입력 창에 기존 정보를 넣어준다. fillUserData() 함수를 자세히 살펴보면 다음과 같다.

❼ 서버로 보내는 HTTP 요청은 헤더와 본문(body)으로 구성되어 있다. 요청을 구성할 HTTP 헤더 객체를 Headers() 함수를 이용해서 생성한다.

❽ 로그인할 때 서버로부터 로그인 토큰을 받아 웹 브라우저의 sessionStorage 영역에 "authtoken" 키 이름으로 저장했다. sessionStorage 객체의 getItem() 함수에 키 이름을 전달하면 sessionStorage에 저장되어 있는 키 이름에 해당하는 데이터를 얻을 수 있다. 서버에게 로그인된 사용자임을 알리기 위해 로그인 토큰을 가져와 headerData 객체의 set() 함수를 이용하여 요청의 헤더에 포함시킨다.

참고로 sessionStorage에 authtoken 키 이름으로 저장한 데이터는 아래 로그인 응답 데이터 중 암호화 영역인 '로그인 토큰 - token'의 데이터이다. 이 데이터가 서버에 의해 로그인된 사용자 식별을 위해 사용될 것이다.

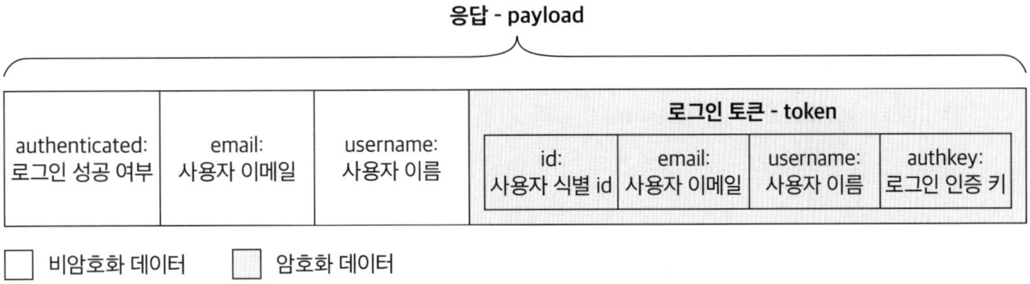

응답 - payload

| authenticated:
로그인 성공 여부 | email:
사용자 이메일 | username:
사용자 이름 | 로그인 토큰 - token | | | |
| | | | id:
사용자 식별 id | email:
사용자 이메일 | username:
사용자 이름 | authkey:
로그인 인증 키 |

☐ 비암호화 데이터　　☐ 암호화 데이터

그림 3.33 **로그인 응답 데이터**

❾ 서버의 엔드포인트 /api/user/myinfo로 회원 정보를 요청한다.

❿ 로그인 토큰이 들어있는 헤더를 요청에 포함시킨다. 서버는 로그인 토큰을 받으면 이를 이용해서 누가 요청을 했는지 알 수 있다. 이 부분은 백엔드 코드를 작성할 때 자세히 살펴보도록 하겠다.

⓫ 서버는 HTTP 규약을 이용해 데이터를 전달하기 위해 JSON 객체를 문자열로 변환하여 전달한다. 응답으로 받은 문자열을 JSON 객체로 복원한다.

⓬ 응답으로 받은 회원 정보는 현재 로그인한 사용자의 이름(username)이다. 서버로부터 사용자 이름을 응답으로 받으면 입력 창의 값(username.value)에 서버로부터 받은 회원 이름을 설정한다.

⓭ 웹 브라우저 창에 HTML 요소의 배치가 완료되면 window 객체에 load 이벤트가 발생한다. load 이벤트가 발생하면 위의 fillUserData() 함수가 실행되도록 설정했다. 즉, 사용자 정보 수정을 위한 입력 창에 회원의 기존 정보를 채워준다.

사용자가 가입되어 있는 자신의 정보를 확인하고 필요한 부분을 수정하면 수정된 데이터가 웹 서비스가 정한 기준에 부합하는지 데이터를 서버에 전달하기 전에 확인할 필요가 있다. 사용자가 입력한 정보를 확인하는 부분을 이어서 살펴보자.

📁 예제 코드   pyBook/appmain/templates/mypage.html — ⓑ 입력(수정)한 정보를 확인하는 부분

```
function checkPw() {
    let retVal = false;

    if(passwd.value.length == 0){ ⓮
        retVal = true;
    }
    else{ ⓯
        retVal = (passwd.value.length >= 5) && (passwd.value === confirmPasswd.value);
    }

    return retVal;
}
```

⓮ checkPw() 함수는 먼저 비밀번호 입력 창에 입력된 내용이 있는지, 즉 비밀번호 입력 창에 입력한 값(passwd.value)의 길이(length)가 0과 같은지 확인한다. 만약 입력한 내용이 없다면 기존 비밀번호를 변경하지 않는 것이고 따라서 비밀번호 입력값에 문제가 없다고 판단한다.

❻ 만약 비밀번호 입력 창에 새로운 비밀번호를 입력했다면 새로운 비밀번호의 길이가 일정 길이(위 코드에서는 5글자) 이상인지 확인하고, 비밀번호 확인 창에 다시 입력한 비밀번호 (confirmPasswd.value)와 같은지 확인한다. 만약 이 조건이 충족되지 않는다면 checkPw() 함수는 비밀번호 입력값에 문제가 있다고 판단하고 거짓(false) 값을 반환할 것이다.

입력값에 문제가 없다면 이 데이터를 서버로 전송하고 처리를 의뢰한다. 이 내용이 아래의 onSubmitHandler() 함수에 구현되어 있다.

📁 예제 코드 pyBook/appmain/templates/mypage.html ― ⓒ 수정한 정보를 서버로 보내는 코드

```
function onSubmitHandler() {
    let pwValid = checkPw();

    if(pwValid){
        let headerData = new Headers();

        let authToken = sessionStorage.getItem("authtoken");
        if(authToken){
            headerData.set("authtoken", authToken); ❶❻
        }

        let formData = new FormData();

        formData.set("username", username.value); ❶❼
        formData.set("passwd", passwd.value);

        fetch('/api/user/update', { ❶❽
            method: 'POST',
            headers: headerData,
            body: formData ❶❾
        }).then((response) => { ❷⓿
            let url = '/home';
            window.location.replace(url);
        }).catch((error) => {
            console.log('[Error]signup:', error);
        });
    }
}

const submitButton = document.querySelector('#submit_button');
submitButton.addEventListener('click', onSubmitHandler);

function onCancelHandler() {
    history.back();
}

const cancelButton = document.querySelector('#cancel_button');
cancelButton.addEventListener('click', onCancelHandler);
```

회원 정보 입력 창에 변경할 정보를 입력하고 [제출] 버튼(submitButton)을 클릭하면 onSubmit Handler() 함수가 실행된다. onSubmitHandler() 함수는 checkPw() 함수를 이용해 사용자의 입력값을 검증하고 입력값에 문제가 없다면 이 정보를 서버로 보내 사용자 정보 수정을 요청한다. 서버로 정보를 보내는 부분을 살펴보면 다음과 같다.

⑯ 먼저 요청의 헤더에는 사용자가 누구인지 식별하기 위해 로그인 토큰(authToken)을 포함시킨다.

⑰ 요청의 본문에는 입력 창의 내용을 넣어서 전달할 것이다. 헤더에 로그인 토큰을 포함시키는 코드와 본문을 구성하는 객체인 formData에 입력 창의 입력 내용을 포함시키는 코드는 각각 다음과 같다.

표 3.7 **사용자 정보 수정 요청의 헤더와 본문**

헤더 객체(로그인 토큰)	headerData.set("authtoken", authToken)
본문 객체(이름)	formData.set("username", username.value)
본문 객체(비밀번호)	formData.set("passwd", passwd.value)

⑱ fetch() 함수의 첫 번째 인자에는 요청을 보낼 서버의 엔드포인트를 지정하고 두 번째 인자에는 요청의 내용을 설정한다. 요청의 구분(method)은 POST 방식(데이터를 보내고 저장하는 등의 처리를 요청하는 것)을 지정했다.

⑲ 요청의 헤더와 본문을 구성한 후 서버로 전달한다. 서버로 보내는 요청의 헤더(headers)와 본문(body)의 내용으로 각각 로그인 토큰과 입력 창 정보가 담긴 headerData 객체와 formData 객체를 설정했다.

⑳ 서버로부터 응답을 받으면(then((response) => {...}) 웹 서비스의 첫 페이지로 이동하도록 했다.

3.5.2 ▶ 백엔드 코드 작성

이제 클라이언트로부터 요청을 받아 처리하는 서버의 기능을 구현하는 백엔드 코드를 작성해보자. 회원 정보 조회와 수정을 위해 클라이언트의 요청 내용과 각 요청에 대해 서버가 할 일을 정리해보면 오른쪽과 같다.

표 3.8 **회원 정보 조회 및 수정 요청에 따른 서버의 처리**

클라이언트의 요청	서버의 처리
회원 정보 조회	권한 확인 ➡ 회원 정보 전달
회원 정보 수정	권한 확인 ➡ 회원 정보 수정

서버는 클라이언트의 요청이 적절한 권한을 가진 사용자의 요청인지 먼저 확인해야 한다. 권한 확인은 클라이언트가 요청과 함께 보내온 로그인 토큰을 확인함으로써 이루어진다. 로그인 권한이 필요한 요청들에 대해 권한 확인이 항상 필요하므로 appmain 패키지 안에 utils.py 파일을 새로 만들고 로그인 토큰의 권한을 확인하는 함수를 다음과 같이 만들자.

📁 예제 코드 **pyBook/appmain/utils.py**

```
import jwt
import sqlite3

from appmain import app


def verifyJWT(token):    ❶
    if token is None:
        return None
    else:
        try:
            decodedToken = jwt.decode(token, app.config["SECRET_KEY"], algorithms="HS256")    ❷
            if decodedToken:
                conn = sqlite3.connect('pyBook.db')
                cursor = conn.cursor()

                if cursor:
                    SQL = 'SELECT authkey FROM users WHERE email=?'    ┄┄┄┐
                    cursor.execute(SQL, (decodedToken["email"],))         ❸
                    authkey = cursor.fetchone()[0]    ┄┄┄┄┄┄┄┄┄┄┄┄┄┘
                    cursor.close()
                conn.close()

                if authkey == decodedToken["authkey"]:    ❹
                    return True
                else:
                    return None
            else:
                return None
        except:
            return None

def getJWTContent(token):    ❺
    isVerified = verifyJWT(token)

    if isVerified:
        return jwt.decode(token, app.config["SECRET_KEY"], algorithms="HS256")
    else:
        return None
```

❶ verifyJWT() 함수는 로그인 토큰을 보낸 사용자가 현재 로그인한 사용자가 맞는지 확인하는 함수이다. 암호화된 로그인 토큰을 해석(decode)하고 토큰에 포함된 인증 키(authkey)가 해당 사용자가 로그인할 때 서버가 생성한 인증 키와 일치하는지 확인한다.

❷ JWT 형식으로 작성된 로그인 토큰을 해석하여 '키-값'으로 이루어진 객체를 얻는다. 로그인 토큰 해석에 이용된 jwt 패키지의 decode() 함수에 전달된 인자는 다음과 같다.

> jwt.decode(해석 대상 데이터, 서명, 데이터를 암호화할 때 사용했던 암호화 방법)

decode() 함수를 이용하여 로그인 토큰을 해석하면 토큰에 포함된 다음과 같은 데이터를 얻게 된다.

표 3.9 **해석된 로그인 토큰 내용**

로그인 토큰 - decodedToken			
id	email	username	authkey
사용자 식별 id	사용자 이메일	사용자 이름	로그인 인증 키

❸ 로그인 토큰에 포함되어 있는 사용자의 이메일(decodedToken["email"]) 값을 이용하여 데이터 베이스의 사용자 테이블에서 로그인 토큰에 해당하는 사용자의 인증 키(authkey)를 읽어온다.

❹ 데이터베이스에 저장되어 있는 인증 키(authkey)가 클라이언트가 보내온 로그인 토큰 안의 인증 키(decodedToken["authkey"])와 일치한다면 로그인 토큰 인증 결과로 참(True) 값을 반환한다.

❺ getJWTContent() 함수는 JWT 토큰을 해석하고 '키-값'의 쌍으로 이루어진 해석된 로그인 토큰을 반환한다. 로그인 토큰에 포함되어 있는 정보를 읽을 필요가 있을 때 사용된다.

사용자의 내 정보 조회 및 수정 기능은 사용자 관리 기능의 일부이기 때문에 user 패키지의 routes.py 파일 안에 기술했다. 사용자 정보 게시 및 수정을 위해 백엔드 코드가 해야 할 작업을 정리하면 다음과 같다.

▶ 사용자 정보 수정 페이지를 제공(전달)한다.

▶ 사용자의 기존 정보를 제공한다.

▶ 사용자가 수정을 요청한 정보를 서버에 반영한다.

이들을 위의 순서대로 각각 myPage(), getMyInfo(), updateMyInfo()라는 이름으로 user 디렉터리의 routes.py 파일 안에 함수로 구현하여 추가한다.

먼저 사용자 정보 수정 페이지 요청에 대해 페이지를 전달하는 myPage() 함수를 구현했다.

📁 예제 코드 **pyBook/appmain/user/routes.py**

```
@user.route('/myinfo')
def myPage():
    return send_from_directory(app.root_path, 'templates/mypage.html') ❶
```

❶ send_from_directory() 함수를 이용하여 사용자 정보 수정 페이지를 클라이언트에게 전달한다.

다음으로 사용자 정보 요청을 처리하는 함수를 myPage() 함수 다음에 getMyInfo()라는 이름으로 다음과 같이 작성한다.

📁 예제 코드 **pyBook/appmain/user/routes.py**

```
@user.route('/api/user/myinfo', methods=['POST'])
def getMyInfo():
    headerData = request.headers ❶

    authToken = headerData.get("authtoken") ❷

    payload = {"success": False} ❸

    if authToken:
        isValid = verifyJWT(authToken) ❹

        if isValid:
            token = getJWTContent(authToken) ┈┈┈┈┈
            email = token["email"] ┈┈┈┈┈┈┈┈┈ ❺

            conn = sqlite3.connect('pyBook.db')
            cursor = conn.cursor()

            if cursor:
                SQL = 'SELECT username FROM users WHERE email=?' ❻
                cursor.execute(SQL, (email,)) ┈┈┈┈┈┈
                username = cursor.fetchone()[0] ┈┈┈┈ ❼
                cursor.close() ┈┈┈┈┈
            conn.close() ┈┈┈┈┈┈┈ ❽

            payload = {"success": True, "username": username} ❾

    return make_response(jsonify(payload), 200) ❿
```

❶ HTTP 요청은 플라스크의 request 객체를 통해 전달된다. 이 중 헤더 부분을 가지고 온다.

❷ 헤더에 포함되어 있는 로그인 토큰(authtoken)을 읽는다.

❸ 응답의 초깃값이다. 초깃값을 일단 처리 실패로 설정했다.

❹ verifyJWT() 함수와 로그인 토큰을 이용해 요청이 권한을 가진 사용자로부터 온 것인지 검증한다.

❺ 데이터베이스 안에 저장되어 있는 사용자 정보 중 하나를 선택하기 위한 식별자가 필요하다. 코드에서는 식별자로 이메일을 활용했다. getJWTContent() 함수를 이용하여 해석된 로그인 토큰을 얻고 여기서 다시 이메일 정보를 읽는다.

❻ 클라이언트가 요청한 사용자 정보는 사용자의 이름이다. 이를 위해 데이터베이스에서 로그인 토큰의 이메일 정보에 해당하는 사용자의 이름(username) 정보를 읽는다.

❼ cursor.execute() 함수는 결과를 배열 형태로 반환한다. ❻의 SQL 명령어에 지정된 데이터는 username(사용자 이름) 하나이고 이 값이 배열의 첫 번째 요소([0])에 저장되어 있다. 따라서 username을 얻기 위해 실행 결과의 첫 번째 요소 cursor.fetchone()[0]을 읽는다.

❽ 데이터베이스 사용을 마치면 잊지 말고 데이터베이스 연결 객체인 cursor와 conn의 사용이 끝났음을 명시적으로 알려주어야 한다. 그래야 이어지는 다른 데이터베이스 작업이 오류 없이 진행될 수 있다.

❾ 사용자가 요청한 정보인 username을 응답으로 구성한다.

❿ 응답 데이터를 전달한다. 응답은 프런트엔드의 자바스크립트가 다룰 수 있는 JSON 객체로 구성하고 JSON 객체를 HTTP 규약에 맞게 전달하기 위해 jsonify() 함수를 이용하여 문자열로 바꾸어 전송한다.

사용자가 정보를 수정하고 서버에 새 정보와 함께 반영을 요청하면 서버가 수행할 작업을 updateMyInfo() 함수로 구성했다.

📁 예제 코드 pyBook/appmain/user/routes.py

```python
@user.route('/api/user/update', methods=['POST'])
def updateMyInfo():

    headerData = request.headers  ❶
    data = request.form  ❷

    authToken = headerData.get("authtoken")  ❸
```

```python
username = data.get("username") ┈┈┈┈┈ ❹
passwd = data.get("passwd") ┈┈┈┈┈┈┈ 

payload = {"success": False} ❺

if authToken:
    isValid = verifyJWT(authToken) ❻

    if isValid:
        token = getJWTContent(authToken) ┈┈┈┈┈
        email = token["email"] ┈┈┈┈┈┈┈┈┈┈┈┈ ❼

        hashedPW = bcrypt.hashpw(passwd.encode('utf-8'), bcrypt.gensalt()) ❽

        conn = sqlite3.connect('pyBook.db')
        cursor = conn.cursor()

        if cursor:
            if passwd:
                SQL = 'UPDATE users SET username=?, passwd=? WHERE email=?' ┈┈┈┈┈
                cursor.execute(SQL, (username, hashedPW, email)) ┈┈┈┈┈┈┈┈┈┈┈┈┈ ❾
            else:
                SQL = 'UPDATE users SET username=? WHERE email=?' ┈┈┈┈┈
                cursor.execute(SQL, (username, email)) ┈┈┈┈┈┈┈┈┈┈┈ ❿
            conn.commit()

            # SQL = 'SELECT * FROM users' ⓫
            # cursor.execute(SQL)
            # rows = cursor.fetchall()
            # for row in rows:
            #     print(row)

            cursor.close()
        conn.close()

else:
    pass

return make_response(jsonify(payload), 200) ⓬
```

❶ 요청에서 헤더 정보를 가져온다.

❷ 요청에서 본문 정보를 가져온다.

❸ 헤더 정보에서 로그인 토큰을 얻는다.

❹ 요청의 본문에서 사용자가 수정을 원하는 정보인 사용자 이름(username)과 로그인 비밀번호 (passwd)를 얻는다.

❺ 응답의 초깃값을 설정했다.

❻ 요청에 포함된 로그인 토큰의 유효성을 검사한다.

❼ 로그인 토큰을 해석하고 로그인 토큰에서 요청을 보내온 사용자의 이메일 정보를 얻는다.

❽ 새 비밀번호를 암호화한다. 암호화를 위해 사용한 bcrypt 패키지의 hashpw() 함수는 3.3절 '회원가입 기능' 예제의 백엔드 코드 부분에서 설명했다.

❾ 사용자가 보내온 비밀번호가 있다면 즉, 사용자가 비밀번호 수정을 요청한다면 데이터베이스의 사용자 이름(username)과 비밀번호(passwd)를 수정(UPDATE)한다. 이때 사용자의 이메일 정보를 데이터베이스에 저장되어 있는 사용자 데이터 중 수정 대상을 식별하기 위해 사용했다.

❿ 사용자가 비밀번호를 보내오지 않았다면 나머지 정보인 사용자 이름(username)만 수정하고 비밀번호는 수정하지 않는다.

⓫ 데이터베이스의 users 테이블 정보를 보여주는 SQL 명령이다. 사용자 정보 수정 기능과는 관계가 없기 때문에 주석으로 처리했다. 주석을 풀고 실행해보면 수정이 정상적으로 이루어졌는지 users 테이블의 내용을 확인할 수 있다.

⓬ 정보 수정을 끝마쳤음을 클라이언트에게 응답하여 알린다.

로그인 토큰의 권한을 검증하고 토큰을 해석하기 위해 appmain/utils.py 파일에 작성했던 verifyJWT(), getJWTContent() 함수를 user/routes.py 파일에 포함시킨다. 다음과 같이 user/routes.py 파일의 앞 부분에 두 함수를 가져오는(from … import) 구문을 작성한다.

📁 예제 코드 pyBook/appmain/user/routes.py

```
…

from appmain.utils import verifyJWT, getJWTContent ❶

user = Blueprint('user', __name__)

@user.route('/signup')
def signUp():
    …

@user.route('/api/user/signup', methods=['POST'])
def register():
    …

@user.route('/signin')
def signIn():
    …
```

```
@user.route('/api/user/signin', methods=['POST'])
def getAuth():
    …


@user.route('/myinfo')
def myPage():
    …


@user.route('/api/user/myinfo', methods=['POST'])
def getMyInfo():
    …


@user.route('/api/user/update', methods=['POST'])
def updateMyInfo():
    …
```

❶ 로그인 토큰을 해석하고 권한을 확인하는 verifyJWT() 함수와 해석된 로그인 토큰을 반환하여 토큰에서 내용을 얻을 수 있도록 도와주는 getJWTContent() 함수를 가져온다.

서버의 기능을 기술한 백엔드 코드까지 알아보았다. 사용자 정보 조회 및 수정 기능을 위해 수정되었거나 생성된 파일을 프로젝트 관점에서 살펴보면 다음과 같다. 수정되었거나 생성된 파일을 굵은 글씨로 표시했다.

```
pyBook
 └ appmain
    ├ static
    │   └ css
    │       └ bootstrap.min.css
    │   └ js
    │       └ navbar.js
    ├ templates
    │   └ index.html
    │   └ mypage.html
    │   └ signup.html
    │   └ signin.html
    └ user
        └ __init__.py
        └ routes.py
    __init__.py
    routes.py
    utils.py
 run.py
```

내 회원 정보 조회 및 수정 기능을 백엔드 코드와 프런트엔드 코드로 구분해보고 서버와 클라이언트 관점에서 작동 원리를 살펴보면 다음과 같다.

백엔드 코드	프런트엔드 코드
appmain/utils.py user/routes.py	mypage.html
	리소스
	없음

그림 3.34 **내 정보 조회 및 수정 기능 관련 파일**

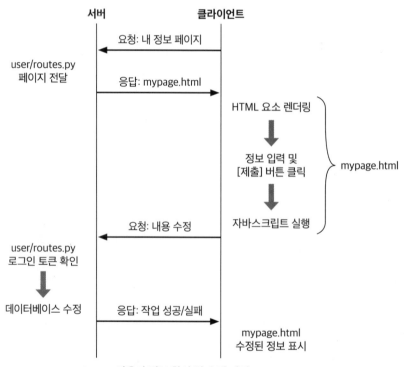

그림 3.35 **사용자 정보 확인 및 수정 과정**

플라스크 웹 서버를 실행하고 웹 서버에 접속하여 로그인한 후 내비게이션 바에서 [MyInfo]를 선택하면 사용자 정보 수정 페이지를 볼 수 있다.

그림 3.36 **사용자 정보 수정 페이지**

사용자 이름, 비밀번호 수정 등의 기능을 확인해볼 수 있다.

3.6 선택: 비밀번호 수정 기능

목표 > 임시 비밀번호를 발급하고 이메일을 이용해서 전달하는 방법을 살펴본다.

소스 > https://github.com/sgkim-pub/pyBook/tree/03-06

사용자가 비밀번호를 잊어버리는 경우가 있을 수 있다. 보통 이런 경우 임시 비밀번호를 발급하고 회원가입 시 등록했던 이메일 주소로 임시 비밀번호를 전달한다. 임시 비밀번호로 로그인한 사용자는 기억하기 쉬운 문자열로 비밀번호를 변경하게 된다.

임시 비밀번호 발급과 이메일을 통한 전달 과정을 살펴보자. 이번 3.6절의 내용을 선택 예제로 둔 것은 웹 프로그래밍 요소 외에 메일 서버와 관련한 내용이 포함되기 때문이다. 이번 절의 내용이 다소 어렵게 느껴진다면 웹 프로그래밍 및 서버와 클라이언트의 기술적인 동작에 좀 더 익숙해진 후에 다시 내용을 살펴봐도 좋겠다.

이번 절에서는 서버와 클라이언트의 작동 원리를 먼저 살펴보며 시작하도록 하자.

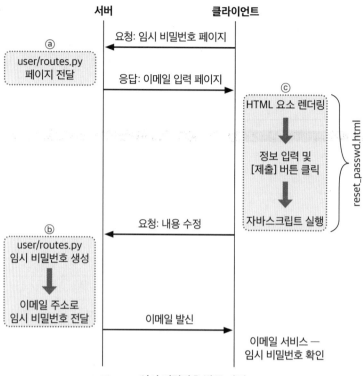

그림 3.37 임시 비밀번호 발급 과정

서버와 클라이언트의 요청과 응답을 표시한 위의 그림에서 ⓐ, ⓑ 작업은 서버, 즉 백엔드 코드에 기술해야 할 내용이고 ⓒ 작업은 프런트엔드 코드에 기술해야 할 내용이다.

모델-뷰-컨트롤의 관점에서 데이터 저장을 위해 새로 생성해야 할 모델(테이블)은 없다. 데이터베이스의 사용자 테이블의 값을 이용하여 가입되어 있는 회원인지 확인하고 임시 비밀번호를 생성한 후 사용자 테이블의 비밀번호 필드의 값을 임시 비밀번호 값으로 수정할 것이기 때문이다. 따라서 뷰에 해당하는 reset_passwd.html 코드부터 작성하자.

3.6.1 ▶ 프런트엔드 코드 작성

reset_passwd.html 페이지는 사용자로부터 이메일 주소를 입력받는 페이지다. 따라서 다음과 같이 이메일 입력 창과 [요청], [취소] 버튼으로 구성되어 있다.

그림 3.38 **임시 비밀번호 발급 페이지 뷰(예)**

프런트엔드 코드를 보관하는 appmain/templates 디렉터리 안에 reset_passwd.html 파일을 생성하고 아래 코드와 같이 페이지를 구성하자.

📁 예제 코드   **pyBook/appmain/templates/reset_passwd.html**

```html
<!DOCTYPE html>
<html>
<head>
    <meta charset="UTF-8">
    <link rel="stylesheet" href="/static/css/bootstrap.min.css">
    <title>Reset PW</title>
</head>
<body>
    <div class="container">
        <div class="row navbar bg-light align-items-center">
            … 생략 - 내비게이션 바 …
        </div>
    </div>
    <div class="container mt-5"> ❶
        <div class="row justify-content-center"> ❷
            <div class="col-5 text-center">
                <div>입력하신 메일 주소로 임시 비밀번호를 보내드립니다.</div>
            </div>
        </div>
        <div class="row justify-content-center mt-3"> ❸
            <div class="col-4 text-center">
                <form>
                    <div>
                        <input type="text" class="form-control" id="email_input">
                    </div>
                </form>
            </div>
        </div>
        <div class="row justify-content-center mt-2">
            <div class="col-4 text-center text-danger" id="reset_passwd_email_message_div"> ↵
 </div> ❹
        </div>
```

```html
            <div class="row justify-content-center mt-5">
                <div class="col-4 text-center">
                    <button type="button" class="btn btn-primary" id="submit_button">요청 </button> --------
                    <button type="button" class="btn btn-secondary" id="cancel_button">취소 </button> ----- ❺
                </div>
            </div>
        </div>
    </div>
</body>
<script type="text/javascript" src="/static/js/navbar.js"></script>
<script>
    const email = document.querySelector('#email_input'); ----------------------------
    const submitButton = document.querySelector('#submit_button');
    const cancelButton = document.querySelector('#cancel_button');                    ❻
    const msg_div = document.querySelector('#reset_passwd_email_message_div'); --------

    function onSubmitHandler() { ❼

        let formData = new FormData(); -----------------
        formData.set("email", email.value); --------        ❽

        fetch('/api/user/resetpw', {
            method: 'POST',
            body: formData
        }).then((response) => {
            return response.json();
        }).then((resBody) => {
            let success = resBody["success"] ❾
            if(success){ ❿
                let url = '/home';
                window.location.replace(url);
            }
            else{ ⓫
                let message = resBody["message"];
                msg_div.innerHTML = message;
            }
        }).catch((error) => {
            console.log('[Error]reset_passwd:', error);
        });
    }

    submitButton.addEventListener('click', onSubmitHandler); ⓬

    function onCancelHandler() {
        let url = '/home';
        window.location.replace(url);
    }

    cancelButton.addEventListener('click', onCancelHandler); ⓭
</script>
</html>
```

❶ reset_passwd.html 파일은 HTML 요소와 자바스크립트 요소 두 부분으로 구성되어 있다. 먼저 HTML의 <body> … </body> 영역을 보면 두 번째 container 클래스의 div 요소인 ❶이 임시 비밀번호를 전달받을 이메일 입력 창을 구현하는 부분이다.

❷ 먼저 임시 비밀번호 발급에 대한 메시지를 기술했다. 부트스트랩 행(row) 영역 안에 가운데 정렬(justify-content-center)로 5/12 크기 만큼의 열(col-5)을 생성하고 그 안에 메시지를 기술했다.

❸ 이메일 입력 창을 구성하는 요소이다. 행(row) 영역을 하나 더 생성하고 그 안에 4/12 크기만큼의 열(col-4)을 구성했다. 그리고 입력 창인 <input> 요소를 열 안에 배치했다. <input> 요소의 class 속성의 값으로 지정된 form-control은 부트스트랩 디자인을 적용하기 위한 것이다.

❹ 이메일 입력 창 아래에는 서버에서 보내는 메시지를 표시할 수 있는 공간을 만들어두었다. 만약 데이터베이스에 없는(즉 가입되어 있지 않은 사용자) 이메일이라면 서버는 그 사실을 클라이언트에게 알려주고 그 내용이 이 메시지 공간에 표시된다.

메시지의 초깃값으로 사용된 는 줄 바꿈이 없는 공백 문자non-break space를 HTML에서 사용하는 표기법으로 표시한 것이다. 즉 초깃값은 공간은 차지하지만 보이지는 않는 빈 문자다.

❺ 임시 비밀번호 발급을 위한 이메일 입력 창의 마지막 요소는 [요청], [취소] 버튼이다.

페이지의 동작을 기술하는 동적 요소인 자바스크립트 부분을 살펴보자.

❻ 스크립트의 가장 위 부분에는 입력 창, 버튼, 메시지 영역에 해당하는 HTML 요소를 지정하는 자바스크립트 변수가 위치한다.

❼ 이어지는 onSubmitHandler() 함수는 사용자가 이메일을 입력하고 [요청] 버튼을 클릭했을 때 실행되는 함수이다.

❽ onSubmitHandler() 함수는 이메일 입력 창의 입력 내용인 email.value를 요청의 본문(body)에 포함시켜 서버로 전송한다.

❾ 이메일 주소를 받은 웹 서버는 이메일이 등록된 회원의 것인지 확인하고 요청의 성공/실패 여부를 응답의 "success" 키의 값으로 보내준다.

❿ 응답으로 받은 처리 결과가 성공(true)이라면 웹 서비스의 첫 페이지(/home)로 이동한다.

⓫ 보내온 이메일을 처리할 수 없으면 서버는 그 이유를 응답의 "message" 키에 넣어서 보내온다. 이 메시지를 이메일 입력 창 바로 아래에 위치한 메시지 영역에 다음과 같이 표시한다.

```
msg_div.innerHTML = message;
```

⑫ onSubmitHandler() 함수를 [요청] 버튼과 연결한다.

⑬ onCancelHandler() 함수를 [취소] 버튼과 연결하는 내용이다.

프런트엔드 코드 작성을 마치기 전에 위 비밀번호 재설정 페이지로 이동할 수 있는 링크를 로그인 페이지에 추가해주자. 다음과 같이 로그인 페이지 appmain/templates/signin.html에 [제출], [취소] 버튼 바로 아래에 임시 비밀번호 요청 페이지로 이동하는 [비밀번호를 잊으셨나요?] 링크를 추가해준다.

그림 3.39 **비밀번호 재설정 페이지 링크**

📁 예제 코드 **pyBook/appmain/templates/signin.html**

```html
<!DOCTYPE html>
<html>
<head>
    <meta charset="UTF-8">
    <link rel="stylesheet" href="/static/css/bootstrap.min.css">
    <title>Signin</title>
</head>
<body>
    <div class="container">
        … 내비게이션 바 생략 …
    </div>
    <div class="container mt-5">
        <div class="row justify-content-center">
            … 이메일, 비밀번호 입력 창 생략 …
        </div>
        <div class="row justify-content-center mt-3">
            <div class="col-4 text-center">
                <button type="button" class="btn btn-primary" id="submit_button">제출</button>
                <button type="button" class="btn btn-secondary" id="cancel_button">취소</button>
            </div>
        </div>
        <div class="row justify-content-center mt-4"> ❶
```

```
            <div class="col-4 text-center">
                <a class=".link-primary text-decoration-none" href="/resetpw"> ↵
비밀번호를 잊으셨나요?</a>
            </div>
        </div>
    </div>
</body>
```

❶ 비밀번호 재설정 페이지로 이동할 수 있는 링크를 추가한다.

3.6.2 백엔드 코드 작성

이제 임시 비밀번호 발급 과정 ⓐ, ⓑ에 해당하는 서버의 기능을 만들어보자. 임시 비밀번호 발급 기능은 사용자 관리와 관련된 요소이기 때문에 user 디렉터리의 routes.py 파일 안에 코딩해준다.

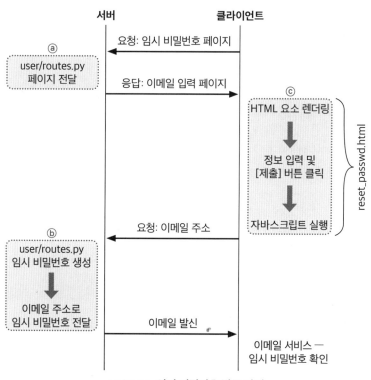

그림 3.40 **임시 비밀번호 발급 과정**

먼저 임시 비밀번호 전달을 위한 이메일을 입력하는 입력 창 페이지인 reset_passwd.html을 전달하는 ⓐ 과정을 기술한 코드를 다음과 같이 작성하고 routes.py 파일에 추가하자.

📁 예제 코드   pyBook/appmain/user/routes.py

```
… 생략 …

@user.route('/resetpw')
def resetpw():
    return send_from_directory(app.root_path, 'templates/reset_passwd.html') ❶
```

❶ 프런트엔드 코드인 reset_passwd.html 파일을 전달한다.

다음으로 ⓑ 과정에 해당하는 코드를 살펴보자. ⓑ 과정에 해당하는 checkAndSendNewPW() 함수는 사용자 확인 ➡ 임시 비밀번호 생성 ➡ 이메일을 통해 전달 ➡ 작업 성공 여부 응답으로 구성되어 있다.

📁 예제 코드   pyBook/appmain/user/routes.py

```
… 생략 …

@user.route('/api/user/resetpw', methods=['POST'])
def checkAndSendNewPW():

    data = request.form
    email = data.get("email")

    payload = {"success": False}

    conn = sqlite3.connect('pyBook.db')
    cursor = conn.cursor()

    if cursor:
        SQL = 'SELECT id FROM users WHERE email=?'  ········
        cursor.execute(SQL, (email,))                            ❶
        result = cursor.fetchone()  ································

        if result: ❷
            id = result[0]
            randPW = secrets.token_hex(8)  ·····························
            hashedPW = bcrypt.hashpw(randPW.encode('utf-8'), bcrypt.gensalt())  ········  ❸

            SQL = 'UPDATE users SET passwd=? WHERE id=?'  ·······
            cursor.execute(SQL, (hashedPW, id))                        ❹
            conn.commit()  ································

            cursor.close()
            conn.close()
```

```
            msg = Message(subject='임시 비밀번호', sender='noreply@example.com', ↵
recipients=[email]) ❺
            msg.body = '임시 비밀번호입니다: ' + randPW ❻

            # print('checkAndSendNewPW.msg:', msg)
            # mail.send(msg) ❼

            payload = {"success": True}
        else: ❽
            payload = {"success": False, "message": '등록되어 있지 않은 이메일입니다.'}
    else:
        pass

    return make_response(jsonify(payload), 200) ❾
```

먼저 요청을 보내온 사용자가 가입된 회원인지 확인하는 부분은 다음과 같다.

❶ 요청받은 이메일이 데이터베이스에 등록되어 있는지 확인한다. 데이터베이스 조회 명령인 `SELECT id FROM users WHERE email=?`은 데이터베이스에서 email에 해당하는 사용자의 id, 즉, 가입 시 서버가 부여한 일련번호인 id를 찾는다. 만약 요청받은 이메일에 해당하는 사용자가 등록되어 있지 않다면 데이터베이스 조회 결과인 cursor.fetchone()은 None을 반환한다.

❷ 만약 임시 비밀번호를 요청한 사용자가 웹 서비스의 회원이라면(if result:),

❸ 임시 비밀번호를 생성한다. 임시 비밀번호는 secrets 패키지의 token_hex() 함수를 이용하여 생성한 8글자 길이의 문자열이다. 그리고 임시 비밀번호를 bcrypt 패키지의 hashpw() 함수를 이용하여 암호화한다.

❹ 암호화한 새 비밀번호인 hashedPW로 데이터베이스의 users 테이블을 수정(UPDATE)했다. 비밀번호를 암호화하여 데이터베이스에 저장하는 이유는 만약 데이터베이스의 내용이 노출되었을 때라 할지라도 사용자의 가장 민감한 정보인 비밀번호를 추정할 수 없도록 보호하기 위함이다.

❺ 이메일 메시지를 만들고 전송하기 위해 플라스크 웹 프레임워크의 flask_mail 패키지를 사용했다. flask_mail 패키지는 메일 서버를 지정하면 해당 메일 서버를 통해 이메일을 발송할 수 있도록 도와준다.

이메일 메시지는 flask_mail 패키지에 포함되어 있는 Message 객체를 이용해서 만들 수 있다. Message 객체에 전달하는 인자의 의미는 다음과 같다.

표 3.10 이메일 메시지를 생성하기 위한 기본 정보

subject	sender	recipients
이메일 제목	보내는 사람 주소	받는 사람 주소

❻ 이메일 메시지의 내용으로 ❸에서 생성한 임시 비밀번호를 기록했다. 주의해야 할 점은 생성한 비밀번호(randPW)를 사용자에게 전달해야지 이를 암호화한 문자열(hashedPW)을 전달하면 안 된다는 점이다.

❼ 임시 비밀번호가 본문으로 들어 있는 이메일 메시지를 발송한다. 주석을 해제하면 설정되어 있는 메일 서버를 통해 이메일이 발송된다.

이메일 전송을 도와주는 flask_mail 클래스 객체인 `mail` 객체는 웹 서버 객체가 생성되는 appmain 패키지의 __init__.py 파일에서 생성하고 메일 서버 설정 등 초깃값을 지정해줄 것이다. `mail` 객체 생성과 설정은 이어지는 내용에서 좀 더 자세히 다루도록 하겠다.

❽ 만약 임시 비밀번호를 요청해 온 사용자가 서버에 등록되어 있지 않은 사용자라면 응답의 메시지 영역에 처리가 불가한 이유를 설정한다.

❾ 처리 결과를 사용자에게 응답한다.

임시 비밀번호 생성 및 이메일 발송 기능이 추가된 users/routes.py 파일의 전체 모습을 살펴보면 도움이 될 것이다. 임시 비밀번호 생성 및 이메일 발송 기능을 위해 추가된 부분은 users/routes.py 파일의 가장 아래에 위치한 `resetpw()` 함수와 `checkAndSendNewPW()` 두 함수이다. 더불어 파일의 위 부분에 이메일 발송 기능을 사용하기 위해 외부로부터 가져온(import) 내용을 추가해주자.

📂 예제 코드 **pyBook/appmain/user/routes.py**

```
...
from flask_mail import Message ❶

from appmain import app, mail ❷
...

@user.route('/signup')
def signUp():
    ...

@user.route('/api/user/signup', methods=['POST'])
def register():
    ...
```

```
@user.route('/signin')
def signIn():
    …


@user.route('/api/user/signin', methods=['POST'])
def getAuth():
    …


@user.route('/myinfo')
def myPage():
    …


@user.route('/api/user/myinfo', methods=['POST'])
def getMyInfo():
    …


@user.route('/api/user/update', methods=['POST'])
def updateMyInfo():
    …


@user.route('/resetpw')  ❸
def resetpw():
    …


@user.route('/api/user/resetpw', methods=['POST'])  ❹
def checkAndSendNewPW():
    …
```

❶ 이메일 메시지 작성을 도와주는 `Message` 클래스를 가져온다.

❷ 이메일 발송을 위해 `mail` 객체를 가져온다.

❸ 임시 비밀번호 발급 페이지 주소와 페이지를 전달하는 함수를 추가했다.

❹ 전달받은 이메일 주소를 확인하고 임시 비밀번호를 발급하는 서비스 엔드포인트와 기능을 수행하는 함수를 추가했다.

이메일 작성 및 발송을 도와주는 flask_mail 객체를 웹 서버 객체를 생성하고 설정하는 프로젝트 최상위 패키지인 appmain 패키지의 초기화 파일인 __init__.py 안에 다음과 같이 설정해준다.

📁 예제 코드 pyBook/appmain/__init__.py

```python
from flask import Flask
from flask_mail import Mail ❶

app = Flask(__name__)

app.config["SECRET_KEY"] = 'e2a14e9612b8bdfc57201cfce12b6c8f'

app.config["MAIL_SERVER"] = 'smtp.gmail.com' ❷
app.config["MAIL_PORT"] = 587 ❸
app.config["MAIL_USE_TLS"] = True ❹
app.config["MAIL_USERNAME"] = 'YOUR_ACCOUNT' ❺
app.config["MAIL_PASSWORD"] = 'YOUR_PASSWORD' ❻

mail = Mail(app) ❼

from appmain.routes import main
app.register_blueprint(main)

from appmain.user.routes import user
app.register_blueprint(user)
```

이메일 발송을 위한 설정을 정리해보면 다음과 같다.

❶ 이메일 발송을 도와주는 Mail 클래스를 flask_mail 패키지로부터 가져온다.

❷ 메일 서버 주소를 설정한다. 예제에서는 gmail을 이용했다.

❸ SMTPSimple Mail Transfer Protocol는 이메일 전송을 위한 규약이다. 이메일을 보내기 위해 사용할 메일 서버의 포트 번호를 설정한다. SMTP 규약을 위해 예약되어 있는 포트인 587번을 설정했다.

❹ TLSTransport Layer Security, 즉 이메일 메시지 암호화 여부를 설정한다. 전송 과정에서 이메일 메시지를 암호화하도록(True) 설정했다.

❺ 메일 서버의 계정을 설정한다.

❻ 메일 서버 계정 비밀번호를 설정한다.

❼ ❷~❻의 설정을 적용하여 이메일 전송을 위한 Mail 객체를 생성한다. Mail 객체는 설정에 지정한 메일 서버의 이메일 계정을 발신자로 하여 이메일을 보내준다. 앞서 users/routes.py의 checkAndSendNewPW() 함수에서 mail 객체를 가져와(import) 사용했다.

프로젝트 관점에서 파일을 다음과 같이 정리해볼 수 있다. 변경된 내용이 있거나 새로 추가된 파일을 굵은 글씨로 표시했다.

```
pyBook
└ appmain
    ├ static
    │   └ css
    │       └ bootstrap.min.css
    │   └ js
    │       └ navbar.js
    ├ templates
    │   └ index.html
    │   └ mypage.html
    │   └ reset_passwd.html
    │   └ signup.html
    │   └ signin.html
    └ user
        └ __init__.py
        └ routes.py
    __init__.py
    routes.py
    utils.py
run.py
```

3.6.3 ▶ 예제 실행

프로젝트 실행을 위해 flask_mail 패키지가 필요하다. 파이참의 [File] ➡ [Settings] ➡ [Project] ➡ [Python Interpreter]의 패키지 관리창을 열고 패키지 리스트 창 위쪽의 ⊞ 버튼을 클릭하고 Flask-Mail 패키지를 검색하고 설치해준다(책에서는 0.9.1 버전을 사용하였다).

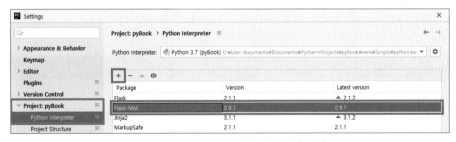

그림 3.41 **Flask-Mail 패키지 검색 및 설치**

run.py 스크립트를 실행하여 플라스크 웹 서버를 실행한 후 비밀번호 재설정 페이지(http://127.0.0.1 :8000/resetpw)로 이동해보자. 회원 가입 시 입력했던 이메일을 입력하면 해당 이메일 주소로 임시 비밀번호를 받을 수 있다.

그림 3.42 임시 비밀번호 발급 페이지

수신자 이메일 주소의 메일함을 확인해보면 다음과 같이 웹 서비스가 발송한 임시 비밀번호 이메일을 확인할 수 있다.

그림 3.43 임시 비밀번호 메일

임시 비밀번호로 로그인한 후에는 3.5절에서 만들었던 내 정보 수정페이지를 이용하여 비밀번호를 사용자가 기억할 수 있는 내용으로 변경할 수 있다.

사용하는 메일 서버의 보안 정책에 따라 메일 발송이 정상적으로 이루어지지 않을 수 있다. 예를 들면 예제에 사용한 gmail 서버의 경우 아래와 같은 오류가 발생할 수 있다.

```
SMTPAuthenticationError: Username and Password not accepted
```

gmail 서비스의 경우 구글 계정에 접속해서 'Google 계정 설정'에서 다음과 같이 보안 수준을 조정한 후 플라스크 mail 객체를 이용해서 이메일을 발송하면 된다. 다른 메일 서버스를 이메일 발송 서버로 사용하는 경우에도 이와 같은 설정을 찾아서 보안 수준을 수정해주면 된다.

그림 3.44 보안 탭

보안 메뉴를 클릭하여 보안 설정 화면으로 전환되면 'Google에 로그인하는 방법'에서 2단계 인증을 설정한다. 2단계 인증 설정이 완료되면 2단계 인증 패널을 클릭하여 2단계 인증 페이지로 이동한 후 페이지 가장 아래 부분의 '앱 비밀번호' 패널을 클릭한다. 그리고 앱 비밀번호 페이지에서 앱 비밀번호를 생성한다.

그림 3.45 **앱 비밀번호 생성**

생성된 앱 비밀번호를 메일 서버 로그인에 사용하면 된다.

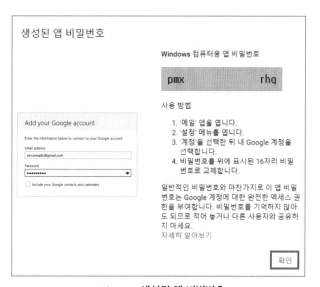

그림 3.46 **생성된 앱 비빌번호**

3.6절에서는 이메일을 이용한 비밀번호 재설정 기능과 관련된 내용들을 살펴보았다. 웹 프로그래밍 요소 외에 외부 메일 서버가 관련되어 있고 특히 메일 서버와 연계하는 부분에서 이메일 서비스의 보안 정책과 관련된 설정들이 제약 조건들로 작용하기 때문에 다양한 상황이 발생할 수 있다. 임시 비밀 번호를 발급하고 이를 웹 프로그램을 이용해서 이메일로 발송하는 과정에서 외부 메일 서버와 연결할 때 보안 관련한 문제가 있을 수 있다는 점을 기억해주었으면 좋겠다.

04 장

중고 서적 거래 서비스 만들기

앞서 3장에서 HTML과 자바스크립트를 이용해서 가입, 로그인, 내 정보 수정 등 사용자 인증 관련 기능의 서비스 페이지를 구성했다. HTML의 형태를 기억해보면 다음과 같이 계층적인 구조로 되어 있음을 알 수 있다.

```
<html>
    <head>
        …
    </head>
    <body>
        <div>
            <div>
                <div>…</div>
            </div>
        </div>
    </body>
</html>
```

이와 같이 계층적으로 구성된 페이지 요소는 자바스크립트에 의해 해석되고 문서 객체 모델(DOM, 2.3.2.2절 참조)로 구성된다.

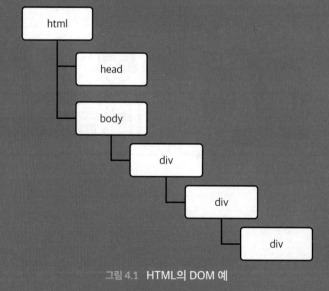

그림 4.1 **HTML의 DOM 예**

자바스크립트는 DOM 요소에 이벤트(예: 클릭)가 일어났을 때 DOM에서 관계되는 HTML 요소를 읽거나 수정한다. 예를 들어 버튼을 클릭했을 때 입력 창의 내용을 읽어 서버로 보내거나 페이지의 HTML 요소가 모두 표시되었을 때 서버로부터 데이터를 가져와 특정 DOM 요소 안에 표시한다. 이와 같이 자바스크립트를 이용해서 DOM을 직접 다루고 변경하는 형태의 프런트엔드 프로그래밍을 'DOM을 직접 조작한다'라고 표현하며 프런트엔드 작성의 기본이 된다. 자바스크립트가 DOM을 읽거나 수정하면 그 내용이 HTML에 반영되기 때문에 페이지는 다음과 같이 HTML과 DOM 두 층으로 구성된다.

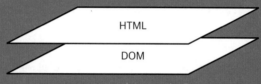

그림 4.2 DOM과 HTML의 2층 구조

이어서 진행할 5장에서도 프런트엔드 페이지를 위와 같이 HTML과 DOM 두 층으로 구성된 모델에 따라 구성할 것이다. 위 개념을 생각하고 코드를 작성하면 도움이 될 것이다.

리액트, 뷰js와 같은 프런트엔드 프레임워크의 경우 HTML, 가상 DOMVirtual DOM, DOM으로 구성된 3층 모델을 사용한다. 3층 모델에서는 프런트엔드 프레임워크가 DOM의 변경 내용을 우선 가상 DOM에 기록했다가 이들을 모아 HTML을 업데이트한다. 빈번하게 업데이트하는 것보다 효율적이라는 장점이 있다.

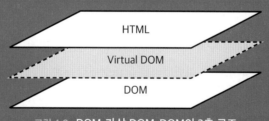

그림 4.3 DOM-가상 DOM-DOM의 3층 구조

이 책에서는 웹 프로그래밍을 배우는 것이 목적이므로 직관적이고 이해하기 쉬운 HTML과 DOM의 2층 모델을 사용했다.

4.1 상품 올리기

목표 > 정보를 입력받고 서버에 저장하는 코딩 패턴을 복습한다.
> 파일을 입력받고 서버에 저장하는 방법을 살펴본다.

소스 > https://github.com/sgkim-pub/pyBook/tree/04-01

최종적으로 구현하고자 하는 목표는 중고 서적 거래 서비스다. 앞서 3장에서 서비스의 회원을 관리하는 기능을 구현했고 4장부터는 상품을 관리하는 기능을 만들 것이다.

4.1.1 상품 정보 정의

먼저 상품을 등록할 수 있는 페이지를 만들어보자. 데이터가 있어야 이를 보여줄 수 있고, 또한 수정하거나 검색하는 등 여러 기능을 추가할 수 있기 때문이다. 상품의 속성은 다음과 같은 항목을 생각해볼 수 있다.

표 4.1 **상품의 속성**

항목	내용	데이터 타입
종류	상품의 종류(예: 인문, 의학, 공학)	숫자(카테고리 코드)
제목	상품과 관련된 제목	문자열
사진	상품 사진	문자열(사진 이름 및 저장 위치)
설명	상품에 대한 설명	문자열
가격	상품의 가격	숫자

상품 정보를 저장하기 위해 위 항목에 해당하는 데이터 테이블을 먼저 만들자. 상품 등록, 게시 등 상품 정보를 관리하는 기능을 모아둘 디렉터리를 article이라는 이름으로 appmain 디렉터리 아래에 생성하고 그 안에 __init__.py와 파일을 생성한다. __init__.py는 appmain 디렉터리의 웹 서버 객체가 실행될 때마다 함께 실행되면서 상품 정보 관리 기능의 초깃값을 설정하는 역할을 한다.

appmain/article/__init__.py 파일 안에 상품 정보를 저장하기 위한 데이터베이스 테이블을 생성하는 코드를 다음과 같이 작성한다.

📁 예제 코드 **pyBook/appmain/article/__init__.py**

```python
import sqlite3

conn = sqlite3.connect('pyBook.db')
cursor = conn.cursor()

# SQL = 'DROP TABLE articles'  ----------
# cursor.execute(SQL)  --------------------  ❶

SQL = 'CREATE TABLE IF NOT EXISTS articles (articleNo INTEGER PRIMARY KEY AUTOINCREMENT, ' \
      'author TEXT NOT NULL, title TEXT NOT NULL, category INTEGER, description TEXT, ↵
price INTEGER, picture TEXT)'  ❷

cursor.execute(SQL)  ❸

cursor.close()  ----------
conn.close()  -------------  ❹
```

❶ SQL의 DROP TABLE 명령어는 이전에 사용하던 테이블을 삭제한다. 만약 웹 서버가 실행될 때마다 빈 테이블을 생성하고 싶다면 주석을 풀고 사용하면 된다.

❷ 데이터베이스 안에 상품 정보를 저장할 articles 테이블을 생성하는 SQL 명령이다. 구문의 내용을 살펴보면 다음과 같다. SQL 명령의 길이가 길기 때문에 명령어의 중간에 줄 바꿈 문자인 역슬래시(₩ 또는 \) 기호가 사용되었음에 유의하기 바란다. 줄 바꿈 문자는 명령어의 일부가 아니고 단지 명령어를 여러 줄에 표현하여 읽기 편하게 하기 위해 사용된다.

표 4.2 **상품 정보 테이블의 구성 요소**

데이터 이름	데이터 타입	속성	설명
articleNo	INTEGER(숫자)	PRIMARY KEY AUTOINCREMENT	자동으로 증가되는 일련번호
author	TEXT(문자열)	NOT NULL (값이 반드시 존재해야 함)	상품 정보 등록자
title	TEXT(문자열)	NOT NULL (값이 반드시 존재하야 함)	제목
category	INTEGER(숫자)		상품의 종류
description	TEXT(문자열)		상품의 설명
price	INTEGER(숫자)		가격
picture	TEXT(문자열)		상품 사진

CREATE TABLE 명령의 IF NOT EXISTS 조건은 테이블이 존재하지 않을 때만 테이블을 생성하도록 해준다. __init__.py 파일은 웹 서버 객체가 실행되며 article 패키지가 함께 실행될 때마다 실행되는 초기화 코드이므로 IF NOT EXISTS 조건을 주어 테이블이 존재하지 않는 경우에만 테이블이 생성되도록 했다.

> **노트** 예제에서 SQL 구문이 등장하면 백엔드 프로그램이 서버에 데이터를 저장할 테이블을 생성하거나 데이터를 읽거나 저장한다는 흐름을 이해하는 것이 중요하다. 이 책의 예제에서는 데이터베이스를 이용하는 가장 기본적인 방법인 SQL 명령을 사용했지만 SQL을 직접 사용하지 않고 데이터베이스를 클래스로 모델링한 뒤 해당 클래스 객체에 데이터를 저장하거나 읽는 방법 등 다양한 방법이 있기 때문이다.

❸ 테이블을 생성하는 SQL 명령을 실행한다.

❹ 데이터베이스 사용을 마쳤으면 데이터베이스에 접근하기 위해 사용했던 요소를 종료한다.

4.1.2 ▶ 프런트엔드 코드 작성

데이터를 저장하고 관리하기 위한 데이터 모델이 준비되었으므로 상품 등록 페이지를 구성해보자. 상품을 구성하는 속성인 상품 종류, 제목, 사진, 설명, 가격 정보를 입력받을 수 있어야 하므로 아래 그림과 같이 페이지를 구성했다.

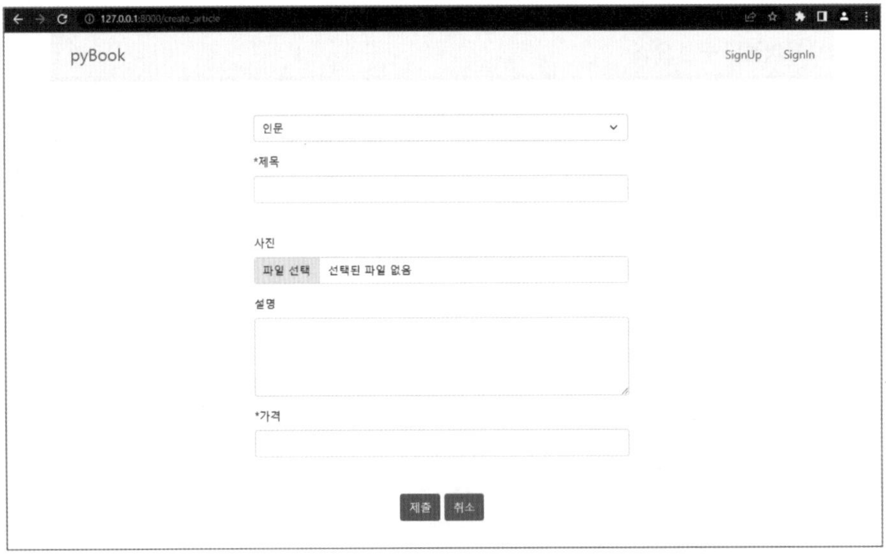

그림 4.4 **상품 등록 페이지**

책에서는 설명을 위해 완성된 페이지를 먼저 살펴보지만 페이지를 통해 입력받을 내용, 사용자에게 보여줄 내용 등을 정리하고 어떤 요소를 어떻게 배치할 것인지 대략적인 스케치를 가지고 있어야 한다. 만약 함께 일하는 디자이너가 있다면 페이지의 전체적인 구성과 디자인 오브젝트object를 받을 수 있다. 더 나아가 전문적인 웹 디자이너라면 HTML 코드를 작성해주기도 한다.

상품 등록 페이지를 뷰를 저장하는 appmain/templates 디렉터리 안에 create_article.html 이름으로 생성하고 다음과 같이 코딩하자.

📁 예제 코드 pyBook/appmain/templates/create_article.html

```
<!DOCTYPE html>
<html>
<head>
    <meta charset="UTF-8">
    <link rel="stylesheet" href="/static/css/bootstrap.min.css">
    <title>Create Article</title>
</head>
<body>
    <div class="container">
        <div class="row navbar bg-light align-items-center">
            <div class="col-6">
                <a class="nav-link" href="/home"><h4>pyBook</h4></a>
            </div>
            <div class="col-6">
                <ul class="nav justify-content-end">
                  <li class="nav-item">
                    <a class="nav-link" id="signup_link" href="/signup">SignUp</a>
                  </li>
                  <li class="nav-item">
                    <a class="nav-link" id="signin_link" href="/signin">SignIn</a>
                  </li>
                  <li class="nav-item">
                    <a class="nav-link" id="signout_link" href="#">SignOut</a>
                  </li>
                  <li class="nav-item">
                    <a class="nav-link" id="myinfo_link" href="/myinfo">MyInfo</a>
                  </li>
                </ul>
            </div>
        </div>
    </div>
    <div class="container mt-5">
        <div class="row justify-content-center">
            <div class="col-6">
                <form> ❶
```

```
                        <div>
                            <select class="form-select" id="prod_category"> ❷
                                <option value="0">인문</option>
                                <option value="1">사회과학</option>
                                <option value="2">자연과학</option>
                                <option value="3">의학</option>
                                <option value="4">경제/경영</option>
                                <option value="5">공학</option>
                                <option value="6">음악</option>
                                <option value="7">미술</option>
                                <option value="8">기타</option>
                            </select>
                            <label for="title_input" class="form-label mt-3">*제목</label> --------
                            <input type="text" class="form-control" id="title_input"> --------------- ❸
                            <div class="text-danger mt-1" id="title_input_msg"> </div> ❹
                            <label for="pic_input" class="form-label mt-3">사진</label> -------
                            <input type="file" class="form-control" id="pic_input">
                            <label for="desc_input" class="form-label mt-3">설명</label>
                            <textarea type="text" class="form-control" id="desc_input" ↵
rows="4"> </textarea>
                                                                                          ❸
                            <label for="price_input" class="form-label mt-3">*가격</label>
                            <input type="text" class="form-control" id="price_input"> -------------
                            <div class="text-danger mt-1" id="price_input_msg"> </div> ❹
                        </div>
                    </form>
                </div>
            </div>
        <div class="row justify-content-center mt-4">
            <div class="col-4 text-center">
                <button type="button" class="btn btn-primary" id="submit_button">제출 </button> --------
                <button type="button" class="btn btn-secondary" id="cancel_button">취소 </button> ---- ❺
            </div>
        </div>
    </div>
</div>
</body>
<script type="text/javascript" src="/static/js/navbar.js"></script>
<script>
    let category = document.querySelector('#prod_category'); -------------
    let title = document.querySelector('#title_input');
    let picture = document.querySelector('#pic_input');
    let desc = document.querySelector('#desc_input');                        ❻
    let price = document.querySelector('#price_input');

    let title_msg = document.querySelector('#title_input_msg');
    let price_msg = document.querySelector('#price_input_msg'); -------------

    function checkTitleAndPrice() { ❼
        let isTitleValid = title.value.length > 0 && title.value.length <= 25;
```

```
    if(!isTitleValid){ ❽
        title_msg.innerHTML = '제목을 1~25 길이로 입력해주세요.';
    }
    else{
        title_msg.innerHTML = ' ';
    }

    let isPriceValid = price.value > 0 && price.value < 100000;

    if(!isPriceValid){ ❽
        price_msg.innerHTML = '가격을 1~100,000원 사이로 입력해주세요.';
    }
    else{
        price_msg.innerHTML = ' ';
    }

    return isTitleValid && isPriceValid;
}

function onSubmitHandler() { ❾
    let isTitleAndPriceValid = checkTitleAndPrice();

    if(isTitleAndPriceValid === true){
        let headerData = new Headers(); ❿
        let authToken = sessionStorage.getItem("authtoken"); ⓫
        if(authToken){
            headerData.set("authtoken", authToken); ⓬
        }

        let formData = new FormData(); ⓭

        formData.set("category", category.value);
        formData.set("title", title.value);
        formData.set("picture", picture.files[0]); ⓮
        formData.set("desc", desc.value);
        formData.set("price", price.value);

        fetch('/api/article/create', { ⓯
            method: 'POST',
            headers: headerData,
            body: formData
        }).then((response) => {
            return response.json(); ⓰
        }).then((resBody) => {
            console.log('create_article.onSubmitHandler.success:', resBody["success"]); ┄┄┄┄┄┄
            console.log('create_article.onSubmitHandler.articleNo:', resBody["articleNo"]); ┄┄┄┄ ⓱
            window.location.replace('/home'); ⓲
```

```
        }).catch((error) => {
            console.log('[Error]create_article.onSubmitHandler:', error);
        });
    }
}

    let submitButton = document.querySelector('#submit_button');  ----------
    submitButton.addEventListener('click', onSubmitHandler);  ----------⑲

    function onCancelHandler() { ⑳
        history.back();
    }

    let cancelButton = document.querySelector('#cancel_button');  ----------
    cancelButton.addEventListener('click', onCancelHandler);  ----------⑲
</script>
</html>
```

페이지 코드는 HTML과 자바스크립트 두 부분으로 구성되어 있고, 전체적인 패턴이 3장의 코드와 거의 같다. 차이점을 중심으로 살펴보도록 하자.

❶ 상품 등록 페이지의 입력 창 요소를 `<form>`…`</form>` 영역 안에 배치했다.

❷ `<select>`…`</select>` 요소는 드롭다운 메뉴를 생성하고 `<option>`…`</option>` 요소는 드롭다운 메뉴 안의 옵션을 설정한다. 드롭다운 메뉴의 옵션 중 하나를 선택하면 `<option>`의 value 속성에 지정된 값이 해당 `<select>` 요소의 값으로 설정된다. 예를 들어 옵션 중 [자연과학]을 선택하면 드롭다운 메뉴의 값은 2가 된다.

자바스크립트 코드를 이용하여 `<select>` 요소의 값(value)을 읽으면 선택된 `<option>`의 value에 해당하는 값을 얻게 된다. 구체적인 코드는 페이지의 자바스크립트 부분에서 살펴볼 수 있다.

❸ 드롭다운 메뉴 아래에 이어지는 `<label>`…`</label>` 그리고 `<input>`…`</input>` 조합은 입력 창 이름과 입력 창 요소이다.

❹ `<label>`과 `<input>` 요소 중간의 "text-danger" 클래스를 가지는 영역 `<div>`…`</div>`는 입력값이 허용되는 값이 아니라면 경고 메시지를 출력하기 위해 배치한 요소이다.

❺ 입력값을 전송하기 위한 [제출] 버튼과 상품 등록 페이지에서 나가기 위한 [취소] 버튼이다.

create_article.html의 자바스크립트 부분은 다음과 같이 구성되어 있다.

❻ HTML 요소를 식별하고 이들을 자바스크립트 객체를 통해 가져오는 부분이다.

❼ 제목과 가격 입력값을 확인하는 함수이다. 만약 사용자가 입력한 제목의 길이 또는 가격이 허용 범위 밖이라면 HTML의 메시지 영역에 경고 메시지를 출력하고 거짓(false) 값을 반환한다.

❽ ❹의 `title_msg` 요소, `price_msg` 요소의 HTML 태그 내용(innerHTML)을 주어진 문자열 값으로 설정한다.

❾ 입력 창의 값을 서버로 전달하는 `onSubmitHandler()` 함수는 `checkTitleAndPrice()` 함수를 호출해 제목의 길이와 가격 입력값을 확인하고 이들 값이 허용된 범위 안이라면 입력 내용을 서버로 전달한다.

❿ 요청의 헤더로 사용할 헤더 객체를 생성한다.

⓫ 웹 브라우저의 sessionStorage에서 로그인 토큰을 가져온다.

⓬ 로그인 토큰을 요청의 헤더에 포함시킨다.

⓭ 요청의 본문으로 사용될 본문 객체를 생성한다.

⓮ type이 file인 `<input>` 요소의 경우 그 입력값이 files 리스트에 저장된다. 따라서 파일 입력 HTML 요소의 값을 가져오기 위해 `value` 속성 값이 아닌 HTML 요소의 `files` 리스트에서 값을 가져온다.

`formData.set()` 함수의 첫 번째 인자는 저장된 데이터를 식별하기 위한 키 이름이고, 두 번째 인자인 `picture.files[0]`은 type="file"인 HTML 입력 창인 `picture`(❻)에 입력된 첫 번째 파일, 즉 요청의 본문에 포함시킬 상품 사진 데이터를 가리킨다.

참고로 type이 file인 파일 입력 요소에 다음과 같이 `multiple` 속성을 포함시키면 하나 이상의 파일을 전달할 수 있다.

```
<input type="file" multiple>
```

예제에서는 파일을 전송하는 방법을 살펴보기 위해 하나의 파일만 업로드할 수 있도록 했다. 따라서 리스트의 첫 아이템인 `files[0]`을 지정함으로써 입력한 파일을 가져올 수 있다.

⓯ ❿~⓮ 단계에서 생성하고 설정한 요청의 헤더와 본문을 서버 주소의 '/api/article/create' 경로로 POST 방식으로 전달한다.

⓰ 서버는 JSON 형태로 응답을 생성하고 이를 HTTP 규약을 이용해 전달하기 위해 문자열로 변환한 후 클라이언트에게 보낸다. 따라서 응답으로 받은 문자열을 다시 JSON 객체로 복구한 후 반환한다.

⑰ 응답의 내용을 웹 브라우저 디버그 모드의 콘솔창을 통해 살펴볼 수 있다.

⑱ 상품 등록 후 웹 서비스의 메인 페이지로 이동한다.

⑲ HTML 버튼 요소와 자바스크립트 함수를 연결하는 이벤트 추가 함수이다.

⑳ onCancelHandler() 함수를 보면 DOM의 history 객체의 back() 함수를 이용하여 이전 페이지로 이동할 수 있도록 했다.

상품 등록 페이지로 이동할 수 있는 링크를 내비게이션 바에 추가해주자.

📂 예제 코드 pyBook/appmain/templates/index.html

```
<!DOCTYPE html>
<html>
<head>
    <meta charset="UTF-8">
    <link rel="stylesheet" href="/static/css/bootstrap.min.css">
    <title>pyBook</title>
</head>
<body>
    <div class="container">
        <div class="row navbar bg-light align-items-center">
            <div class="col-6">
                <a class="nav-link" href="/home"><h4>pyBook</h4></a>
            </div>
            <div class="col-6">
                <ul class="nav justify-content-end">
                    <li class="nav-item">
                      <a class="nav-link" id="signup_link" href="/signup">SignUp</a>
                    </li>
                    <li class="nav-item">
                      <a class="nav-link" id="signin_link" href="/signin">SignIn</a>
                    </li>
                    <li class="nav-item">
                      <a class="nav-link" id="signout_link" href="#">SignOut</a>
                    </li>
                    <li class="nav-item">
                      <a class="nav-link" id="myinfo_link" href="/myinfo">MyInfo</a>
                    </li>
                    <li class="nav-item"> ❶
                      <a class="nav-link" id="create_article_link" href="/create_article">상품 등록</a>
                    </li>
                </ul>
            </div>
        </div>
    </div>
    <div class="container mt-5">
        <div class="row">
```

```
            <div class="col" style="text-align: center">contents</div>
        </div>
    </div>
</body>
<script type="text/javascript" src="/static/js/navbar.js"></script>
</html>
```

❶ 상품 등록 페이지로 이동할 수 있는 링크를 내비게이션 바에 추가했다. 내비게이션 바를 순서 없는 리스트(ul, unordered list)로 구성했기 때문에 링크를 리스트 아이템(li, list item) 태그를 이용해서 추가해주었다.

그리고 상품 등록 페이지 링크를 로그인한 사용자에게만 보여주도록 내비게이션 바의 동작을 기술하는 자바스크립트 코드인 navbar.js 파일도 함께 수정해주자.

📁 예제 코드 **pyBook/appmain/static/js/navbar.js**

```
… 생략 …
const createArticleLink = document.querySelector("#create_article_link"); ❶

function showAndHideNavbarMenu() {
    let authtoken = window.sessionStorage.getItem("authtoken");

    if(authtoken){
        signup.style.display = "none";
        signin.style.display = "none";
    }
    else{
        signout.style.display = "none";
        myinfo.style.display = "none";
        createArticleLink.style.display = "none"; ❷
    }
}

window.addEventListener("load", showAndHideNavbarMenu);

function signOutHandler() {
    … 생략 …
}

signout.addEventListener("click", signOutHandler);
```

❶ 상품 등록 페이지로 이동할 수 있는 링크를 가리킨다.

❷ 페이지를 보고 있는 사용자가 로그인되어 있지 않다면 상품 등록 페이지 링크를 내비게이션 바에 표시하지 않는다.

4.1.3 백엔드 코드 작성

서버가 해야 할 작업을 다음과 같이 정리해볼 수 있다.

▶ ⓐ 상품 등록 페이지를 제공한다.

▶ ⓑ 상품 데이터를 보내온 사용자가 인증된 사용자인지 검증한다.

▶ ⓒ 상품 정보를 저장한다.

article 디렉터리에 routes.py 파일을 새로 생성한다. 이 파일의 전체 내용을 살펴보면 다음과 같다. 코드 중간에 작업의 중간 결과를 확인할 수 있도록 주석을 넣어놨다.

📁 예제 코드 pyBook/appmain/article/routes.py

```python
from flask import Blueprint, send_from_directory, make_response, jsonify, request
import sqlite3

from appmain import app

from appmain.utils import verifyJWT, getJWTContent, savePic

article = Blueprint('article', __name__)

@article.route('/create_article')
def createArticlePage():
    return send_from_directory(app.root_path, 'templates/create_article.html')

@article.route('/api/article/create', methods=['POST'])
def createArticle():

    headerData = request.headers
    data = request.form
    files =request.files

    authToken = headerData.get("authtoken")

    payload = {"success": False}

    if authToken:
        isValid = verifyJWT(authToken)

        if isValid:
            token = getJWTContent(authToken)
            username = token["username"]
```

```python
        category = data.get("category")
        title = data.get("title")
        desc = data.get("desc")
        price = data.get("price")

        if files:
            # print('createArticle.files', files)
            picFileName = savePic(files["picture"], username)

        # print('createArticle.username', username)
        # print('createArticle.category', category)
        # print('createArticle.title', title)
        # print('createArticle.desc', desc)

        conn = sqlite3.connect('pyBook.db')
        cursor = conn.cursor()

        if cursor:
            if files:
                SQL = 'INSERT INTO articles (author, title, category, description, price, picture) \
                VALUES (?, ?, ?, ?, ?, ?)'
                cursor.execute(SQL, (username, title, category, desc, price, picFileName))
            else:
                SQL = 'INSERT INTO articles (author, title, category, description, price) \
                VALUES (?, ?, ?, ?, ?)'
                cursor.execute(SQL, (username, title, category, desc, price))
            rowId = cursor.lastrowid
            conn.commit()

            # SQL = 'SELECT * FROM articles'
            # cursor.execute(SQL)
            # rows = cursor.fetchall()
            # for row in rows:
            #     print(row)

            cursor.close()
        conn.close()

        payload = {"success": True, "articleNo": rowId}
    else:
        pass
else:
    pass

return make_response(jsonify(payload), 200)
```

먼저 ⓐ 상품 등록 페이지를 제공하는 단계는 다음 부분이다.

```
…
article = Blueprint('article', __name__)

@article.route('/create_article')
def createArticlePage():
    return send_from_directory(app.root_path, 'templates/create_article.html') ❶
…
```

❶ 클라이언트가 웹 서버 주소의 /create_article 경로로 접속하면 서버는 프런트엔드 코드인 create_article.html 파일을 전달한다.

이어서, ⓑ 상품 데이터를 보내온 사용자가 인증된 사용자인지 검증하는 부분을 살펴보자.

```
…
@article.route('/api/article/create', methods=['POST'])
def createArticle():

    headerData = request.headers ❶
    data = request.form
    files = request.files

    authToken = headerData.get("authtoken") ❷

    payload = {"success": False}

    if authToken:
        isValid = verifyJWT(authToken) ❸

        if isValid:
            … 생략 → ⓒ 상품 정보를 저장 … ❹
        else:
            pass
    else:
        pass

    return make_response(jsonify(payload), 200)
```

❶ HTTP 요청의 헤더를 가져온다.

❷ 헤더에서 로그인 토큰을 얻는다.

❸ verifyJWT() 함수를 이용해서 로그인 토큰을 검증한다. verifyJWT() 함수의 내용은 3.5.2절의 pyBook/appmain/utils.py 코드 설명을 참조한다.

❹ 데이터가 인증된 사용자로부터 온 것이라면 상품 정보를 저장한다.

ⓒ 상품 정보를 저장하는 부분은 다음과 같다.

```
…
@article.route('/api/article/create', methods=['POST'])
def createArticle():

    headerData = request.headers
    data = request.form ❶
    files = request.files ❷

    … 생략 → ⓑ 상품 데이터를 보내온 사용자가 인증된 사용자인지 검증 …

        if isValid: ❸
            token = getJWTContent(authToken) ----------
            username = token["username"] -------------- ❹

            category = data.get("category") ----------
            title = data.get("title")
            desc = data.get("desc")                    ❺
            price = data.get("price") -----------------

            if files:
                # print('createArticle.files', files)
                picFileName = savePic(files["picture"], username) ❻

            # print('createArticle.username', username) ❼
            # print('createArticle.category', category)
            # print('createArticle.title', title)
            # print('createArticle.desc', desc)

            conn = sqlite3.connect('pyBook.db')
            cursor = conn.cursor()

            if cursor:
                if files:
                    SQL = 'INSERT INTO articles (author, title, category, description, price, ↵
picture) \
                    VALUES (?, ?, ?, ?, ?, ?)' ❽
                    cursor.execute(SQL, (username, title, category, desc, price, picFileName)) ❾
                else:
            ------ SQL = 'INSERT INTO articles (author, title, category, description, price) \
            ❿     VALUES (?, ?, ?, ?, ?)'
            ------ cursor.execute(SQL, (username, title, category, desc, price)) ❿
                rowId = cursor.lastrowid ⓫
```

```
        conn.commit() ⓬

        # SQL = 'SELECT * FROM articles' ⓭
        # cursor.execute(SQL)
        # rows = cursor.fetchall()
        # for row in rows:
        #     print(row)

        cursor.close()
    conn.close()

        payload = {"success": True, "articleNo": rowId} ⓮
    else:
        pass
else:
    pass

return make_response(jsonify(payload), 200) ⓯
```

❶ HTTP 요청의 본문 데이터를 가져온다.

❷ 클라이언트가 요청의 본문에 포함시켜 업로드한 파일들은 request 객체의 files 객체에 담겨 있다.

❸ 클라이언트가 보낸 로그인 토큰에 담긴 authkey와 서버의 데이터베이스에 저장되어 있는 authkey가 동일한 경우 인증된 사용자가 요청을 보낸 것으로 판단한다.

❹ getJWTContent() 함수를 이용하여 암호화된 로그인 토큰을 해석하고 로그인 토큰에서 사용자 이름(username)을 얻는다.

❺ 사용자가 보내온 요청의 본문에서 상품의 카테고리 정보(category), 상품명(title), 상품 설명(desc), 상품 가격(price)을 얻는다.

❻ 프런트엔드 코드인 create_article.html에서 본문 데이터에 picture라는 이름의 키key로 상품 이미지 파일을 다음과 같이 첨부했던 것을 기억할 것이다.

```
formData.set("picture", picture.files[0]);
```

따라서 업로드된 이미지 파일을 가져오기 위해 request 객체의 files 객체에서 picture 키에 해당하는 항목을 files["picture"]와 같이 지정하여 가져온다.

이미지 파일을 저장하도록 작성된 savePic() 함수는 첫 번째 인자로 전달받은 파일을 두 번째 인자인 username에 해당하는 디렉터리 안에 저장하도록 했다. savePic() 함수는 appmain/ utils.py 파일 안에 조금 후에 작성할 것이다.

❼ 사용자가 업로드한 데이터를 확인하기 위한 디버깅debugging용 코드다. 주석을 풀고 실행하면 업로드한 데이터를 웹 서버가 실행되는 환경의 콘솔 창에서 확인할 수 있다.

❽ 상품 이미지를 업로드했을 경우 상품 등록자(username), 상품명(title), 카테고리 정보(category), 상품 설명(desc), 상품 가격(price), 상품 이미지 파일 이름(picFileName)을 서버에 저장한다.

❾ 데이터를 저장하는 ❽의 SQL 명령을 실행한다. 이때 cursor.execute() 함수의 두 번째 인자로 SQL 명령에서 값을 의미하는 각 ?에 해당하는 데이터를 순서에 맞게 함께 전달한다.

❿ 업로드된 상품 이미지가 없는 경우 이미지 파일 이름을 제외한 나머지 데이터를 데이터베이스의 상품 게시물 테이블에 저장한다.

⓫ 바로 직전에 저장된 상품 게시물의 데이터베이스 테이블 안에서의 일련번호를 얻는다. 이 일련번호를 이용해서 다음 절에서 상품 게시물에 접근할 수 있는 링크를 만들어줄 것이다.

⓬ 데이터 입력, 수정 등 테이블 내용을 변경하면 그 내용을 데이터베이스에 반영commit해 주어야 한다. 이를 위해 데이터베이스 연결 객체인 conn 객체의 commit() 함수를 호출한다.

⓭ 위 ❽~⓬에서 수행한 저장 과정이 정상적으로 이루어졌는지 상품 게시물 테이블인 articles 테이블의 내용을 SELECT 명령을 이용해서 점검해볼 수 있다. 동작 확인을 위한 코드이므로 주석으로 처리해두었다.

⓮ 상품 등록 과정에 대한 응답 내용이다. 과정이 정상적으로 이루어졌는지(success) 그리고 등록된 상품 게시물의 테이블 안에서의 일련번호(articleNo)를 전달한다.

⓯ ⓮의 응답을 HTTP 규약을 이용해서 전달하기 위해 문자열로 변환한 후 HTTP 응답 코드인 200과 함께 클라이언트에게 전송한다.

routes.py 파일에서 사용된 savePic() 함수는 이미지 파일 저장이 필요한 다양한 위치에서 사용할 수 있도록 웹 서버의 여러 기능에서 함께 사용하는 함수를 보관하는 appmain 디렉터리의 utils.py 파일 안에 다음과 같이 기술했다.

```
import jwt
import sqlite3
import secrets
from PIL import Image ❶
import os

from appmain import app


def verifyJWT(token):
    … 생략 …


def getJWTContent(token):
    … 생략 …


def savePic(pic, username):
    randHex = secrets.token_hex(8) ❷
    _, fExt = os.path.splitext(pic.filename) ❸
    picFileName = randHex + fExt ❹
    picDir = os.path.join(app.static_folder, 'pics', username) ❺
    picPath = os.path.join(picDir, picFileName) ❻
    os.makedirs(picDir, exist_ok=True) ❼

    with Image.open(pic) as image: ❽
        image.save(picPath) ❾

    return picFileName ❿
```

❶ 이미지 파일을 읽고 저장하기 위해 파이썬 이미지 라이브러리인 PIL 패키지의 Image 객체를 사용했다.

❷ 파일 이름을 대신할 임의의 문자열을 생성한다. 업로드한 파일의 이름이 같을 수 있기 때문이다.

❸ 파일 이름을 이름과 확장자(ext)로 분리한다. 이때 파일 이름은 필요가 없으므로 변수에 저장하지 않았다.

❹ 파일 이름을 대신할 임의의 문자열과 ❸에서 얻는 파일 확장자를 결합해 새로운 파일 이름을 생성한다.

❺ 서버 프로그램이 프로그램 코드 이외의 정적 파일을 보관하는 `appmain/static` 위치 아래에 `pics` 디렉터리를 만들고, 다시 그 아래에 사용자 이름(username) 디렉터리를 만든다. 예를 들면 `appmain/static/pics/username`과 같이 구성될 것이다.

❻ ❺에서 생성한 디렉터리와 ❹에서 생성한 파일 이름을 결합하여 최종적으로 파일이 저장될 경로를 구성한다.

❼ 만약 파일이 저장될 위치에 디렉터리가 존재하지 않는다면 디렉터리를 생성하고, 이미 디렉터리가 있다면 아무 작업도 하지 않는다(exist_ok=True).

❽ Image 객체의 open() 함수를 이용해 이미지 파일을 읽는다.

❾ Image 객체의 save() 함수를 이용해서 파일을 저장한다.

❿ 파일 이름이 임의의 문자열로 대체되어 있다. 따라서 나중에 이 파일을 찾을 수 있도록 새로운 파일 이름(확장자 포함)을 반환한다.

서버는 savePic() 함수를 실행함으로써 사용자가 보내온 사진을 약속된 위치(appmain/static/pics/사용자이름)에 저장하고 저장된 파일 이름을 얻을 수 있게 된다.

```
picFileName = savePic(files["picture"], username)
```

상품 게시물 관리 기능을 모아서 관리하는 article 패키지와 blueprint 객체가 추가되었으므로 플라스크 app 객체에 등록해준다. 웹 서버 객체를 생성하고 설정하는 최상위 패키지인 appmain의 초기화 파일인 __init__.py 파일 안에 다음과 같이 반영한다.

📁 예제 코드 **pyBook/appmain/__init__.py**

```
from flask import Flask

_ 생략 _

from appmain.article.routes import article
app.register_blueprint(article)
```

상품 등록 기능을 위해 수정했거나 추가한 코드를 정리해보면 다음과 같다.

```
pyBook
  └ appmain
     ├ article
     │   └ __init__.py
     │   └ routes.py
     ├ static
     │   └ js
     │       └ navbar.js
     ├ templates
     │   ├ index.html
     │   └ create_article.html
     └ user
     __init__.py
     routes.py
     utils.py
  run.py
```

4.1.4 ▶ 예제 실행

사용자로부터 받은 사진 파일을 저장하기 위해 파이썬 PIL 패키지를 이용했다. 파이참 파이썬 패키지 관리자([File] ➡ [Settings] ➡ [Project] ➡ [Python Interpreter])를 이용해서 Pillow라는 이름으로 패키지를 검색하고 설치한다(책에서는 9.1.0 버전을 사용했다).

pyBook 프로젝트의 run.py 스크립트를 실행하고 웹 브라우저의 주소 창에 127.0.0.1:8000을 입력해서 실행 중인 웹 서비스에 접속한 후 로그인하면 다음과 같이 내비게이션 바 오른쪽에 상품 등록 페이지로 이동할 수 있는 링크가 보일 것이다.

그림 4.5 **상품 등록 링크**

링크를 클릭해서 상품 등록 페이지로 이동해보자. 임의로 분류와 제목, 사진, 설명, 가격을 지정해 상품을 등록해보자.

그림 4.6 **상품 등록 페이지**

상품 등록은 가능하지만 아직 등록된 상품 내용을 표시하는 기능을 구현하지 않았다. 상품을 조회하고 수정할 수 있는 기능을 이어서 만들어보자.

4.2 메인 페이지 — 최근 상품 표시

목표 > 자바스크립트를 이용해 HTML 요소를 생성하고 표시하는 방법을 살펴본다.
> 웹 서비스의 메인 페이지를 작성한다.

소스 > https://github.com/sgkim-pub/pyBook/tree/04-02

서비스의 첫 페이지를 보면 내용이 들어갈 자리에 아직 'contents'라고만 표시되어 있다.

그림 4.7 **서비스 첫 페이지**

이번 절에서는 서비스의 첫 페이지에 다음 요소를 추가해보자.

▶ 상품 검색 창

▶ 최근에 등록된 상품

4.2.1 프런트엔드 코드 작성

서비스 첫 페이지의 가운데 부분에 검색 창과 최근에 등록된 상품이 표시되도록 할 것이다. 첫 페이지 구성을 미리 살펴보면 다음과 같다.

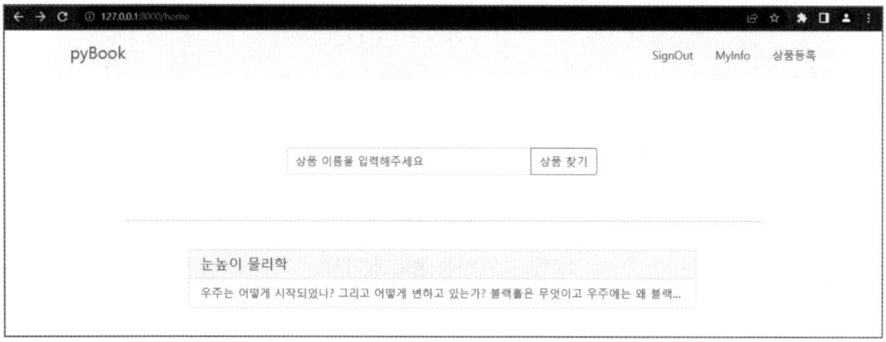

그림 4.8 **상품 검색 창 및 최근 등록 상품 표시(서비스 첫 페이지)**

상품 관련 정보를 조회하고 그 내용을 표시하는 것이기 때문에 데이터베이스의 상품 정보 게시물 테이블(articles)을 그대로 사용할 것이다. 따라서 새로 데이터 모델을 정의하고 모델에 해당하는 테이블을 생성할 필요는 없다. 첫 페이지를 구성하는 프런트엔드 코드부터 작성해보자.

예제 코드 **pyBook/appmain/templates/index.html**

```
<!DOCTYPE html>
<html>
<head>
    … 생략 …
</head>
<body>
    <div class="container">
        <div class="row navbar bg-light align-items-center">
            … 생략 - 내비게이션 바 …
        </div>
    </div>
    <div class="container mt-5">
        <div class="row justify-content-center"> ❶
            <div class="col-5 mt-5">
                <div class="input-group"> ❷
                    <input type="text" class="form-control" id="search_input" \
                           placeholder="상품 이름을 입력해주세요" aria-describedby="search_button">
                    <button class="btn btn-outline-secondary" id="search_button" type="button"> ↲
상품 찾기</button>
```

```
                </div>
            </div>
        </div>
        <div class="row justify-content-center mt-5">
            <div class="col-10"><hr></div> ❸
        </div>
        <div class="row justify-content-center mt-3">
            <div class="col-8" id="recent_articles_div"></div> ❹
        </div>
    </div>
</body>
<script type="text/javascript" src="/static/js/navbar.js"></script>
<script>
    const recentArticlesDiv = document.querySelector('#recent_articles_div'); ❺

    function displayRecentArticles(articles) { ❻
        articles.forEach((article) => { ❼
            let articleNo = article["articleNo"]; ┄┄┄┄┄┐
            let title = article["title"];               ❽
            let desc = article["desc"]; ┄┄┄┄┄┄┄┄┄┄┘

            let cardDiv = document.createElement('div'); ❾
            cardDiv.className = 'card mt-2'; ❿

            let articleElement = ` ⓫
                <h5 class="card-header">
                    <a class="link-primary text-decoration-none" href="/display_article/${articleNo}">
                        ${title}
                    </a>
                </h5>
                <p class="card-text text-truncate px-3 py-2">
                    <a class="link-secondary text-decoration-none" ↵
href="/display_article/${articleNo}">
                        ${desc}
                    </a>
                </p>
            `;

            cardDiv.innerHTML = articleElement; ⓬
            recentArticlesDiv.appendChild(cardDiv); ⓭
        });
    }

    window.addEventListener('load', getRecentArticles); ⓮

    function getRecentArticles() { ⓯
        fetch('/api/article/recent', { ⓰
            method: 'GET'
```

```
        }).then((response) => {
            return response.json();  ⑰
        }).then((resBody) => {
            displayRecentArticles(resBody["articles"]);  ⑱
        }).catch((error) => {
            console.log('[Error]getRecentArticles():', error);
        });
    }
</script>
</html>
```

❶ 웹 서비스 첫 페이지의 본문(body)은 상품 검색 창 영역과 최근 게시물 영역 두 부분으로 구성되어 있다. 먼저 상품 검색 창에 해당하는 HTML 코드 영역이다.

❷ 상품 검색 창은 상품 관련 키워드를 입력할 수 있는 입력 창인 <input> 요소와 검색 버튼인 <button> 요소로 구성되어 있다. 이 두 요소를 부트스트랩의 input-group 클래스로 묶어서 검색 창과 버튼이 가로로 나란히 위치하도록 했다.

❸ 상품 검색 창 아래에 상품 검색 창과 최근 게시물 영역을 시각적으로 구분하기 위해 가로 구분선인 <hr> 요소를 사용했다.

❹ 최근 게시물 영역은 id 속성의 값이 recent_articles_div인 빈 <div> 영역으로 되어 있다. 자바스크립트를 이용해서 이 영역 안에 최근에 등록된 상품 게시물을 채울 것이다.

자바스크립트 부분을 이어서 살펴보자.

❺ 서버에 최근 게시물을 요청하고 그 결과를 최근 게시물 영역(id="recent_articles_div")에 보여준다.

❻ displayRecentArticles() 함수는 서버로부터 받은 최근 게시물 내용을 HTML 요소를 만들어주는 함수이다. 자바스크립트는 이미 배치되어 있는 HTML 요소들로부터 값을 읽거나 클릭 등의 조작에 반응할 수도 있지만 필요한 HTML 요소를 동적으로 생성할 수도 있다. HTML 요소를 생성하는 과정을 중심으로 살펴보자.

❼ 서버는 최근 게시물을 다음과 같이 각각의 상품 게시물에 해당하는 객체의 배열 형태로 클라이언트에게 전달한다.

```
[{"articleNo": 게시물 번호, "title": 상품 제목, "desc": 상품 설명}, …]
```

displayRecentArticles() 함수의 입력으로 전달되는 articles 인자는 위와 같은 게시물의 배열 형태로 되어 있다. articles.forEach() 함수는 articles 배열의 원소인 상품 게시물을 하나씩 순회하면서 현재 원소를 article이라는 이름의 변수로 인자로 전달받은 내부 함수에 전달한다.

❽ articles 배열의 각 원소 article은 다시 다음과 같이 구성되어 있으므로 게시물 번호, 상품 제목, 상품 설명을 각각 article["articleNo"], article["title"], article["desc"]와 같이 지정하여 가져올 수 있다.

```
{"articleNo": 게시물 번호, "title": 상품 제목, "desc": 상품 설명}
```

❾ 자바스크립트 document 객체의 createElement() 함수를 사용하면 HTML 요소를 생성할 수 있다. createElement() 함수를 이용해서 게시물이 들어갈 <div> 영역을 생성했다. createElement() 함수에 전달되는 인자는 생성할 HTML 요소의 종류이다.

❿ 생성된 HTML 요소의 className 속성에 값을 지정하면 HTML 요소의 class 속성 값을 설정할 수 있다. 위의 예에서는 부트스트랩의 card 디자인을 적용했고 앞 게시물과 간격을 주기 위해 mt-2(margin top - 2) 값도 함께 설정했다.

⓫ 게시물의 내용을 자바스크립트의 템플릿 리터럴 방식을 이용해서 생성했다. 템플릿 리터럴은 따옴표 대신 백틱(`)으로 문자열을 감싼다. 백틱으로 감싸진 문자열 안에서는 자바스크립트 변수를 가져와 사용할 수 있다는 점이 일반적인 문자열 표현과 다르다.

앞의 코드를 보면 필요한 HTML 요소를 백틱으로 감싼 뒤 게시물마다 각각 다르게 채워져야 할 부분들인 게시물 번호, 상품 제목, 내용을 각각 ${articleNo}, ${title}, ${desc}로 지정하여 HTML 요소를 표현하는 문자열을 완성하고 있다.

⓬ 내용이 구성되면 각 게시물의 외형에 해당하는 HTML 요소인 cardDiv를 구성된 내용으로 채워준다.

⓭ ⓬에서 완성된 하나의 게시물을 상위 영역인 최근 게시물 영역 recentArticlesDiv에 하위 요소로 포함시킨다. 이때 목표가 되는 상위 요소의 appendChild() 함수를 사용하면 목표 요소의 하위 요소(자식 요소)로 appendChild() 함수에 전달한 인자를 포함시킬 수 있다.

❽~⓭ 과정 즉, '게시물 정보 ➡ 게시물 HTML 생성 ➡ 최근 게시물 영역에 포함' 과정을 서버로부터 받은 게시물의 수만큼 반복하면 최근 게시물 영역이 완성된다. 예를 들어 서버로부터 받은 최근 게시물이 3개라면 다음과 같은 구조가 만들어질 것이다.

```
<div class="col-8" id="recent_articles_div">
    <div class="card mt-2">최근 게시물 1</div>
    <div class="card mt-2">최근 게시물 2</div>
    <div class="card mt-2">최근 게시물 3</div>
</div>
```

⑭ 서버에 최근 게시물을 요청하고 이들을 첫 페이지에 표시하는 getRecentArticles() 함수를 페이지의 HTML 요소의 렌더링이 완료되는 시점(load 이벤트 발생 시점)에 실행해준다. 이를 위해 이벤트 등록 함수를 이용해 getRecentArticles() 함수를 등록해주었다.

⑮ getRecentArticles() 함수는 서버에 최근 게시물을 요청한다.

⑯ 서버의 /api/articles/recent 엔드포인트로 HTTP GET 방식의 요청을 보내면 서버는 최근 게시물을 검색하고 그 결과를 응답해준다.

⑰ HTTP 규약에 따라 응답은 문자열 형식으로 도착한다. 이를 JSON 형태로 출력한다.

⑱ JSON 형태로 복원된 응답 중 최근 게시물들인 resBody["articles"]를 displayRecentArticles() 함수에 전달하여 페이지에 표시하도록 했다.

4.2.2 ▶ 백엔드 코드 작성

이제 클라이언트의 요청을 받아서 최근 게시물을 검색하고 그 결과를 정리하여 전달하는 백엔드 코드를 만들어보자. 페이지는 서비스의 첫 페이지를 이용할 것이므로 요청을 받고 데이터를 전달하는 API 엔드포인트 처리 함수만 만들면 된다. 상품 게시물 관련 기능이므로 그 내용을 웹 서버의 article 패키지의 routes.py 파일 안에 getRecentArticles() 함수로 구현했다.

📁 예제 코드 **pyBook/appmain/article/routes.py**

```
from flask import Blueprint, send_from_directory, make_response, jsonify, request, url_for
import sqlite3

from appmain import app

from appmain.utils import verifyJWT, getJWTContent, savePic

article = Blueprint('article', __name__)

@article.route('/create_article')
def createArticlePage():
    … 생략 …
```

```python
@article.route('/api/article/create', methods=['POST'])
def createArticle():
    … 생략 …

@article.route('/api/article/recent', methods=['GET'])
def getRecentArticles(): ❶

    payload = {"success": False}

    conn = sqlite3.connect('pyBook.db')
    cursor = conn.cursor()

    if cursor:
        SQL = 'SELECT articleNo, author, title, category, description, price, picture \
        FROM articles ORDER BY articleNo DESC LIMIT 6' ❷
        cursor.execute(SQL)
        result = cursor.fetchall()

        cursor.close()
    conn.close()

    recentArticleDics = [] ❸

    if len(result) > 0:
        for article in result:
            recentArticleDics.append({"articleNo": article[0], "title": article[2], ↵
"desc": article[4]}) ❹

        payload = {"success": True, "articles": recentArticleDics} ❺

    return make_response(jsonify(payload), 200) ❻
```

❶ 최근 상품을 조회하고 응답하는 getRecentArticles() 함수는 데이터베이스에서 게시물을 조회하는 부분과 조회 결과를 정리하고 응답하는 두 부분으로 구성되어 있다.

❷ SELECT ~ FROM 명령은 데이터베이스에서 값을 읽을 때 사용하는 SQL 명령이다. 상품 게시 정보를 저장할 때 데이터베이스는 각 게시물에 articleNo라는 일련번호를 부여하도록 했다(4.1.1절의 표 4.2 '상품 정보 테이블의 구성 요소' 참조). 이 일련번호가 큰 순서대로(ORDER BY articleNo DESC) 정렬하면 최근 데이터가 먼저 출력된다(DESC는 내림차순 정렬(descending order)을 의미하는 옵션이다). 이 중 6개의 데이터를 가져오도록(LIMIT 6) 했다.

❸ 데이터베이스에서 가져온 데이터는 여러 개의 게시물이 될 것이다. 이들을 넣어서 전달할 빈 배열을 생성했다.

❹ ❷에서 얻은 게시물 데이터를 프런트엔드 코드와 약속된 형태로 구성한다. 게시물 정보를 '키-값' 형태로 저장하는 JSON 형태로 가공했다.

```
{"articleNo": 게시물 일련번호, "title": 게시물 제목, "desc": 상품 설명}
```

게시물이 여러 개이므로 이들을 배열에 넣어서 전달한다.

```
recentArticleDics.append( 각 게시물 정보 JSON 객체 )
```

배열 객체의 append() 함수는 전달받은 인자를 배열의 가장 마지막에 추가해준다.

> **노트** 참고 삼아 밝혀두자면 백엔드 프로그램의 언어로 사용하고 있는 파이썬의 딕셔너리(Dictionary) 데이터 타입도 '키-값'의 형태로 구성되어 있어 그 형태가 JSON과 유사하기 때문에 게시물 정보를 저장하는 배열의 이름을 recentArticleDics로 했다.

❺ 클라이언트에게 전달할 응답이다. success 키에는 처리의 성공 여부를 설정했고, articles 키에는 ❹에서 만든 게시물의 배열을 포함시켰다.

❻ 구성된 게시물 정보를 HTTP 규약에 맞게 문자열로 변환하고 전달한다.

상품 검색 기능과 최근 상품 보여주기 기능을 위해 수정된 코드를 정리해보면 다음과 같다.

```
pyBook
 └ appmain
    ├ article
    │  ├ __init__.py
    │  └ routes.py
    ├ static
    ├ templates
    │  └ index.html
    └ user
    __init__.py
    routes.py
    utils.py
 run.py
```

프로젝트의 run.py 스크립트를 실행하고 웹 브라우저를 통해 실행 중인 웹 서비스에 접속해보자. 4.1절 '상품 올리기' 기능을 테스트하기 위해 등록한 상품이 있다면 해당 상품의 요약 정보가 다음과 같이 메인 페이지에 표시될 것이다.

그림 4.9 서비스 첫 페이지 - 최근 등록 상품

상품을 하나 더 등록하고 웹 서비스의 첫 페이지로 이동하면(내비게이션 바의 pyBook 아이콘을 클릭) 바로 전에 등록한 상품 게시물이 페이지의 최근 게시물 영역에 표시되는 것을 볼 수 있을 것이다.

그림 4.10 서비스 첫 페이지 - 추가된 상품 게시물

이번 절에서 웹 서비스의 첫 페이지를 구성해보았다. 하지만 아직 [상품 찾기] 버튼을 클릭해도 상품 검색 기능이 작동하지 않고 최근 상품 게시물의 제목을 클릭해도 해당 상품의 설명을 볼 수 있는 상품 페이지로 이동하지 않는다. 앞으로 진행할 상품 보기 및 관리 관련 기능을 살펴보면서 웹 프로그래밍에 더 익숙해지는 기회를 가져보자.

4.3 상품 페이지

> **목표** > 자바스크립트를 이용해 HTML 요소를 생성하고 페이지에 표시하는 방법을 복습한다.
> > URL에 포함된 정보를 이용하는 방법을 살펴본다.

소스 > https://github.com/sgkim-pub/pyBook/tree/04-03

상품 상세 정보를 보여주는 상품 게시 페이지를 만들어보자. 사용자가 보는 페이지에 해당하는 프런트엔드 코드 그리고 페이지에 표시될 데이터를 검색하고 응답하는 백엔드 코드의 상호작용과 이를 구현하기 위한 코딩 패턴은 이전 예제와 차이가 없다. 상품 등록 시 업로드했던 사진을 화면에 표시하는 등의 차이점을 중심으로 살펴보도록 하겠다.

4.3.1 프런트엔드 코드 작성

새로운 기능을 구현할 때 그동안 따라왔던 MVC 순서에 따라 상품 상세 페이지에 해당하는 뷰부터 구현해보자. 상품 데이터 모델과 데이터베이스 테이블은 '상품 올리기' 기능을 만들 때 생성했다. 이번 예제에서는 테이블에 저장된 상품 정보를 이용하면 된다. templates 디렉터리 아래에 상품 상세 페이지에 해당하는 display_article.html 파일을 생성하고 다음과 같이 구성하자.

📁 예제 코드 **pyBook/appmain/templates/display_article.html**

```html
<!DOCTYPE html>
<html>
<head>
    <meta charset="UTF-8">
    <link rel="stylesheet" href="/static/css/bootstrap.min.css">
    <title>Display Article</title>
</head>
<body>
    <div class="container"> ①
        <div class="row navbar bg-light align-items-center"> ②
            <div class="col-6">
                <a class="nav-link" href="/home"><h4>pyBook</h4></a>
            </div>
            <div class="col-6">
                <ul class="nav justify-content-end">
                  <li class="nav-item">
                    <a class="nav-link" id="signup_link" href="/signup">SignUp</a>
                  </li>
```

```html
                    <li class="nav-item">
                      <a class="nav-link" id="signin_link" href="/signin">SignIn</a>
                    </li>
                    <li class="nav-item">
                      <a class="nav-link" id="signout_link" href="#">SignOut</a>
                    </li>
                    <li class="nav-item">
                      <a class="nav-link" id="myinfo_link" href="/myinfo">MyInfo</a>
                    </li>
                    <li class="nav-item">
                      <a class="nav-link" id="create_article_link" href="/create_article">상품 등록</a>
                    </li>
                  </ul>
            </div>
        </div>
    </div>
    <div class="container mt-5"> ❸
        <div class="row justify-content-center" id="article_title_div">
        </div>
        <div class="row justify-content-center">
            <div class="col-9">
                <hr> ❹
            </div>
        </div>
    </div>
    <div class="container mt-3"> ❺
        <div class="row justify-content-center" id="article_desc_div">
        </div>
    </div>
    <div class="container mt-5"> ❻
        <div class="row justify-content-center" id="article_image_div">
            <div class="col-3" style="text-align: center">
                <figure class="figure" id="article_image_fig">
                </figure>
            </div>
        </div>
    </div>
</body>
<script type="text/javascript" src="/static/js/navbar.js"></script>
<script>
    function getArticleNo() {
        const location = window.location.href; ❼
        const url = new URL(location); ❽
        const articleNo = url.pathname.split('/')[2]; ❾

        return articleNo;
    }
```

```
function displayArticle(categoryData, titleData, authorData, descData, priceData, imageURL) { ❿
    const titleSection = document.querySelector('#article_title_div'); --------
    const descSection = document.querySelector('#article_desc_div');          ⓫
    const imageFigure = document.querySelector('#article_image_fig'); --------

    let titleDiv = document.createElement('div'); --------
    titleDiv.className = 'col-7';                         ⓬
    titleDiv.id = 'article_title'; --------------------------
    title = `[${categoryData}] ${titleData} - 가격 ${priceData}원`; ⓭
    titleDiv.appendChild(document.createTextNode(title)); ⓮
    titleSection.appendChild(titleDiv); ⓯

    let authorDiv = document.createElement('div'); ⓰
    authorDiv.className = 'col-2';
    authorDiv.style = 'text-align: center';
    authorDiv.id = 'article_author';
    authorDiv.appendChild(document.createTextNode(authorData));
    titleSection.appendChild(authorDiv);

    let descDiv = document.createElement('div'); ⓰
    descDiv.className = 'col-9';
    descDiv.id = 'article_desc';
    descDiv.appendChild(document.createTextNode(descData));
    descSection.appendChild(descDiv);

    if(imageURL){
        let image = document.createElement('img'); ⓰
        image.src = imageURL;
        image.className = 'figure-img img-fluid rounded';
        imageFigure.appendChild(image);
    }
}

function getArticle() { ⓱
    articleNo = getArticleNo();

    let formData = new FormData();
    formData.append("articleNo", articleNo);

    fetch('/api/article/display', {
        method: 'POST',
        body: formData
    }).then((response) => {
        return response.json();
    }).then((resBody) => {
        //console.log('getArticle().resBody:', resBody);
        let article = resBody["article"]; ⓲
        displayArticle(article["category"], article["title"], article["author"],
```

```
            article["description"], article["price"], article["picture"]); ⑲
        }).catch((error) => {
            console.log('[Error]getArticle():', error);
        });
    }

    window.addEventListener('load', getArticle); ⑳

</script>
</html>
```

❶ 영역에 부트스트랩 디자인을 적용해주기 위해 영역의 클래스 이름을 부트스트랩에서 예약한 container로 지정해주었다.

❷ 내비게이션 바를 구성하는 요소이다. 이전 예제와 차이가 없다.

내비게이션 바를 제외한 상품 정보 게시 페이지 영역은 ❸ 제목 (id="article_title_div"), ❺ 본문(id="article_desc_div"), ❻ 사진(id="article_image_div") 세 부분으로 구성되어 있다. HTML에서 각각의 영역은 내용이 비어 있다. 해당 요소가 화면에 배치되는 대로 자바스크립트 코드가 실행되면서 내용을 채우게 된다.

❸ 상품의 제목을 표시하는 영역이다.

❹ 상품 제목과 상품 설명 영역을 시각적으로 구분해주기 위해 가로 행 요소 <hr>을 삽입했다.

❺ 상품 설명 본문 영역이다.

❻ 상품의 사진이 표시되는 영역이다. 사용된 <figure> 태그는 그림을 표시하기 위한 HTML 요소로서 하위 요소로 이미지 요소(<img>) 등을 갖는다.

> **노트** <figure> 태그를 사용하면 그림 제목 표시가 필요할 때 <figcaption> 태그를 사용해 그림의 제목을 그림과 함께 표시할 수 있다.

상품 게시물 페이지의 자바스크립트 부분은 getArticleNo(), displayArticle(), getArticle() 세 개의 함수로 구성되어 있다. 먼저 각 함수의 역할을 살펴보자.

▶ getArticleNo(): URL에서 상품 게시물 번호를 추출한다.

▶ displayArticle(): 서버로부터 게시물 정보를 받으면 화면에 표시한다.

▶ getArticle(): 게시물 번호에 해당하는 상품 정보를 요청한다.

잠시 templates/index.html 페이지 코드로 돌아가 최근 상품 게시물의 제목 링크(href)에 해당하는 코드를 보면 다음과 같이 게시물 번호 `articleNo`가 포함되어 있다.

```
<a class="link-primary text-decoration-none" href="/display_article/${articleNo}">
    ${title}
</a>
```

`getArticleNo()` 함수는 링크 주소에 포함되어 있는 게시물 번호를 추출한다. 내용을 좀 더 자세히 살펴보자.

❼ `window.location` 객체의 `href` 변수에는 현재 페이지, 즉 게시물 페이지의 주소가 들어 있다. 페이지의 주소는 다음과 같이 두 부분으로 구성되어 있다.

표 4.3 **상품 게시 페이지 주소 URL의 구성**

구분	도메인(영역)	경로
예시	www.pybook.xyz	/display_article/2

이들 도메인과 경로가 합쳐져 페이지의 전체 주소(예: www.pybook.xyz/display_article/2)를 이룬다.

❽ ❼의 전체 주소 문자열을 초깃값으로 하여 URL 객체를 생성하면(`new URL(location)`) 생성된 객체의 `pathname` 속성에 경로 값만 저장된다.

❾ ❽에서 생성한 URL 객체의 `pathname` 값은 경로의 각 단계를 '/' 기호로 구분한다. 따라서 '/' 기호를 인자로 `split()` 함수를 호출하면(`url.pathname.split('/')`) 인자로 전달한 '/' 기호로 구분된 원소의 배열을 다음과 같이 얻을 수 있다.

표 4.4 **상품 게시 페이지 주소 URL의 경로 정보 구성**

0	1	2
Null	display_article	2

따라서 배열의 값 중 index=2에 해당하는 값 `url.pathname.split('/')[2]`는 게시물 일련번호가 된다.

❿ `displayArticle()` 함수는 서버로부터 받은 게시물 데이터를 HTML 요소로 구성한다.

⓫ 각각 제목, 상품 설명, 상품 사진 영역에 해당하는 HTML 요소를 `querySelector()` 함수를 이용해서 가져온다.

⑫ 제목을 감싸게 될 <div> 영역을 `createElement()` 함수를 이용해서 생성한다. 이 세 줄의 코드는 다음과 같은 HTML 요소를 생성한다.

```
<div class="col-7" id="article_title"></div>
```

⑬ 제목의 내용에 해당하는 문자열을 '[상품 카테고리] 제목 – 가격' 형태로 자바스크립트 템플릿 리터럴(4.2절의 index.html 설명 참조)을 이용해서 만든다.

⑭ ⑬ 과정에서 생성한 문자열을 `titleDiv` 영역 객체의 `appendChild()` 함수를 사용하여 `titleDiv` 영역 안에 포함시킨다. 이때 문자열 그대로는 HTML 요소가 아니기 때문에 `createTextNode()` 함수를 이용해서 text 요소로 만든 후 `titleDiv` 영역 안에 포함시켰다. 다음과 같은 HTML 요소가 만들어질 것이다.

```
<div class="col-7" id="article_title">[상품 카테고리] 제목 – 가격</div>
```

⑮ 페이지에서 제목을 나타내는 <div> 요소인 `titleSection` 객체의 `appendChild()` 함수를 이용하여 이 영역 안에 제목의 내용을 포함시킨다. 최종적으로 다음과 같이 줄(row)과 열(col) 클래스로 구성된 HTML <div> 요소가 화면에 표시될 것이다.

```
<div class="row justify-content-center" id="article_title_div">
    <div class="col-7" id="article_title">[상품 카테고리] 제목 – 가격</div>
</div>
```

⑯ 상품을 등록한 사람(`authorDiv`), 본문(`descDiv`), 상품 이미지(`image`) 영역의 코딩 패턴도 'HTML 요소 생성 ➡ 정보 게시 ➡ 페이지의 준비된 영역 안에 위치' 순서로 동일하게 구성된다.

⑰ `getArticle()` 함수는 게시물 일련번호를 서버로 전달하고 해당 게시물 정보를 요청하는 함수이다. 요청의 본문(`formData`) 안에 게시물 번호(`articleNo`)를 포함시킨 후 `fetch()` 함수를 이용하여 서버에 전송한다.

⑱ 요청에 대한 응답으로 서버는 클라이언트에게 상품 게시물 정보를 다음과 같은 형태로 전달한다.

```
{"success": 요청 성공 여부, "article": 상품 게시물 정보}
```

따라서 `resBody["article"]`에는 상품 게시물 정보가 담겨 있다.

⑲ ⑱의 상품 게시물 정보를 `displayArticle()` 함수에 전달하고 화면에 그 내용을 표시한다.

❷⓿ 페이지의 HTML 요소가 화면에 렌더링(코드가 화면의 요소들로 표시되는 것)이 완료되면 웹 브라우저의 창에 해당하는 `window` 객체에 `load` 이벤트가 발생한다. 렌더링이 완료되면 게시물 정보를 서버에 요청하고 화면에 표시하는 `getArticle()` 함수가 실행되도록 이벤트 등록 함수를 이용하여 설정했다.

4.3.2 백엔드 코드 작성

상품 게시물 조회 요청을 받았을 때 웹 서버가 해야 할 작업을 정리해보면 다음과 같다.

▶ ⓐ 상품 페이지를 전달한다.

▶ ⓑ 상품 정보를 요청하면 전달한다.

이 두 가지 기능을 함수 형태로 만들어서 상품 게시물 관련 기능을 모아놓은 article 디렉터리의 routes.py 파일에서 기존 내용에 이어서 추가하자. 먼저 상품 페이지를 전달하는 `displayArticlePage()` 함수이다.

📁 예제 코드 **pyBook/appmain/article/routes.py**

```
...
@article.route('/display_article/<int:articleNo>', methods=['GET']) ❶
def displayArticlePage(articleNo):
    return send_from_directory(app.root_path, 'templates/display_article.html')
```

❶ `displayArticlePage()` 함수는 경로 '/display_article/상품 번호'로 접속한 사용자에게 상품 게시물 페이지인 display_article.html 코드를 전달한다. 이때 요청 경로에 상품 번호에 해당하는 변수가 포함되어 있다. route 데커레이터 함수의 첫 번째 인자를 보면 상품 번호 변수가 <변수 타입: 변수 이름> 형태로 `<int:articleNo>`와 같이 기술되어 있다(함수 안에서 이 변수의 값을 사용하고 있지는 않다).

상품 게시물의 일련번호를 받고 상품 게시물 정보를 찾아서 응답하는 부분은 `translateCategory()` 함수와 `displayArticle()` 두 함수로 구성되어 있다.

```
…
def translateCategory(catId): ❶
    category = '미분류'

    if catId == 0:
        category = '인문'
    elif catId == 1:
        category = '사회과학'
    elif catId == 2:
        category = '자연과학'
    elif catId == 3:
        category = '의학'
    elif catId == 4:
        category = '경제/경영'
    elif catId == 5:
        category = '공학'
    elif catId == 6:
        category = '음악'
    elif catId == 7:
        category = '미술'
    elif catId == 8:
        category = '기타'
    else:
        category = '미분류'

    return category

@article.route('/api/article/display', methods=['GET', 'POST'])
def displayArticle(): ❷

    data = request.form
    articleNo = data.get("articleNo") ❸

    payload = {"success": False}

    conn = sqlite3.connect('pyBook.db')
    cursor = conn.cursor()

    if cursor:
        SQL = 'SELECT author, title, category, description, price, ↵
picture FROM articles WHERE articleNo=?'                              ❹
        cursor.execute(SQL, (articleNo,))
        result = cursor.fetchone() ❺

        cursor.close()
    conn.close()
```

```
if result:
    if result[5]: ⑥
        picFilePath = 'pics/' + result[0] + '/' + result[5] ⑦
        picURL = url_for('static', filename=picFilePath, _external=True) ⑧
    else:
        picURL = None

    article = {"author": result[0], "title": result[1], "category": translateCategory(result[2]),
               "description": result[3], "price": result[4], "picture": picURL} ⑨
    payload = {"success": True, "article": article} ⑩
else:
    payload = {"success": True, "article": None}

return make_response(jsonify(payload), 200)
```

❶ translateCategory() 함수는 숫자 코드로 된 상품 카테고리를 문자열로 변환하여 반환하는 함수이다. if-elif-else 조건문을 사용하여 함수의 입력으로 전달된 상품 카테고리 코드(catId)를 카테고리에 해당하는 문자열로 변환해준다.

❷ 백엔드의 displayArticle() 함수는 데이터베이스에서 상품 게시물 번호에 해당하는 상품 게시물 정보를 읽어온 후 이를 다음과 같은 형태로 가공하여 클라이언트에게 전달한다.

```
{"author": 게시자, "title": 제목, "category": 상품 카테고리, "description": 상품 설명, ↵
"price": 가격, "picture": 상품 이미지 경로}
```

❸ 요청의 본문에 포함되어 있는 상품 게시물 일련번호를 얻는다.

❹ 데이터베이스에서 ❸의 일련번호에 해당하는 상품 게시물 정보를 검색하고 읽는다.

❺ ❹에서 읽어온 결과를 result 변수에 저장했다. 하나의 상품 일련번호는 하나의 상품 정보와 1:1로 매칭되므로 fetchone() 함수를 사용하여 먼저 검색된 상품 게시물 정보를 반환하도록 했다.

❻ 상품 게시물 정보는 다음과 같은 형태의 배열로 구성되어 있다.

표 4.5 **데이터베이스의 상품 정보 테이블에서 읽어온 상품 정보 배열 내용**

result[0]	result[1]	result[2]	result[3]	result[4]	result[5]
작성자 (author)	제목 (title)	카테고리 (category)	내용 (description)	가격 (price)	사진 이미지 (picture)

따라서 result[5]에는 서버에 저장되어 있는 상품 사진 이미지 파일의 이름이 들어 있다.

❼ picFilePath는 서버에 저장되어 있는 상품 이미지 파일의 파일 이름을 포함한 전체 경로이다.

4.1절 '상품 올리기' 예제에서 utils.py 안에 작성한 savePic() 함수를 이용해 사진 이미지 파일을 'appmain/static/pics/사용자 이름/파일 이름' 경로에 저장하도록 했다.

❽ 플라스크 웹 프레임워크의 url_for() 함수를 이용하여 서버에 저장되어 있는 사진 이미지 파일을 URL 형태로 변환한다. url_for() 함수의 사용 방법을 정리하면 다음과 같다.

표 4.6 **url_for() 함수**

함수	url_for(	'static',	filename=picFilePath,	_external=True)
내용	URL 생성 함수	파일의 기본 위치	파일의 세부 경로	도메인 이름 포함 여부

웹 서버 밖에서 자원(파일)을 참조하기 위해서는 도메인 이름까지 포함된 전체 경로가 필요하다. 이를 위해 url_for() 함수의 _external 인자의 값을 True로 설정했다.

❾ 상품 게시물 작성자, 제목, 카테고리, 게시물 내용, 가격, 사진 이미지 URL이 포함된 상품 게시물 정보를 '키-값' 형태로 구성했다.

❿ 요청을 보낸 클라이언트에게 보낼 응답이다. success 항목에는 요청한 작업의 처리 결과가 포함되어 있고, article 항목에는 상품 게시물 정보가 들어 있다.

상품 페이지 구현을 위해 수정했거나 추가한 파일을 정리해보면 다음과 같다. 수정 또는 추가된 파일을 굵은 글씨로 나타내었다.

```
pyBook
 └ appmain
    ├ article
    │  ├ __init__.py
    │  └ routes.py
    ├ static
    ├ templates
    │  └ display_article.html
    └ user
    __init__.py
    routes.py
    utils.py
 run.py
```

pyBook 프로젝트의 run.py 스크립트를 실행하여 플라스크 웹 서버를 실행하고 웹 서버에 접속하면 다음과 같이 최근 게시물이 포함된 첫 페이지가 표시될 것이다.

그림 4.11   **웹 서비스 첫 페이지**

페이지의 최근 게시물 중 하나를 클릭하여 상품 페이지로 정상적으로 이동하는지 살펴보자. 그리고 구현한 상품 페이지의 모습도 함께 살펴보자.

그림 4.12   **상품 정보 게시 페이지**

상품 정보 수정

> **목표** > 서버에 저장된 정보를 확인하고 수정하는 기능을 웹 프로그램으로 만들어본다.
>
> **소스** > https://github.com/sgkim-pub/pyBook/tree/04-04

정보를 수정하는 과정은 '정보 게시 - 새 정보 입력 - 서버의 이전 정보 삭제' 세 단계로 이루어져 있다. HTML로 페이지 뷰를 구성하고 자바스크립트를 사용하여 서버에 데이터를 요청하거나 전달하는 프런트엔드 프로그램, 프런트엔드의 요청에 따라 데이터를 찾아서 응답하거나 전달받은 데이터를 저장하는 백엔드 프로그램의 역할과 코딩 패턴은 변화가 없다. 하지만 정보 수정 과정이 게시, 생성, 삭제 세 기능을 합쳐놓은 만큼 기능을 수행하는 과정 중에 오류가 발생하지 않도록 좀 더 세심하게 작성해야 할 부분이기도 하다.

4.4.1 프런트엔드 코드 작성

수정·삭제 기능은 로그인한 사용자가 상품 게시자와 동일한 경우에만 제공될 것이다. 이 조건이 만족되는 경우에만 수정·삭제 기능을 이용할 수 있는 버튼을 다음 그림과 같이 상품 상세 페이지의 제목 영역에 보이도록 할 것이다.

그림 4.13 **상품 정보 [수정], [삭제] 버튼**

먼저 상품 정보의 [수정], [삭제] 버튼을 구성하는 HTML 요소와 수정·삭제 처리 기능을 상품 정보 페이지인 display_article.html의 `displayArticle()` 함수 안에 추가하자. 추가된 코드를 굵은 글씨로 나타내었다.

```html
<!DOCTYPE html>
<html>
<head>
    <meta charset="UTF-8">
    <link rel="stylesheet" href="/static/css/bootstrap.min.css">
    <title>Display Article</title>
</head>
<body>
    <div class="container">
        <div class="row navbar bg-light align-items-center">
            … 생략 - 내비게이션 바 …
        </div>
    </div>
    <div class="container mt-5">
        <div class="row justify-content-center" id="article_title_div">
        </div>
        <div class="row justify-content-center">
            <div class="col-9">
                <hr>
            </div>
        </div>
        <div class="text-center" id="confirm_deletion_div"></div> ❶
    </div>
    <div class="container mt-3">
        … 생략 - 내용 표시 영역 …
    </div>
    <div class="container mt-5">
        … 생략 - 이미지 표시 영역 …
    </div>
</body>
<script type="text/javascript" src="/static/js/navbar.js"></script>
<script>
    function getArticleNo() {
        … 생략 …
    }

    function displayArticle(categoryData, titleData, authorData, descData, priceData, imageURL) {
        const titleSection = document.querySelector('#article_title_div');
        const descSection = document.querySelector('#article_desc_div');
        const imageFigure = document.querySelector('#article_image_fig');

        let authToken = window.sessionStorage.getItem("authtoken");  ┈┈┈┈
        let userName = window.sessionStorage.getItem("username");      ❷
        let isEditable = authToken && userName === authorData;  ┈┈┈┈┈┘

        let titleDiv = document.createElement('div');
        titleDiv.className = isEditable ? 'col-5' : 'col-7'; ❸
```

```javascript
        titleDiv.id = 'article_title';
        title = `[${categoryData}] ${titleData} - 가격 ${priceData}원`;
        titleDiv.appendChild(document.createTextNode(title));
        titleSection.appendChild(titleDiv);

        let authorDiv = document.createElement('div');
        authorDiv.className = 'col-2';
        authorDiv.style = 'text-align: center';
        authorDiv.id = 'article_author';
        authorDiv.appendChild(document.createTextNode(authorData));
        titleSection.appendChild(authorDiv);

    if(isEditable){ ❹
        let editButtonsDiv = document.createElement('div'); ❺
        editButtonsDiv.className = 'col-2 text-center'; ❺

        const buttons = `<button type="button" class="btn btn-primary btn-sm" ↵
id="edit_button">수정</button>
            <button type="button" class="btn btn-secondary btn-sm" id="delete_button">삭제 ↵
</button>`; ❻

        editButtonsDiv.innerHTML = buttons; ❼

        titleSection.appendChild(editButtonsDiv); ❽

        function onClickEditBtnHandler() { ❾
            const articleNo = getArticleNo();

            let editPage = '/update_article/' + articleNo;
            window.location.replace(editPage);
        }

        function onDeleteButtonHandler() { ❿
            const articleNo = getArticleNo();

            const confirmDeletionDiv = document.querySelector('#confirm_deletion_div');
            const confirmDeletionButtons =
            `<button type="button" class="btn btn-danger btn-sm" id="confirm_button">삭제 ↵
</button>
            <button type="button" class="btn btn-primary btn-sm" id="cancel_button">취소 ↵
</button>`; ⓫

            confirmDeletionDiv.innerHTML = confirmDeletionButtons; ⓫

            function onConfirmDeletionHandler() { ⓬
                let headerData = new Headers();
                let authToken = sessionStorage.getItem("authtoken");
                if(authToken){                                              ⓭
                    headerData.set("authtoken", authToken);
```

```
        }

        let formData = new FormData();  ·············
                                                           ⓮
        formData.set("articleNo", articleNo);  ·····

        fetch('/api/article/delete', { ⓯
            method: 'POST',
            headers: headerData,
            body: formData
        }).then((response) => {
            return response.json();
        }).then((resBody) => {
            let url = '/home';
            window.location.replace(url);  ⓰
        }).catch((error) => {
            console.log('[Error]delete_article.onConfirmDeletionHandler:', error);
        });
    }

    function onCancelHandler() { ⓱
        confirmDeletionDiv.innerHTML = '';
    }

    const confirmButton = document.querySelector('#confirm_button');  ·············
    const cancelButton = document.querySelector('#cancel_button');
                                                                              ⓲
    confirmButton.addEventListener('click', onConfirmDeletionHandler);
    cancelButton.addEventListener('click', onCancelHandler);  ·············
    }

    const editButton = document.querySelector('#edit_button');  ·············
    const deleteButton = document.querySelector('#delete_button');
                                                                          ⓳
    editButton.addEventListener('click', onClickEditBtnHandler);
    deleteButton.addEventListener('click', onDeleteButtonHandler);  ·············
}

let descDiv = document.createElement('div');
descDiv.className = 'col-9';
descDiv.id = 'article_desc';
descDiv.appendChild(document.createTextNode(descData));
descSection.appendChild(descDiv);

if(imageURL){
    let image = document.createElement('img');
    image.src = imageURL;
    image.className = 'figure-img img-fluid rounded';
```

```
            imageFigure.appendChild(image);
        }
    }

    function getArticle() {
        … 생략 …
    }

    window.addEventListener('load', getArticle);
</script>
</html>
```

❶ 삭제 실행 여부를 확인하는 내용이 표시될 영역을 추가했다. 그 밖의 HTML 요소는 이전 예제
와 동일하다.

❷ 로그인 과정이 정상적으로 이루어지면 서버로부터 로그인 토큰과 사용자 이름 등의 정보를 받
아서 웹 브라우저의 sessionStorage 영역에 저장한다. 따라서 로그인 토큰이 있으면 로그인한
사용자인지 알 수 있고 로그인할 때 저장했던 사용자 이름과 게시물 생성자 이름을 비교하여
이 둘이 같으면 현재 로그인한 사용자가 상품을 게시한 생성자인지 알 수 있다.

❸ [수정], [삭제] 버튼이 위치할 자리를 만들어주기 위해 현재 사용자가 게시물 생성자와 같은 경
우(isEditable 값이 참) 정보가 차지하는 영역의 크기를 줄였다.

❹ 게시물 생성자와 현재 로그인한 사용자가 같을 때 실행되는 부분이다. 수정·삭제 기능을 위해
새로 추가된 부분이다.

❺ [수정], [삭제] 버튼이 위치할 영역을 생성했다. 크기는 부트스트랩 디자인 기준으로 부모 요소
가로 길이의 2/12(col-2)로 설정했고 영역의 내용이 가운데 정렬(text-center)되도록 했다.

❻ 자바스크립트를 이용하여 HTML 요소를 생성할 때는 document 객체의 createElement() 함
수를 이용하는 것이 정석이다. 코드가 길어져 보기 불편해지는 것을 피하기 위해 자바스크립
트의 템플릿 리터럴 방식을 이용해 [수정], [삭제] 버튼을 만들어주었다.

❼ ❺에서 생성한 버튼 영역의 내용으로 ❻에서 생성한 버튼 요소를 추가한다.

❽ 제목 영역(부모) 안에 [수정], [삭제] 버튼이 포함된 영역(자식 요소들)을 추가해준다. ❺~❽ 과
정을 통해 추가될 상품 게시물 [수정], [삭제] 버튼을 HTML 관점에서 정리해보면 다음과 같다.
추가되는 버튼 영역을 굵은 글씨로 나타내었다.

```
<div class="row justify-content-center" id="article_title_div">
    <div class="col-5" id="article_title">[카테고리] 제목 - 가격</div>
    <div class="col-2" id="article_author" style="text-align: center;">게시자</div>
    <div class="col-2 text-center">
        <button type="button" class="btn btn-primary btn-sm" id="edit_button">수정</button>
        <button type="button" class="btn btn-secondary btn-sm" id="delete_button">삭제</button>
    </div>
</div>
```

❾ [수정] 버튼을 클릭할 때 실행될 함수를 정의했다. 페이지를 게시물 수정 페이지로 이동시킨다.

❿ onDeleteButtonHandler() 함수는 게시물을 삭제하는 함수이다. 삭제된 게시물은 복구가 어렵기 때문에 일반적으로 삭제 실행 여부를 확인하는 과정을 추가로 거친다. [삭제] 버튼을 클릭하면 다음과 같이 삭제 실행 여부를 묻는 버튼이 화면에 나타나도록 구현했다.

그림 4.14 **삭제 실행 여부 확인 버튼**(그림 아래쪽 [삭제], [취소] 버튼)

함수 첫 번째 행의 게시물 일련번호(articleNo)는 이어지는 삭제 요청 과정에서 삭제 대상을 지정하기 위해 사용된다.

⓫ 삭제 실행 여부를 묻는 [삭제] 버튼과 [취소] 버튼을 생성하고 버튼을 삭제 실행 여부를 묻는 HTML 영역(id="confirm_deletion_div")에 표시한다.

⓬ onConfirmDeletionHandler() 함수는 삭제 실행이 확인된 게시물을 최종적으로 서버에 삭제를 요청하는 함수이다.

⓭ 요청의 헤더(headers)에 로그인 토큰을 포함시킨다.

⓮ FormData 객체는 HTTP 요청의 본문을 구성하기 위해 사용되는 자바스크립트 객체이다. 요청의 본문(body)에 포함될 삭제 대상 상품 게시물의 일련번호 정보를 FormData 객체를 생성한 후 저장했다.

⓯ 서버의 /api/article/delete 엔드포인트로 게시물 삭제를 요청한다. 서버는 본문에 포함된 게시물 일련번호를 이용해서 삭제 대상 정보를 찾은 후 로그인 토큰을 이용해서 삭제 요청 대상 게시물이 해당 사용자에 의해 작성된 것인지 확인하고 삭제를 진행할 것이다. 상품 게시물 삭제를 수행하는 서버의 동작은 이어지는 백엔드 코드 부분에서 더 자세히 살펴보도록 하겠다.

⑯ 게시물 삭제가 완료되면 웹 서비스의 첫 페이지로 이동한다.

⑰ 삭제 [취소] 버튼을 클릭했을 때 수행할 작업을 기술한 함수이다. 삭제 실행 또는 취소 여부를 묻는 버튼인 confirmDeletionButtons를 더 이상 페이지에 표시하지 않도록 작성했다.

⑱ 삭제를 확인하는 [삭제] 버튼(confirmButton)과 [취소] 버튼(cancelButton)을 클릭했을 때 실행될 함수를 각 버튼 요소의 이벤트 등록 함수를 이용해서 연결한다.

⑲ [수정], [삭제] 버튼을 각각 기능을 수행하는 함수와 이벤트 등록 함수를 이용해서 연결해준다.

상품 게시물의 수정과 삭제를 위해 displayArticle() 함수에 추가한 내용을 다음과 같이 정리했다. 게시물 수정 페이지를 작성하기 전에 정리하고 넘어가자.

```javascript
function displayArticle(categoryData, titleData, authorData, descData, priceData, imageURL) {
    …
    let isEditable = … 로그인 여부, 게시물 생성자 여부 확인

    let titleDiv = document.createElement('div');
    … 게시물 카테고리, 제목, 가격 정보 게시 요소 생성

    let authorDiv = document.createElement('div');
    … 게시물 작성자 요소 생성

    if(isEditable){
        …

        function onClickEditBtnHandler() {
            … 수정 버튼 클릭: 게시물 수정 페이지로 이동
        }

        function onDeleteButtonHandler() {
            … 삭제 버튼 클릭: 게시물 삭제 실행 여부 확인

            const confirmDeletionDiv = document.querySelector('#confirm_deletion_div');
            … 게시물 삭제 실행, 취소 버튼 생성

            function onConfirmDeletionHandler() {
                … 삭제 실행된 게시물을 서버에 삭제 요청
            }

            function onCancelHandler() {
                … 삭제 취소
            }

            const confirmButton = document.querySelector('#confirm_button');
```

```
        … 삭제 확인, 취소 버튼 생성 및 기능 수행 함수와 연결
    }

    const editButton = document.querySelector('#edit_button');
    … 수정, 삭제 버튼 생성 및 기능 수행 함수와 연결
  }

  let descDiv = document.createElement('div');
  … 상품 내용 게시 요소 생성

  if(imageURL){
      … 상품 사진 이미지 게시 요소 생성
  }
}
```

display_article.html에서 상품 게시물의 [수정] 버튼을 클릭하면 아래의 onClickEditBtnHandler()
함수가 실행된다. onClickEditBtnHandler()는 웹 서비스의 '/update_article/게시물 번호' 경로로
페이지를 이동시키고 웹 서버는 게시물 정보 수정 페이지를 제공한다.

```
function onClickEditBtnHandler() {
    const articleNo = getArticleNo();

    let editPage = '/update_article/' + articleNo;
    window.location.replace(editPage);
}
```

게시물 정보 수정 페이지를 작성해보자. 정보 수정 페이지는 기존 정보 수정을 위해 새로운 정보
를 입력받을 수 있어야 하므로 데이터 입력 창 HTML 요소로 구성된다. 그리고 이들 각 입력 창의
초깃값을 통해 기존 정보를 표시한다. 다음과 같이 게시물 정보 수정 페이지를 구성할 것이다.

▶ 상품 카테고리 정보 표시 및 수정

▶ 상품 제목 표시 및 수정

▶ 상품 이미지 표시 및 수정

▶ 상품 설명 표시 및 수정

▶ 상품 가격 표시 및 수정

그림 4.15 게시물 정보 수정 페이지

appmain/templates 디렉터리 안에 게시물 수정 페이지 update_article.html을 다음과 같이 작성하자. 내용을 전체적으로 살펴보면 상품 게시물 생성 페이지인 create_article.html 코드와 비슷하다는 것을 알 수 있다.

📁 예제 코드 pyBook/appmain/templates/update_article.html

```
<!DOCTYPE html>
<html>
<head>
    <meta charset="UTF-8">
    <link rel="stylesheet" href="/static/css/bootstrap.min.css">
    <title>Update Article</title>
</head>
<body>
    <div class="container">
        <div class="row navbar bg-light align-items-center">
            <div class="col-6">
                <a class="nav-link" href="/home"><h4>pyBook</h4></a>
            </div>
            <div class="col-6">
                <ul class="nav justify-content-end">
                    <li class="nav-item">
                        <a class="nav-link" id="signup_link" href="/signup">SignUp</a>
```

```
            </li>
            <li class="nav-item">
              <a class="nav-link" id="signin_link" href="/signin">SignIn</a>
            </li>
            <li class="nav-item">
              <a class="nav-link" id="signout_link" href="#">SignOut</a>
            </li>
            <li class="nav-item">
              <a class="nav-link" id="myinfo_link" href="/myinfo">MyInfo</a>
            </li>
          </ul>
        </div>
      </div>
    </div>
    <div class="container mt-5">
      <div class="row justify-content-center">
        <div class="col-6">
          <form>
            <div>
              <select class="form-select" id="prod_category">
                <option value="0">인문</option>
                <option value="1">사회과학</option>
                <option value="2">자연과학</option>
                <option value="3">의학</option>
                <option value="4">경제/경영</option>
                <option value="5">공학</option>
                <option value="6">음악</option>
                <option value="7">미술</option>
                <option value="8">기타</option>
              </select>
              <label for="title_input" class="form-label mt-3">*제목</label>
              <input type="text" class="form-control" id="title_input">
              <div class="text-danger mt-1" id="title_input_msg"> </div>
              <div class="row justify-content-center mt-3" id="article_image_section">
                <div class="col-3" style="text-align: center">
                  <figure class="figure" id="article_image_fig">
                  </figure>
                </div>
                <label for="pic_input" class="form-label">사진</label>
                <input type="file" class="form-control" id="pic_input">
              </div>
              <label for="desc_input" class="form-label mt-3">설명</label>
              <textarea type="text" class="form-control" id="desc_input" rows="4"> ↵
</textarea>
              <label for="price_input" class="form-label mt-3">*가격</label>
              <input type="text" class="form-control" id="price_input">
              <div class="text-danger mt-1" id="price_input_msg"> </div>
            </div>
```

```
                  </form>
              </div>
          </div>
          <div class="row justify-content-center mt-4">
              <div class="col-4 text-center">
                  <button type="button" class="btn btn-primary" id="submit_button">제출</button>
                  <button type="button" class="btn btn-secondary" id="cancel_button">취소</button>
              </div>
          </div>
      </div>
</body>
<script type="text/javascript" src="/static/js/navbar.js"></script>
<script>
    const category = document.querySelector('#prod_category');
    const title = document.querySelector('#title_input');
    const pictureFig = document.querySelector('#article_image_fig');
    const picture = document.querySelector('#pic_input');
    const desc = document.querySelector('#desc_input');
    const price = document.querySelector('#price_input');

    const title_msg = document.querySelector('#title_input_msg');
    const price_msg = document.querySelector('#price_input_msg');

    const submitButton = document.querySelector('#submit_button');
    const cancelButton = document.querySelector('#cancel_button');

    window.addEventListener('load', getArticleData);

    function checkTitleAndPrice() {
        let isTitleValid = title.value.length > 0 && title.value.length <= 25;

        if(!isTitleValid){
            title_msg.innerHTML = '제목을 1~25 길이로 입력해주세요.';
        }
        else{
            title_msg.innerHTML = ' ';
        }

        let isPriceValid = price.value > 0 && price.value < 100000;

        if(!isPriceValid){
            price_msg.innerHTML = '가격을 1~100,000원 사이로 입력해주세요.';
        }
        else{
            price_msg.innerHTML = ' ';
        }

        return isTitleValid && isPriceValid;
```

```
    }

    function getArticleNo() {
        const location = window.location.href;
        const url = new URL(location);
        const articleNo = url.pathname.split('/')[2];

        return articleNo;
    }

    function setArticleData(articleData) {
        const categorySet = {"인문": 0, "사회과학": 1, "자연과학": 2, "의학": 3, ↵
"경제/경영": 4, "공학": 5, "음악": 6, "미술": 7, "기타": 8};
        const categoryCode = articleData["category"];
        const categoryValue = categorySet[categoryCode];
        category.options[categoryValue].selected = true;

        title.value = articleData["title"];
        desc.value = articleData["description"];
        price.value = articleData["price"];

        let image = document.createElement('img');
        image.src = articleData["picture"];
        image.className = 'figure-img img-fluid rounded';
        pictureFig.appendChild(image);
    }

    function getArticleData() {
        const articleNo = getArticleNo();

        let formData = new FormData();
        formData.set("articleNo", articleNo);

        fetch('/api/article/display', {
            method: 'POST',
            body: formData
        }).then((response) => {
            return response.json();
        }).then((resBody) => {
            setArticleData(resBody["article"]);
        }).catch((error) => {
            console.log('[Error]UpdateArticle.getArticleData():', error);
        });
    }

    function onChangePicFileInput() {
        let picFile = picture.files[0];
```

```
    if(picFile){
        let reader = new FileReader();

        reader.addEventListener("load", function() {
            const image = document.querySelector('#article_image_fig > img')
            image.src = reader.result;
        });

        reader.readAsDataURL(picFile);
    }
}

picture.addEventListener('change', onChangePicFileInput);

function onSubmitHandler() {
    let isTitleAndPriceValid = checkTitleAndPrice();

    if(isTitleAndPriceValid === true){
        const articleNo = getArticleNo();

        let headerData = new Headers();
        let authToken = sessionStorage.getItem("authtoken");
        if(authToken){
            headerData.set("authtoken", authToken);
        }

        let formData = new FormData();

        formData.set("articleNo", articleNo);
        formData.set("category", category.value);
        formData.set("title", title.value);
        formData.set("picture", picture.files[0]);
        formData.set("desc", desc.value);
        formData.set("price", price.value);

        fetch('/api/article/update', {
            method: 'POST',
            headers: headerData,
            body: formData
        }).then((response) => {
            return response.json();
        }).then((resBody) => {
            const articleNo = resBody["articleNo"]
            let url = '/display_article/' + articleNo;
            window.location.replace(url);
        }).catch((error) => {
            console.log('[Error]update_article.onSubmitHandler:', error);
        });
```

```
        }
    }

    function onCancelHandler() {
        history.back();
    }

    submitButton.addEventListener('click', onSubmitHandler);
    cancelButton.addEventListener('click', onCancelHandler);

</script>
</html>
```

위 코드의 길이가 제법 길기 때문에 HTML 부분과 자바스크립트 부분을 나누어서 살펴보자. 먼저 HTML 파트를 살펴보자.

📁 예제 코드 pyBook/appmain/templates/update_article.html - HTML 부분

```
<!DOCTYPE html>
<html>
<head>
    <meta charset="UTF-8">
    <link rel="stylesheet" href="/static/css/bootstrap.min.css">
    <title>Update Article</title>
</head>
<body>
    <div class="container">
        <div class="row navbar bg-light align-items-center"> ❶
            <div class="col-6">
                <a class="nav-link" href="/home"><h4>pyBook</h4></a>
            </div>
            <div class="col-6">
                <ul class="nav justify-content-end">
                  <li class="nav-item">
                    <a class="nav-link" id="signup_link" href="/signup">SignUp</a>
                  </li>
                  <li class="nav-item">
                    <a class="nav-link" id="signin_link" href="/signin">SignIn</a>
                  </li>
                  <li class="nav-item">
                    <a class="nav-link" id="signout_link" href="#">SignOut</a>
                  </li>
                  <li class="nav-item">
                    <a class="nav-link" id="myinfo_link" href="/myinfo">MyInfo</a>
                  </li>
                </ul>
            </div>
```

```
                </div>
            </div>
        <div class="container mt-5">
            <div class="row justify-content-center">
                <div class="col-6">
                    <form>
                        <div>
                            <select class="form-select" id="prod_category"> ❷
                                <option value="0">인문</option>
                                <option value="1">사회과학</option>
                                <option value="2">자연과학</option>
                                <option value="3">의학</option>
                                <option value="4">경제/경영</option>
                                <option value="5">공학</option>
                                <option value="6">음악</option>
                                <option value="7">미술</option>
                                <option value="8">기타</option>
                            </select>
                            <label for="title_input" class="form-label mt-3">*제목</label> ┄┄┄┄
                            <input type="text" class="form-control" id="title_input"> ┄┄┄┄┄┄┄ ❸
                            <div class="text-danger mt-1" id="title_input_msg"> </div> ❹
                            <div class="row justify-content-center mt-3" ↵
id="article_image_section"> ❺
                                <div class="col-3" style="text-align: center"> ❻
                                    <figure class="figure" id="article_image_fig">
                                    </figure>
                                </div>
                                <label for="pic_input" class="form-label">사진</label>
                                <input type="file" class="form-control" id="pic_input">
                            </div>
                            <label for="desc_input" class="form-label mt-3">설명</label> ┄┄┄┄┄
                            <textarea type="text" class="form-control" ↵
id="desc_input" rows="4"></textarea>                                              ❼
                            <label for="price_input" class="form-label mt-3">*가격</label>
                            <input type="text" class="form-control" id="price_input"> ┄┄┄┄┄
                            <div class="text-danger mt-1" id="price_input_msg"> </div> ❽
                        </div>
                    </form>
                </div>
            </div>
        <div class="row justify-content-center mt-4"> ❾
            <div class="col-4 text-center">
                <button type="button" class="btn btn-primary" id="submit_button">제출 </button>
                <button type="button" class="btn btn-secondary" id="cancel_button">취소 </button>
            </div>
        </div>
    </div>
</body>
```

❶ 상품 정보 수정 페이지에는 내비게이션 바 메뉴 중 [상품 올리기] 링크는 필요없다. 따라서 [상품 올리기] 링크를 삭제했다.

❷ 상품 카테고리 입력 창(id="prod_category") 요소이다.

❸ 제목 입력 창(id="title_input") 요소이다.

❹ 수정한 상품 제목에 오류가 있다면 오류 내용을 표시할 영역이다.

❺ 상품 이미지 수정을 위한 입력 창 요소가 위치하는 영역이다.

❻ 상품 올리기 페이지와 달리 상품 이미지 파일 입력 창 윗부분에 기존 사진을 표시하는 영역(id="article_image_section")을 추가했다. 기존 상품 이미지 요소는 영역만 구성되어 있고 내용이 비어 있다. 프런트엔드의 자바스크립트 코드가 실행되면서 `<figure>`…`</figure>` 요소 안에 기존 상품 이미지를 표시할 것이다.

❼ 각각 설명 입력(id="desc_input")과 가격 입력(id="price_input") 입력 창 요소이다.

❽ 수정한 상품 가격에 오류가 있다면 오류 내용을 표시하기 위한 요소이다.

❾ 입력 창 아래에는 [제출], [취소] 버튼 요소가 위치한다.

자바스크립트 코드를 이어서 살펴보자. 게시물 수정하기 페이지의 로직인 자바스크립트 요소는 '기존 상품 정보 게시'와 '상품 정보 수정' 두 부분으로 구성되어 있다.

📁 예제 코드 pyBook/appmain/templates/update_article.html - 자바스크립트 부분

```
<script type="text/javascript" src="/static/js/navbar.js"></script>
<script>
    const category = document.querySelector('#prod_category');    ┈┈┈┈┈┈┈┐
    const title = document.querySelector('#title_input');                    │
    const pictureFig = document.querySelector('#article_image_fig');         │
    const picture = document.querySelector('#pic_input');                    │
    const desc = document.querySelector('#desc_input');                      │
    const price = document.querySelector('#price_input');                    │
                                                                             ❶
    const title_msg = document.querySelector('#title_input_msg');            │
    const price_msg = document.querySelector('#price_input_msg');            │
                                                                             │
    const submitButton = document.querySelector('#submit_button');          │
    const cancelButton = document.querySelector('#cancel_button');  ┈┈┈┈┈┈┈┘

    window.addEventListener('load', getArticleData);  ❷

    function checkTitleAndPrice() {  ❸
```

```
        let isTitleValid = title.value.length > 0 && title.value.length <= 25;

        if(!isTitleValid){
            title_msg.innerHTML = '제목을 1~25 길이로 입력해주세요.';
        }
        else{
            title_msg.innerHTML = ' ';
        }

        let isPriceValid = price.value > 0 && price.value < 100000;

        if(!isPriceValid){
            price_msg.innerHTML = '가격을 1~100,000원 사이로 입력해주세요.';
        }
        else{
            price_msg.innerHTML = ' ';
        }

        return isTitleValid && isPriceValid;
    }

    function getArticleNo() { ❹
        const location = window.location.href;
        const url = new URL(location);
        const articleNo = url.pathname.split('/')[2];

        return articleNo;
    }

    function setArticleData(articleData) {
        const categorySet = {"인문": 0, "사회과학": 1, "자연과학": 2, "의학": 3, ↵
    "경제/경영": 4, "공학": 5, "음악": 6, "미술": 7, "기타": 8};
        const categoryCode = articleData["category"];                              ❺
        const categoryValue = categorySet[categoryCode];
        category.options[categoryValue].selected = true;

        title.value = articleData["title"];
        desc.value = articleData["description"];                    ❻
        price.value = articleData["price"];

        let image = document.createElement('img');
        image.src = articleData["picture"];
        image.className = 'figure-img img-fluid rounded';           ❼
        pictureFig.appendChild(image);
    }

    function getArticleData() { ❽
        const articleNo = getArticleNo();
```

```
        let formData = new FormData();
        formData.set("articleNo", articleNo);

        fetch('/api/article/display', {
            method: 'POST',
            body: formData
        }).then((response) => {
            return response.json();
        }).then((resBody) => {
            setArticleData(resBody["article"]);
        }).catch((error) => {
            console.log('[Error]UpdateArticle.getArticleData():', error);
        });
}


function onChangePicFileInput() { ❾
    let picFile = picture.files[0]; ❿

    if(picFile){
    ┌···· let reader = new FileReader();
    │
    │     reader.addEventListener("load", function() { ⓬
    │         const image = document.querySelector('#article_image_fig > img')
  ⓫         image.src = reader.result;
    │     });
    │
    └···· reader.readAsDataURL(picFile);
    }
}


picture.addEventListener('change', onChangePicFileInput); ⓭

function onSubmitHandler() { ⓮
    let isTitleAndPriceValid = checkTitleAndPrice();

    if(isTitleAndPriceValid === true){
        const articleNo = getArticleNo();

        let headerData = new Headers(); ⓯
        let authToken = sessionStorage.getItem("authtoken");
        if(authToken){
            headerData.set("authtoken", authToken);
        }

        let formData = new FormData(); ················
                                                      ⓰
        formData.set("articleNo", articleNo);
```

```
            formData.set("category", category.value);
            formData.set("title", title.value);
            formData.set("picture", picture.files[0]);          ⑯
            formData.set("desc", desc.value);
            formData.set("price", price.value);

            fetch('/api/article/update', {  ⑰
                method: 'POST',
                headers: headerData,
                body: formData
            }).then((response) => {
                return response.json();
            }).then((resBody) => {
                const articleNo = resBody["articleNo"]
                let url = '/display_article/' + articleNo;  ⑱
                window.location.replace(url);
            }).catch((error) => {
                console.log('[Error]update_article.onSubmitHandler:', error);
            });
        }
    }

    function onCancelHandler() {
        history.back();
    }

    submitButton.addEventListener('click', onSubmitHandler);
    cancelButton.addEventListener('click', onCancelHandler);

</script>
</html>
```

❶ 자바스크립트 코드 첫 부분에 등장하는 document.querySelector() 함수들은 자바스크립트
가 상호작용할 HTML 요소를 선택하고 자바스크립트 객체로 반환한다. 각 변수가 나타내는
HTML 요소는 다음과 같다.

▶ category: 상품 카테고리 정보 입력 창

▶ title: 상품 게시물 제목 입력 창

▶ pictureFig: 상품 사진 표시 영역

▶ picture: 상품 사진 파일 입력 창

▶ desc: 상품 설명 입력 창

▶ price: 상품 가격 입력 창

▶ title_msg: 입력한 제목에 오류가 있을 경우 그 내용을 표시하는 영역

▶ price_msg: 입력한 가격에 오류가 있을 경우 그 내용을 표시하는 영역

▶ submitButton: [제출](수정) 버튼

▶ cancelButton: [취소] 버튼

❷ HTML 요소가 화면에 모두 배치되면 getArticleData() 함수를 실행하는 이벤트 처리 함수 등록 함수이다. getArticleData() 함수는 서버에 이전 상품 정보를 요청한다.

❸ checkTitleAndPrice() 함수는 새로 입력한 상품 제목과 상품 가격이 허용 범위 안의 값인지 검사한다.

❹ getArticleNo() 함수는 웹 페이지 주소(URL) 안에 포함되어 있는 상품 게시물 일련번호를 얻는 함수이다. 4.3절 상품 페이지 예제의 프런트엔드 코드 부분에서 상세히 설명했다.

❺ 책의 카테고리 정보는 서버에 숫자 형태의 카테고리 코드로 저장되어 있다. 코드로 저장되어 있는 카테고리 정보를 사용자에게 보여주기 위해 카테고리 이름 문자열로 변환한다. categorySet 배열을 설정한 후 카테고리 코드인 categoryCode를 인덱스로 배열에서 카테고리 이름에 해당하는 문자열인 categoryValue를 가져오도록 만들었다.

HTML의 드롭다운 메뉴에서 카테고리 이름에 해당하는 옵션을 지정하고(category.options[categoryValue]) 해당 옵션의 selected 속성의 값을 true로 설정하면 드롭다운 메뉴의 초기 옵션 값을 설정할 수 있다.

❻ 입력 창 HTML 요소의 value 속성에 값을 설정하면 입력 창의 초기 입력값을 설정할 수 있다. 이와 같은 방법으로 제목, 내용, 가격 입력 창에 해당하는 HTML 요소인 title, desc, price 입력 창의 초깃값을 설정했다.

❼ 이미지를 표시하기 위한 <img> HTML 요소를 createElement() 함수를 이용해서 생성하고 요소의 src 속성 값으로 현재 상품 사진 articleData["picture"]를 지정했다. 그리고 appendChild() 함수를 이용하여 페이지의 상품 사진 영역인 pictureFig의 내용으로 이 이미지를 설정하여 페이지에 이미지가 표시되도록 했다. <img> HTML 요소의 클래스 이름 (className)은 부트스트랩 디자인을 적용해주기 위한 것이다.

❽ 페이지의 HTML 요소가 화면에 모두 배치되면 웹 브라우저 창에 해당하는 window 객체에 load 이벤트가 발생한다. 앞서 ❷ 과정에서 load 이벤트가 발생하면 getArticleData() 함수가 실행되도록 이벤트 처리 함수를 추가했다. getArticleData() 함수는 게시물 번호를 서버로

전송하고 해당 게시물에 해당하는 즉, 수정 대상 상품의 정보를 요청한다. 그리고 서버의 응답 결과를 앞서 살펴보았던 `setArticleData()` 함수에 전달하여 입력 창의 초깃값을 통해 현재 상품 정보를 보여준다.

❾ `onChangePicFileInput()` 함수는 새 이미지 파일이 업로드되었을 때 페이지의 이미지를 새로 업로드하는 파일로 교체해주는 기능을 수행한다.

❿ 파일 입력 창을 나타내는 `picture` 객체는 `files` 배열 속성에 업로드된 파일을 보관한다. 파일 입력 창을 통해 업로드된 파일을 `picFile` 변수로 가져온다.

⓫ 업로드한 파일을 이미지로 나타내기 위해서는 먼저 해당 파일의 내용을 읽어야 한다. 이를 위해 `FileReader` 객체를 생성하고 `readAsDataURL()` 함수를 이용해서 업로드한 파일(`picFile`)을 읽는다.

⓬ 파일 읽기가 완료되면 `FileReader` 객체는 `load` 이벤트를 발생시킨다. `load` 이벤트가 발생했을 때 즉, 파일 읽기가 완료되었을 때 페이지의 이미지 영역의 `src` 속성 값을 새로 업로드한 파일의 내용으로 변경하도록 이벤트 처리 함수를 추가했다.

> **노트** 이벤트 등록 함수인 `addEventListener()`를 파일 읽기 코드 `readAsDataURL()`보다 먼저 기술해준 이유는 이벤트 처리 함수의 등록 시점이 이벤트 발생 이전이어야 하기 때문이다.

⓭ 이미지 파일이 새로 업로드되었을 때 파일 입력 창인 `picture`에 `change` 이벤트가 발생한다. 이 이벤트가 발생했을 때 페이지의 이미지를 새로 업로드된 내용으로 변경하는 `onChangePicFileInput()` 함수가 실행되도록 이벤트 처리 등록 함수를 기술했다.

⓮ `onSubmitHandler()` 함수는 사용자가 입력 창에 입력한 데이터를 서버로 전송한다.

⓯ 상품 정보를 수정할 권한을 가진 사용자임을 나타내기 위해 로그인 토큰을 요청의 헤더 데이터에 포함시킨다.

⓰ 수정된 데이터를 요청의 본문에 포함시킨다.

⓱ ⓯⓰ 과정에서 생성한 헤더 데이터(`headerData`)와 본문 데이터(`formData`)를 `fetch()` 함수를 이용해 POST 방식으로 웹 서버에 전송한다.

⓲ 웹 서버는 상품 정보 수정을 마치면 정보가 수정된 상품 게시물의 일련번호를 클라이언트에게 응답으로 전달한다. 웹 서버로부터 응답을 받으면 수정된 상품의 게시 페이지로 페이지를 이동시킨다.

사용자가 기존 정보를 조회하고 해당 정보를 수정하거나 삭제하기 위해 웹 서버가 제공해야 할 기능을 정리해보면 다음과 같다.

▶ 상품의 기존 정보를 제공한다.

▶ 정보 수정을 위한 페이지를 제공한다.

▶ 수정 요청을 받으면 수정된 정보를 받아 저장한다.

▶ 삭제 요청을 받은 상품 게시물을 삭제한다.

상품의 기존 정보를 제공하는 기능은 사실 이미 구현되어 있다. 상품 정보 게시를 위한 엔드포인트인 'api/article/display'가 제공했던 기능을 떠올린 독자가 있을 것 같다. 따라서 이를 활용하면 된다.

기존 상품 정보는 정보 수정 페이지의 입력 창의 초깃값 형태로 웹 서비스 사용자에게 제공된다. 정보 수정을 위한 페이지를 제공하는 코드를 상품 게시물 관리 기능을 모아놓은 article 디렉터리의 routes.py 파일 안에 작성해보자. 아래 코드를 routes.py의 기존 내용 다음에 추가한다.

📁 예제 코드 **pyBook/appmain/article/routes.py**

```
…
@article.route('/update_article/<int:articleNo>', methods=['GET']) ❶
def updateArticlePage(articleNo):
    return send_from_directory(app.root_path, 'templates/update_article.html') ❷
```

❶ 클라이언트가 상품 정보 수정 페이지를 요청할 때 URL의 마지막 부분에 상품 게시물 번호를 함께 전달한다. 상품 게시물 번호를 <int:articleNo>와 같이 정수 타입의 변수로 처리해주었다. 상품 수정 페이지를 제공하는 updateArticlePage() 함수에서는 상품 게시물 번호를 활용하지는 않는다. URL에 포함된 상품 게시물 번호는 프런트엔드 코드에서 getArticleNo() 함수를 이용해서 수정 대상 게시물 번호를 얻는 데 활용했다.

클라이언트는 단순히 데이터를 읽기만 하므로 GET 방식의 HTTP 요청만 수락하도록 했다.

❷ 프런트엔드 코드인 상품 정보 수정 페이지 update_article.html 파일을 클라이언트에게 전달한다.

사용자가 상품 정보 수정을 마치고 새로운 정보와 함께 수정을 요청하면 서버가 해야 할 작업을 코드로 작성해보자. 상품 정보를 수정하는 과정은 수정 요청을 해온 사용자의 권한 확인부터 이미지 파일 교체 유무 등 여러 조건들에 따라 처리에 분기branch가 발생한다. 따라서 전체적인 흐름을 먼저 살펴보면 도움이 될 것 같다. 아래 그림에서 `updateArticle()` 함수는 상품 정보 수정 기능을 구현하는 함수의 이름이고 처리 과정 중 분기를 굵은 선으로 된 다이아몬드 기호로 표시했다. 그리고 분기의 왼쪽에 실제 코드에 기술된 분기 조건을 표시했다.

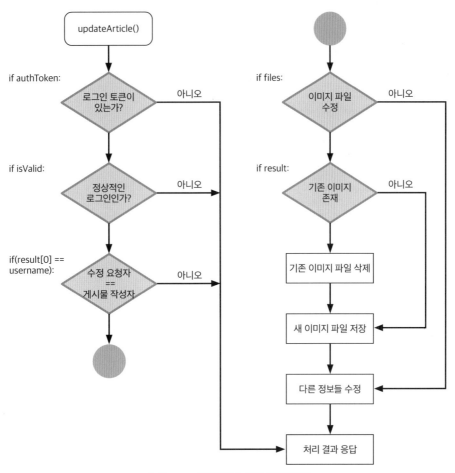

그림 4.16 **상품 정보 수정 처리 과정**

앞의 그림을 생각하면서 상품 정보 수정을 위한 `updateArticle()` 함수의 코드를 추가하자.

📁 예제 코드 pyBook/appmain/article/routes.py

```
…
@article.route('/api/article/update', methods=['POST'])
def updateArticle():
    headerData = request.headers
    data = request.form
    files =request.files                              ❶

    authToken = headerData.get("authtoken")

    payload = {"success": False}

    if authToken:
        isValid = verifyJWT(authToken) ❷

        if isValid:
            token = getJWTContent(authToken)
            username = token["username"]              ❸

            articleNo = data.get("articleNo")
            category = data.get("category")
            title = data.get("title")                 ❹
            desc = data.get("desc")
            price = data.get("price")

            conn = sqlite3.connect('pyBook.db')
            cursor = conn.cursor()

            if cursor:
                SQL = 'SELECT author FROM articles WHERE articleNo=?' ❺
                cursor.execute(SQL, (articleNo,))
                result = cursor.fetchone()
                cursor.close()
            conn.close()

            if(result[0] == username): ❻
                if files: ❼
                    conn = sqlite3.connect('pyBook.db')
                    cursor = conn.cursor()

                    if cursor:
                        SQL = 'SELECT picture FROM articles WHERE articleNo=?'
                        cursor.execute(SQL, (articleNo,))        ❽
                        result = cursor.fetchone()

                    if result: ❾
                        oldPicFileName = result[0]
                        oldPicFilePath = os.path.join(app.static_folder, 'pics', ↵
username, oldPicFileName) ❿
```

```python
                    if os.path.isfile(oldPicFilePath):
                        os.remove(oldPicFilePath)                    ⓫

                newPicFileName = savePic(files["picture"], username) ⓬

                SQL = 'UPDATE articles SET category=?, title=?, description=?, picture=?, ↵
price=? WHERE articleNo=?'                                                              ⓭
                cursor.execute(SQL, (category, title, desc, newPicFileName, price, articleNo))
                conn.commit()

                # SQL = 'SELECT * FROM articles' ⓮
                # cursor.execute(SQL)
                # rows = cursor.fetchall()
                # for row in rows:
                #     print(row)

                cursor.close()
            conn.close()

                payload = {"success": True, "articleNo": articleNo} ⓯
            else:    # if files ⓰
                conn = sqlite3.connect('pyBook.db')
                cursor = conn.cursor()

                if cursor:
                    SQL = 'UPDATE articles SET category=?, title=?, description=?, ↵
price=? WHERE articleNo=?'
                    cursor.execute(SQL, (category, title, desc, price, articleNo))
                    conn.commit()

                    # SQL = 'SELECT * FROM articles'
                    # cursor.execute(SQL)
                    # rows = cursor.fetchall()
                    # for row in rows:
                    #     print(row)

                    cursor.close()
                conn.close()
                payload = {"success": True, "articleNo": articleNo}
        else:    # if(result[0] == username)
            pass
    else:    # if isValid
        pass
else:    # if authToken
    pass

return make_response(jsonify(payload), 200) ⓱
```

❶ 요청의 헤더에서 로그인 토큰을 얻는다.

❷ 상품 정보 수정을 요청한 사용자가 정상적으로 로그인한 사용자인지 verifyJWT() 함수를 이용하여 검증한다. 비정상적인 로그인의 예로 로그아웃 등으로 더 이상은 유효하지 않은 로그인 토큰을 보내오는 경우 등을 생각해볼 수 있다.

❸ 로그인 토큰을 해석하고 토큰에서 사용자 이름을 가져온다.

❹ 요청의 본문에서 정보를 가져오는 부분이다. 각각의 의미는 다음과 같다.

    ▶ articleNo: 수정 대상 게시물 번호

    ▶ category: 상품 카테고리 정보

    ▶ title: 상품 제목

    ▶ desc: 상품 설명

    ▶ price: 상품 가격

❺ 게시물 일련번호(articleNo)를 이용하여 데이터베이스에 저장되어 있는 수정 대상 게시물의 작성자(author)를 얻는다.

❻ result[0]는 데이터베이스에 저장되어 있는 게시물의 작성자이고 username은 로그인 토큰에 포함되어 있는 작성자 이름이다. 즉 글의 작성자와 수정 요청을 한 사용자가 같은지 확인한다.

❼ 수정된 정보에 새로 업로드된 이미지 파일이 포함되어 있다면 기존 파일을 삭제한 후 새 파일을 저장하는 순서로 상품 이미지 교체가 이루어진다.

❽ 데이터베이스에 저장되어 있는 기존 사진을 읽는다.

❾ 기존 이미지가 있다면 이를 삭제한 후 새로 업로드된 이미지를 저장한다.

❿ 서버 안에 저장되어 있는 기존 이미지의 파일 경로를 구성한다.

⓫ ❿의 경로에 파일이 있는지 확인하고(os.path.isfile(oldPicFilePath)) 해당 파일을 삭제한다.

⓬ 새로 업로드된 이미지 파일을 저장한다.

⓭ 수정된 상품 정보와 저장된 새 이미지 파일 이름으로 데이터베이스의 기존 상품 정보를 수정(UPDATE)한다.

⓮ 상품 정보가 정상적으로 수정되었는지 확인해보기 위해 데이터베이스의 내용을 읽고 콘솔 창에 출력하는 내용이다. 상품 수정 기능과는 관계가 없으므로 주석으로 처리하여 남겨놓았다.

⑮ 상품 정보 수정을 정상적으로 마친 경우 클라이언트에게 보낼 응답이다. 처리 결과(success)로 성공(True) 그리고 수정된 상품 게시물 일련번호(articleNo)를 응답의 내용으로 보낸다.

⑯ 새로 업로드된 이미지 파일이 없는 경우 사진 이미지를 제외한 다른 상품 정보만 수정한다.

⑰ 처리 결과인 응답(payload)을 클라이언트에게 전달한다.

상품 게시물 정보 수정·삭제를 위한 백엔드 코드의 마지막 내용으로 상품 게시물 정보를 삭제하는 코드를 article 패키지의 routes.py 파일 안에 추가해주자.

📁 예제 코드 **pyBook/appmain/article/routes.py**

```
import os
…
@article.route('/api/article/delete', methods=['POST'])
def deleteArticle():
    headerData = request.headers
    data = request.form

    authToken = headerData.get("authtoken")

    payload = {"success": False}

    if authToken:
        isValid = verifyJWT(authToken) ❶

        if isValid:
            token = getJWTContent(authToken)
            username = token["username"] ❷

            articleNo = data.get("articleNo")

            conn = sqlite3.connect('pyBook.db')
            cursor = conn.cursor()

            if cursor:
                SQL = 'SELECT author, picture FROM articles WHERE articleNo=?'
                cursor.execute(SQL, (articleNo,))
                result = cursor.fetchone() ❸
                cursor.close()
        conn.close()

            if(result[0] == username): ❹
                conn = sqlite3.connect('pyBook.db')
                cursor = conn.cursor()

                picture = result[1] ❺
```

```
                if(picture):
                    picFilePath = os.path.join(app.static_folder, 'pics', username, picture) ❻

                    if os.path.isfile(picFilePath): ❼
                        os.remove(picFilePath)
                    else:
                        pass
                else:
                    pass

                if cursor:
                    SQL = 'DELETE FROM articles WHERE articleNo=?' ┄┄┄┄
                    cursor.execute(SQL, (articleNo,))                    ❽
                    conn.commit() ┄┄┄┄┄┄┄┄┄┄┄┄┄┄┄┄┄┄┄┄┄┄┄┄┄┄┄┄┄┄┄
                    cursor.close()
                conn.close()

                print('article deleted:%s' % articleNo)
                payload = {"success": True} ❾
            else:   # if(result[0] == username):
                pass
        else:   # if isValid:
            pass
    else:   # if authToken:
        pass

    return  make_response(jsonify(payload), 200);
```

❶ 로그인 토큰이 유효한지 검증한다.

❷ 로그인 토큰에서 삭제를 요청한 사용자 이름(username)을 얻는다.

❸ 상품 정보를 등록한 작성자 이름(author)과 상품 이미지 파일 이름(picture)을 데이터베이스에
서 얻는다.

❹ 삭제를 요청한 사용자와 상품 정보 작성자가 동일한지 검증한다.

❺ 상품 이미지 파일 이름은 ❸ 과정에서 얻는 결과(result) 배열의 두 번째 인덱스 위치에 포함되
어 있다.

❻ 상품 이미지 파일이 있다면 해당 파일이 저장되어 있는 경로를 구성한다.

❼ ❻의 경로에 파일이 존재하는지 확인하고(isfile()) 파일이 존재한다면 삭제한다(remove()).

❽ 데이터베이스에서 상품 게시물 정보를 삭제한다.

❾ deleteArticle() 함수는 게시물 데이터 삭제 요청이 정상적으로 처리되면 그 응답으로
{"success": True} 객체를 클라이언트에 전달하고, 만약 사용자의 권한 부족 등의 이유로

처리되지 않으면 요청이 처리되지 않았음을 나타내는 {"success": False} 객체를 클라이언트에 전달한다.

정보 수정 작업은 '기존 정보 표시 - 새 정보 입력 - 기존 정보 삭제(필요 시) 및 저장'이라는 세 기능이 합쳐져 있다고 볼 수 있다. 따라서 서버와 클라이언트 모두 처리해야 할 작업이 많은 편이다. 상품 정보 수정 기능을 위해 수정되었거나 추가된 파일을 프로젝트 관점에서 다음과 같이 정리했다. 내용이 수정되었거나 새로 추가된 파일을 굵은 글씨로 나타내었다.

```
pyBook
  └ appmain
      ├ article
      │   ├ __init__.py
      │   └ routes.py
      ├ static
      ├ templates
      │   ├ display_article.html
      │   └ update_article.html
      └ user
      __init__.py
      routes.py
      utils.py
  run.py
```

4.4.3 ▶ 예제 실행

pyBook 프로젝트의 run.py 스크립트를 실행해서 플라스크 웹 서버를 실행시키고 실행 중인 웹 서비스에 접속해보자. 로그인한 후 작성했던 상품 게시물 페이지를 방문하면 다음과 같이 [수정], [삭제] 버튼이 표시될 것이다.

그림 4.17 **상품 게시 페이지 — [수정], [삭제] 버튼**

[수정] 버튼을 클릭하면 수정 페이지가 나타나는지 확인해본다.

그림 4.18 **상품 정보 수정 페이지**

내용을 수정하고 수정한 내용이 반영되는지 확인해보자.

그림 4.19 **수정된 상품 정보**

게시물 수정이 잘 이루어지는 것을 확인했으면 삭제 기능도 잘 작동하는지 확인해본다.

그림 4.20 상품 정보 삭제

4.5 댓글 남기기

목표 > 상품 게시물의 하위 요소로 댓글을 생성, 관리하고 페이지에 표시하는 방법을 살펴본다.
소스 > https://github.com/sgkim-pub/pyBook/tree/04-05

게시된 상품에 대해 묻고 답할 수 있는 댓글 기능을 추가해보자. 다음 그림과 같이 상품 정보 아랫부분에 댓글 작성란과 작성된 댓글이 보이도록 만들어보자.

그림 4.21 상품 정보 페이지의 댓글 입력란과 댓글

댓글 기능을 제공하기 위해 댓글을 저장하고 관리할 수 있도록 데이터 모델을 생성할 필요가 있다. MVC 개발 순서에 따라 댓글의 데이터 모델부터 정의해보자.

4.5.1 댓글 정보 정의

댓글 정보를 다음과 같이 필수적인 요소로 구성해볼 수 있다.

표 4.7 **댓글 데이터 구성 요소**

요소	댓글 일련번호	작성자	내용	소속 게시물 번호
데이터 타입	INTEGER(숫자)	TEXT(문자열)	TEXT(문자열)	INTEGER(숫자)
이름	replyNo	author	description	targetArticle

데이터베이스에 위와 같은 구성 요소를 저장하기 위한 테이블을 생성하자. 댓글 저장, 조회, 삭제 등 댓글 관련 기능을 관리할 reply 패키지를 appmain 디렉터리 안에 reply라는 이름의 디렉터리로 생성하고 reply 패키지의 초기화 파일인 __init__.py 안에 다음과 같이 댓글 저장을 위한 테이블을 생성하는 내용을 작성한다.

📂 예제 코드 **pyBook/appmain/reply/__init__.py**

```
import sqlite3

conn = sqlite3.connect('pyBook.db')
cursor = conn.cursor()

# SQL = 'DROP TABLE replies' ❶
#
# cursor.execute(SQL)

SQL = 'CREATE TABLE IF NOT EXISTS replies (replyNo INTEGER PRIMARY KEY AUTOINCREMENT, ' \
      'author TEXT NOT NULL, description TEXT NOT NULL, targetArticle INTEGER NOT NULL)' ❷

cursor.execute(SQL)

cursor.close()
conn.close()
```

❶ 기존에 테이블이 있다면 먼저 삭제한다. 필요한 경우 주석 기호를 삭제하고 사용하면 된다.

❷ CREATE TABLE 명령을 이용해 댓글 데이터 구성 요소 표의 항목을 저장하는 테이블을 생성하는 SQL 구문이다. 테이블 생성 명령에는 IF NOT EXISTS 조건을 두어서 테이블이 존재하지 않는 경우에만 생성하도록 했다.

4.5.2 ▶ 프런트엔드 코드 작성

댓글이 상품 게시 페이지의 상품 정보 아래에 표시되도록 했다. 따라서 댓글 작성을 위한 입력 창과 댓글을 표시하는 요소를 상품 게시 페이지 코드 안에 작성하는 것이 가장 자연스럽다. 상품 게시 페이지 코드에는 이미 상품 정보 게시와 관련된 자바스크립트 코드가 기술되어 있다. 상품 게시 관련 기능을 담당하는 코드와 댓글 관련 코드가 분리되어 있으면 보기 편하고 관리하기도 편하다. 이를 위해 댓글 관련 코드를 추가하기에 앞서 상품 게시 페이지에서 상품 정보 게시 관련한 자바스크립트 코드를 별도의 파일로 분리하자.

appmain/static/js 디렉터리 아래에 display_article.js라는 이름으로 파일을 생성하고 상품 게시 페이지 display_article.html의 getArticleNo(), displayArticle(), getArticle() 함수와 이들 함수를 이벤트와 연결하는 이벤트 추가 함수를 display_article.js 파일로 옮긴다.

📁 예제 코드 **pyBook/appmain/static/js/display_article.js**

```javascript
function getArticleNo() {
    … 생략 - 내용 변경 없음 …
}

function displayArticle(categoryData, titleData, authorData, descData, priceData, imageURL) {
    … 생략 - 내용 변경 없음 …
}

function getArticle() {
    … 생략: 내용 변경 없음 …
}

window.addEventListener('load', getArticle);
```

그리고 diaplsy_article.html 파일 안에서 이 자바스크립트 파일을 참조할 수 있도록 기존 코드 대신 다음과 같이 앞서 작성했던 display_article.js 파일을 참조하는 스크립트 참조 구문을 기술한다.

```html
<!DOCTYPE html>
<html>
<head>
    ... 생략 - 내용 변경 없음 ...
</head>
<body>
    ... 생략 - 내용 변경 없음 ...
</body>
<script type="text/javascript" src="/static/js/navbar.js"></script>
<script type="text/javascript" src="/static/js/display_article.js"></script>
</html>
```

이제 페이지에 댓글 관련 요소를 추가해보자. 댓글을 남기기 위한 댓글 입력 영역, 댓글 남기기 버튼, 댓글을 페이지에 표시하기 위한 댓글 게시 영역과 댓글 더 보기 버튼 등을 상품 게시 페이지 아래쪽에 다음 그림과 같이 배치했다.

그림 4.22 댓글 관련 요소 ― 페이지 아랫부분

상품 정보 게시 페이지인 display_article.html 파일의 상품 정보 게시 영역 아래에 댓글 관련 HTML 요소를 추가한다.

```
<!DOCTYPE html>
<html>
<head>
    <meta charset="UTF-8">
    <link rel="stylesheet" href="/static/css/bootstrap.min.css">
    <title>Display Article</title>
</head>
<body>
    <div class="container">
        <div class="row navbar bg-light align-items-center">
            … 생략 - 내비게이션 바 …
        </div>
    </div>
    <div class="container mt-5">
        … 생략 - 상품 제목 영역 …
    </div>
    <div class="container mt-3">
        … 생략 - 상품 설명 영역 …
    </div>
    <div class="container mt-5">
        … 생략 - 상품 이미지 영역 …
    </div>
    <div class="container mt-1"> ❶
        <div class="row justify-content-center">
            <div class="col-9">
                <hr>              ❷
            </div>
        </div>
        <div id="leave_reply_div">
            <div class="row justify-content-center align-items-center">
                <div class="col-1">
                </div>          ❸
                <div class="col-6">
                    <form>
                        <textarea type="text" class="form-control" id="reply_input" rows="2"> ↵
</textarea> ❹
                    </form>
                </div>
                <div class="col-2" id="leave_reply_button_div">
                    <button type="button" class="btn btn-primary" id="leave_reply_button">남기기 ↵
</button> ❺
                </div>
            </div>
            <div class="row justify-content-center">
                <div class="col-9">
                    <hr>            ❻
                </div>
```

```
                    </div>
                </div>
❼  ┄┄┄<div class="row justify-content-center" id="display_reply_div">
    ┄┄┄</div>
        </div>
        <div class="container mt-5 mb-5">
            <div class="row justify-content-center"> ❽
                <div class="col-2" style="text-align: center">
                    <button type="button" class="btn btn-outline-dark" id="more_replies_button">더보기 ↵
</button>
                </div>
            </div>
        </div>
    </div>
</body>
<script type="text/javascript" src="/static/js/navbar.js"></script>
<script type="text/javascript" src="/static/js/display_article.js"></script>
</html>
```

❶ 댓글 관련한 전체 요소를 포함하는 영역이다. 댓글 입력 영역, 댓글 남기기 버튼, 댓글을 페이지에 표시하기 위한 댓글 게시 영역과 댓글 [더 보기] 버튼으로 구성된다.

❷ 댓글 영역을 상품 정보 게시 영역과 시각적으로 구분해주기 위해 댓글 영역 가로 너비의 9/12 크기로(col-9) 가로 행(<hr>)을 표시한다.

❸ 여백을 주기 위해 비어 있는 영역을 생성했다.

❹ 댓글을 입력할 수 있는 입력 창이다. 여러 줄의 문자열 입력이 가능하도록 입력 창 형태를 <textarea> 요소로 지정했다.

❺ 댓글 입력 창의 내용을 저장하고 페이지의 댓글 영역에 표시하는 기능을 제공하는 버튼 요소이다.

❻ 댓글 입력 영역과 댓글 표시 영역을 시각적으로 구분해주기 위해 가로 행 요소를 삽입했다.

❼ 댓글이 표시되는 영역이다. 자바스크립트를 이용하여 내용을 채울 것이다.

❽ 댓글들은 최근 것 몇 개만 표시되도록 했다. 더 이전에 작성된 댓글을 보기 위한 [더 보기] 버튼을 가로 행(row) 영역의 가운데(justify-content-center)에 2/12 크기(col-2)의 영역 안에 배치했다.

댓글 관련하여 추가한 HTML 요소가 페이지에 다음과 같은 요소를 생성할 것이다. 위로부터 댓글 입력 영역, 댓글 표시 영역, [더 보기] 버튼순이다.

그림 4.23 추가한 댓글 관련 요소의 페이지 뷰

HTML을 이용하여 댓글 관련한 요소의 틀을 구성했다. 이제 저장되어 있는 댓글을 화면에 표시하는 기능과 새 댓글을 서버에 전달하고 저장을 요청하는 기능을 수행하는 자바스크립트 코드를 작성해보자. 상품 정보 페이지에 상품 정보가 표시되면서 상품과 관련한 댓글도 함께 표시되도록 할 것이다. 상품 관련 댓글을 페이지에 표시하는 코드부터 살펴보자.

📂 예제 코드 pyBook/appmain/templates/display_article.html

```html
<!DOCTYPE html>
<html>
<head>
    … 생략 …
</head>
<body>
    … 생략 …
</body>
<script type="text/javascript" src="/static/js/navbar.js"></script>
<script type="text/javascript" src="/static/js/display_article.js"></script>
<script>
    const replyInput = document.querySelector('#reply_input');
    const leaveReplyDiv = document.querySelector('#leave_reply_div');
    const leaveReplyButton = document.querySelector('#leave_reply_button');       ❶
    const displayReplyDiv = document.querySelector('#display_reply_div');
    const moreRepliesButton = document.querySelector('#more_replies_button');

    let baseIndex = 0;
    const numReplyRead = 3;        ❷

    function displayReply() { ❸
        const authToken = sessionStorage.getItem("authtoken");
        if(!authToken){ ❹
            leaveReplyDiv.hidden = true;
        }
        const articleNo = getArticleNo();
```

```
        let formData = new FormData();

        formData.set("articleNo", articleNo);      ┄┄┄┄┄┄┄┐
        formData.set("baseIndex", baseIndex);              ❺
        formData.set("numReplyRead", numReplyRead); ┄┄┄┄┄┘

        fetch('/api/reply/get', {
            method: 'POST',
            body: formData
        }).then((response) => {
            return response.json();
        }).then((resBody) => {
            const replies = resBody["replies"];   ┄┄┄┄┄┄┐
                                                          ❻
            replies.forEach((reply) => {  ┄┄┄┄┄┄┄┄┄┄┄┘
                let replyRow = document.createElement('div');  ┄┄┄┄┄┐
                replyRow.className = 'row justify-content-center mt-2';  ❼
                replyRow.id = `reply_row-${reply["replyNo"]}`  ┄┄┄┄┄┘

                replyContent = `  ❽
                    <div class="col-1">
                    </div>
                    <div class="col-6">
                        <div class="row">
                            <div class="col-2">
                                ${reply["author"]}
                            </div>
                            <div class="col-7">
                                ${reply["desc"]}
                            </div>
                        </div>
                    </div>
                    <div class="col-2" class="delete_reply_button_div">
                        <button type="button" class="btn btn-secondary btn-sm" ↵
data-replyno="${reply["replyNo"]}">삭제</button>
                    </div>`;

                replyRow.innerHTML = replyContent;  ❾

                let deleteButton = replyRow.querySelector('button');  ❿

                if(!authToken){  ⓫
                    deleteButton.hidden = true;
                }
                else{
                    username = sessionStorage.getItem("username");
                    author = reply["author"]
```

```
                    if(username != author){ ⓬
                        deleteButton.hidden = true;
                    }
                    else{
                        deleteButton.addEventListener('click', onDeleteReplyHandler); ⓭
                    }
                }

                displayReplyDiv.appendChild(replyRow); ⓮
            });

            if(resBody["moreReplies"] === false){ ⓯
                moreRepliesButton.hidden = true;
            }

            baseIndex = baseIndex + numReplyRead; ⓰
        }).catch((error) => {
            console.log("[Error]getReply():", error);
        });
    }

    window.addEventListener('load', displayReply); ⓱
    moreRepliesButton.addEventListener('click', displayReply); ⓲

</script>
</html>
```

❶ 댓글 관련 HTML 요소를 자바스크립트 DOM 객체로 가져온다. 위부터 댓글 입력 창, 댓글 입력 창 영역, [댓글 남기기] 버튼, 댓글 표시 영역, [더 보기] 버튼순이다.

❷ baseIndex는 화면에 현재 표시된 댓글의 수를 저장하는 변수이고 numReplyRead는 한 번에 읽어올 댓글의 수를 저장하는 변수이다.

❸ displayReply() 함수는 게시물 번호와 현재 화면에 표시된 댓글의 수인 baseIndex과, 읽어올 댓글의 개수인 numReplyRead의 값을 서버의 /api/reply/get 엔드포인트로 전달하고 댓글을 요청한다. 이 같은 요청에 대해 서버는 게시물에 포함된 댓글을 데이터베이스에서 읽어 응답한다.

❹ 로그인하지 않은 익명의 사용자에게는 댓글 남기기 기능을 제공하지 않을 것이다. 로그인하지 않았다면 즉, 로그인 토큰이 없다면 댓글 입력 창 영역을 페이지에 표시하지 않는다.

❺ 서버로 보낼 요청의 본문에 상품 게시물 번호(articleNo), 현재 화면에 표시된 댓글의 개수 (baseIndex), 읽어올 댓글의 개수(numReplyRead)를 저장한다.

❻ 읽어온 댓글들은 배열에 담겨서 전달된다. 배열의 각 요소를 순차적으로 방문하여 각 댓글을 HTML 요소에 담고 페이지의 댓글 영역에 추가한다.

❼ 각각의 댓글을 감싸는 영역을 생성했다. 부트스트랩의 행 영역(row)에 가운데 정렬(justify-content-center) 디자인을 적용했고 각 댓글 영역의 id를 자바스크립트 템플릿 리터럴을 이용해서 'reply_row-댓글 일련번호'로 지정해주었다. id 값은 조금 후에 살펴볼 댓글 삭제 기능에서 화면에서 삭제할 댓글 요소를 식별하기 위해 사용될 것이다.

❽ 가장 앞의 빈 영역 <div class="col-1"></div>는 단순히 여백을 주기 위한 요소이다. 댓글을 작성자(author) – 댓글 내용(desc) – [삭제] 버튼(button)순으로 화면에 표시할 HTML 요소를 자바스크립트의 템플릿 리터럴 방법을 이용해서 생성했다.

댓글 삭제 버튼을 생성할 때 버튼의 data 속성에 다음과 같이 댓글의 일련번호(${resBody["replyNo"]})를 포함시켰다.

```
<button type="button" class="btn btn-secondary btn-sm" data-replyno="${resBody["replyNo"]}"> ↵
삭제</button>
```

data 속성의 값은 [삭제] 버튼이 클릭되었을 때 어떤 댓글의 [삭제] 버튼이 클릭되었는지 구분할 수 있도록 도와준다. [삭제] 버튼의 작동 원리에 대해서는 댓글 삭제 기능을 다룰 때 자세히 살펴보도록 하겠다.

❾ ❽ 과정에서 생성한 댓글 요소 replyContent를 ❼ 과정에서 생성한 부트스트랩 행 요소인 replyRow 안에 배치했다. 부트스트랩 행 요소는 작성자 – 댓글 내용 – [삭제] 버튼순으로 구성된 하나의 댓글을 가로로 배치하여 한 줄 안에 표시될 수 있도록 해준다.

❿ 댓글 [삭제] 버튼을 자바스크립트 DOM 객체로 가져왔다.

⓫ 댓글 [삭제] 버튼은 댓글을 작성한 사용자에게만 표시되어야 한다. 따라서 로그인되어 있지 않으면 댓글 [삭제] 버튼을 페이지에 표시하지 않는다.

⓬ 로그인한 사용자라 하더라도 댓글의 작성자가 아니라면(username != author) [삭제] 버튼을 화면에 표시하지 않는다

⓭ 로그인한 사용자가 댓글의 작성자인 경우에만 [삭제] 버튼을 페이지에 표시하고 이벤트 추가 함수를 이용해서 [삭제] 버튼을 삭제 처리 함수(onDeleteReplyHandler)와 연결한다.

⓮ 댓글 하나에 해당하는 replyRow 요소를 상품 게시 페이지의 댓글 영역인 displayReplyDiv에 추가한다. 그리고 댓글 요소 구성(❼~⓭) – 구성된 댓글 표시(⓮) 과정이 ❻의 forEach() 함수에

의해 각각의 댓글에 대해 반복된다.

⑮ 서버는 응답으로 댓글을 전달할 때 사용자가 아직 보지 않은 댓글이 남아 있는지 여부를 함께 전달하도록 할 것이다. 만약 남아 있는 댓글이 없다면 댓글 [더 보기] 버튼을 화면에 표시하지 않도록 했다.

⑯ 클라이언트는 댓글을 서버에 요청할 때 numReplyRead 변수에 설정되어 있는 개수만큼 요청하도록 했다. 따라서 페이지에 댓글이 추가되면 지금까지 가져온 댓글 수에 해당하는 변수인 baseIndex를 numReplyRead만큼 증가시킨다.

⑰ 상품 정보 게시 페이지의 HTML 요소가 화면에 모두 배치되면 DOM의 window 객체에 load 이벤트가 발생한다. load 이벤트가 발생하면 서버로부터 댓글을 가져와 화면에 표시하는 displayReply() 함수를 실행시키도록 이벤트 처리 함수를 추가했다.

⑱ 댓글 [더 보기] 버튼을 클릭하면 지정한 개수만큼 댓글을 더 가져와 보여주도록 [더 보기] 버튼과 displayReply() 함수를 이벤트 추가 함수를 이용하여 연결했다.

서버에 새 댓글을 전달하고 저장을 요청하는 자바스크립트 코드를 이어서 작성하자.

📁 예제 코드 pyBook/appmain/templates/display_article.html

```html
<!DOCTYPE html>
<html>
<head>
    … 생략 …
</head>
<body>
    … 생략 …
</body>
<script type="text/javascript" src="/static/js/navbar.js"></script>
<script type="text/javascript" src="/static/js/display_article.js"></script>
<script>
    const replyInput = document.querySelector('#reply_input');
    const leaveReplyDiv = document.querySelector('#leave_reply_div');
    const leaveReplyButton = document.querySelector('#leave_reply_button');
    const displayReplyDiv = document.querySelector('#display_reply_div');
    const moreRepliesButton = document.querySelector('#more_replies_button');

    let baseIndex = 0;
    const numReplyRead = 3;

    function displayReply() {
        … 생략 …
    }
```

```javascript
window.addEventListener('load', displayReply);
moreRepliesButton.addEventListener('click', displayReply);

function checkReplyInput() { ❶
    return replyInput.value.length > 0;
}

function onLeaveReplyHandler() { ❷
    const articleNo = getArticleNo(); ❸
    let isReplyInputValid = checkReplyInput(); ❹

    if(isReplyInputValid === true){ ❺
        let headerData = new Headers();
        let authToken = sessionStorage.getItem("authtoken");
        if(authToken){
            headerData.set("authtoken", authToken);
        }

        let formData = new FormData();

        formData.set("articleNo", articleNo); ··········
        formData.set("reply", replyInput.value); ···· ❺

        fetch('/api/reply/leave', {
            method: 'POST',
            headers: headerData,
            body: formData
        }).then((response) => {
            return response.json();
        }).then((resBody) => {
            let replyRow = document.createElement('div'); ················
            replyRow.className = 'row justify-content-center mt-2'; ❻
            replyRow.id = `reply_row-${resBody["replyNo"]}` ············

            replyContent = ` ❼
                <div class="col-1">
                </div>
                <div class="col-6">
                    <div class="row">
                        <div class="col-2">
                            ${resBody["author"]}
                        </div>
                        <div class="col-7">
                            ${resBody["desc"]}
                        </div>
                    </div>
                </div>
```

```
                    <div class="col-2" class="delete_reply_button_div">
                        <button type="button" class="btn btn-secondary btn-sm" ↵
data-replyno="${resBody["replyNo"]}">삭제</button>
                    </div>`;

            replyRow.innerHTML = replyContent; ❽

            let deleteButton = replyRow.querySelector('button'); ┈┈┈┈┈┈┈┈┈┈┈┈
            deleteButton.addEventListener('click', onDeleteReplyHandler); ┈┈┈┈ ❾

            displayReplyDiv.insertBefore(replyRow, displayReplyDiv.firstChild); ❿

            replyInput.value = ''; ⓫
            baseIndex = baseIndex + 1; ⓬
        }).catch((error) => {
            console.log('[Error]create_article.onSubmitHandler:', error);
        });
    }
  }

  leaveReplyButton.addEventListener('click', onLeaveReplyHandler); ⓭

</script>
</html>
```

❶ checkReplyInput() 함수는 입력한 댓글이 유효한지 확인한다. 댓글 입력 창에 입력한 내용의 길이가 0보다 큰지 확인한다.

❷ onLeaveReplyHandler() 함수는 댓글을 서버로 전달하고 저장을 요청한다. 서버에 댓글이 저장되면 입력된 댓글을 화면의 댓글 표시 영역에 나타낸다.

❸ 입력된 댓글이 속하게 될 게시물 번호를 URL에서 읽어온다.

❹ 입력된 새 댓글이 유효한지 확인한다.

❺ 입력한 댓글이 유효하다면, 즉 isReplyInputValid 값이 참(true)이라면 요청의 헤더에 로그인 토큰을 전달하고, 요청의 본문으로 현재 상품 게시물 일련번호(articleNo)와 새 댓글(replyInput.value)을 서버로 전달하고 저장을 요청한다.

❻ 각각의 댓글을 부트스트랩 행(row) 디자인이 적용된 HTML 영역 <div> 요소 안에 위치시켰다. 코드는 댓글이 들어갈 행 영역 요소를 생성한다.

❼ 댓글을 작성자(author), 댓글 내용(desc), [삭제] 버튼으로 구성했다. 가장 처음에 등장하는 내용이 비어 있는 <div class="col-1"></div> 요소는 여백을 주기 위한 공백 요소이다.

❽ ❼과정에서 작성자(author), 댓글 내용(desc), [삭제] 버튼 요소로 구성된 replyContent는 자바스크립트의 템플릿 리터럴을 이용해서 생성된 문자열이다. 이 문자열을 부트스트랩 행(row) 디자인이 적용된 HTML 영역인 replyRow의 내용으로 포함시켜 하나의 줄 안에 이들 내용이 배치되도록 했다.

❾ 댓글 [삭제] 버튼을 이벤트 추가 함수를 이용하여 댓글 삭제 함수와 연결한다.

❿ insertBefore() 함수는 첫 번째 인자로 전달한 HTML 요소를 두 번째 인자로 전달한 요소의 위에(앞에) 배치한다. insertBefore() 함수의 두 번째 인자가 화면에 표시되는 댓글 표시 영역 (displayReplyDiv)의 첫 번째 요소(firstChild), 즉 현재 가장 위의 댓글이므로 새로 입력한 댓글이 이전 댓글보다 위에 배치되도록 했다.

⓫ 입력 창의 내용을 비운다.

⓬ 입력한 댓글을 화면에 표시했으므로 화면에 표시된 댓글의 수를 나타내는 baseIndex에 1을 더해주었다.

⓭ 댓글 [남기기] 버튼이 클릭되었을 때 댓글 입력 함수인 onLeaveReplyHandler() 함수가 실행되도록 이벤트 추가 함수를 이용하여 이벤트와 함수를 연결한다.

댓글 관련한 프런트엔드 코드의 마지막으로 댓글 삭제 기능을 제공하는 자바스크립트 코드를 작성해보자. 댓글 삭제도 두 단계로 이루어진다. 먼저 서버에 삭제 대상 댓글의 삭제를 요청하고 서버로부터 삭제 완료 응답을 받으면 페이지에서 댓글을 삭제한다.

📁 예제 코드 pyBook/appmain/templates/display_article.html

```html
<!DOCTYPE html>
<html>
<head>
    … 생략 …
</head>
<body>
    … 생략 …
</body>
<script type="text/javascript" src="/static/js/navbar.js"></script>
<script type="text/javascript" src="/static/js/display_article.js"></script>
<script>
    const replyInput = document.querySelector('#reply_input');
    const leaveReplyDiv = document.querySelector('#leave_reply_div');
    const leaveReplyButton = document.querySelector('#leave_reply_button');
    const displayReplyDiv = document.querySelector('#display_reply_div');
    const moreRepliesButton = document.querySelector('#more_replies_button');
```

```
let baseIndex = 0;
const numReplyRead = 3;

function displayReply() {
    … 생략 …
}

window.addEventListener('load', displayReply);
moreRepliesButton.addEventListener('click', displayReply);

function checkReplyInput() {
    return replyInput.value.length > 0;
}

function onLeaveReplyHandler() {
    … 생략 …
}

leaveReplyButton.addEventListener('click', onLeaveReplyHandler);

function onDeleteReplyHandler(event) { ❶
    const replyNo = event.currentTarget.dataset.replyno; ❷

    let headerData = new Headers();
    const authToken = sessionStorage.getItem("authtoken");
    if(authToken){
        headerData.set("authtoken", authToken); ┄┄┄┄┄┄┐
    }                                                 │
                                                      │
    let formData = new FormData();                    ❸
                                                      │
    formData.set("replyNo", replyNo); ┄┄┄┄┄┄┄┄┄┄┄┄┄┄┄┘

    fetch('/api/reply/delete', { ❹
        method: 'POST',
        headers: headerData,
        body: formData
    }).then((response) => {
        return response.json();
    }).then((resBody) => {
        if(resBody["success"] === true){ ❺
            console.log('onDeleteReplyHandler():', replyNo);

            const targetReplyRowId = `#reply_row-${replyNo}`; ┄┄┄┄┄┄┄┄┄┄┄┄┄┄
            const targetReplyRow = document.querySelector(targetReplyRowId); ┄┄┄ ❻
            targetReplyRow.remove(); ❼
            baseIndex = baseIndex - 1; ❽
```

```
        }
    }).catch((error) => {
        console.log('[Error]onDeleteReplyHandler():', error);
    });
  }

</script>
</html>
```

❶ onDeleteReplyHandler() 함수는 서버에게 댓글 삭제를 요청하면서 로그인 토큰과 삭제 대상 댓글의 일련번호를 함께 전달한다. 서버는 로그인 토큰을 이용해서 댓글 삭제 요청을 보낸 사용자가 댓글의 작성자가 맞는지 확인한 후 삭제할 것이다.

❷ 댓글 행 영역을 자바스크립트 템플릿 리터럴을 이용해서 생성할 때 다음과 같이 [삭제] 버튼의 data 속성에 댓글 일련번호를 포함하도록 했다.

```
<button type="button" class="btn btn-secondary btn-sm" data-replyno="${resBody["replyNo"]}">삭제 ↵
</button>
```

예를 들어 댓글 일련번호가 27번인 댓글이라면 삭제 버튼의 HTML 요소는 다음과 같이 생성된다.

```
<button type="button" class="btn btn-secondary btn-sm" data-replyno="27">삭제</button>
```

위 버튼 요소에서 'data-변수 이름'으로 표현된 data 속성의 값을 자바스크립트 코드에서 다음과 같이 해당 요소의 dataset 속성을 읽음으로써 얻을 수 있다.

```
DOM 요소.dataset.변수 이름
```

코드에서 event.currentTarget은 클릭 이벤트가 일어난 대상인 button 요소이며 이 버튼 요소에서 dataset.replyno 속성의 값을 읽으면 버튼 요소를 생성할 때 설정했던 data-replyno 속성의 값 즉, 삭제 대상 댓글의 일련번호를 얻을 수 있다.

❸ 로그인 토큰과 삭제 대상 댓글의 일련번호를 각각 요청의 헤더 데이터와 본문 데이터에 포함시킨다.

❹ 웹 서버의 /api/reply/delete 엔드포인트로 삭제 대상 댓글의 삭제를 요청한다.

❺ 삭제 요청 대상 댓글이 서버에서 삭제되었다는 응답을 받으면 클라이언트도 페이지에서 댓글을 삭제한다.

❻ 클라이언트는 페이지에서 id가 'reply_row-댓글 일련번호'인 HTML 요소를 querySelector() 함수를 이용하여 선택한다.

❼ remove() 함수를 이용하여 삭제 대상 댓글 요소를 페이지에서 삭제한다.

❽ 댓글 삭제로 화면에 표시되는 댓글의 수도 줄었으므로 페이지에 표시된 댓글 개수에 해당하는 baseIndex 값도 삭제된 댓글 개수인 1만큼 감소시켰다.

댓글과 관련한 프런트엔드 코드를 살펴보았다. 프런트엔드 코드로부터 요청을 받고 댓글을 서버에 저장하고, 저장된 댓글을 읽어서 전달하거나 삭제하는 백엔드 코드를 작성해보자.

4.5.3 ▶ 백엔드 코드 작성

백엔드 코드는 요청에 따라 데이터를 저장하거나 읽고 삭제하기만 하고 별도로 페이지에 표시할 요소를 생성하거나 관리할 필요가 없기 때문에 프런트엔드 코드에 비해 직관적이고 이해하기 쉽다. reply 패키지(pyBook/appmain/reply) 안에 routes.py 파일을 새로 생성하고 댓글 관련한 기능을 구현하는 백엔드 코드를 모아서 관리하자.

먼저 댓글을 받아서 저장하는 /api/reply/leave 엔드포인트의 기능에 해당하는 leaveReply() 함수를 살펴보자.

📁 예제 코드 pyBook/appmain/reply/routes.py

```python
from flask import Blueprint, request, make_response, jsonify

import sqlite3

from appmain import app

from appmain.utils import verifyJWT, getJWTContent

reply = Blueprint('reply', __name__)


@reply.route('/api/reply/leave', methods=['POST'])
def leaveReply():
    headerData = request.headers
    data = request.form
```

```
authToken = headerData.get("authtoken")

payload = {"success": False}

if authToken:                                          ❶
    isValid = verifyJWT(authToken)

    if isValid:
        token = getJWTContent(authToken)
        username = token["username"]

        articleNo = data.get("articleNo")
        reply = data.get("reply")

        conn = sqlite3.connect('pyBook.db')
        cursor = conn.cursor()

        if cursor:
            SQL = 'INSERT INTO replies (author, description, targetArticle) VALUES(?, ?, ?)'
❷          cursor.execute(SQL, (username, reply, articleNo))
            replyNo = cursor.lastrowid ❸
            conn.commit()

            # SQL = 'SELECT * FROM replies'
            # cursor.execute(SQL)
            # rows = cursor.fetchall()
            # for row in rows:
            #     print(row)

            cursor.close()
        conn.close()

        payload = {"success": True, "replyNo": replyNo, "author": username, "desc": reply} ❹
    else:   # if isValid:
        pass
else:   # if authToken:
    pass

return make_response(jsonify(payload), 200)
```

❶ 사용자가 보내온 로그인 토큰을 이용하여 요청이 정상적으로 로그인한 사용자가 보낸 것인지 판별한다.

❷ 요청이 정상적인 경우라면 INSERT 명령을 이용하여 데이터베이스의 `replies` 테이블에 댓글 데이터를 저장한다.

❸ 댓글의 일련번호는 데이터베이스에 댓글을 저장할 때 생성된다. 데이터베이스에 데이터를 저장한 후에 저장된 데이터의 일련번호(테이블에서 PRIMARY KEY로 지정된 열의 값)를 cursor의 lastrowid 속성 값을 이용해서 얻을 수 있다.

> **노트** INSERT 명령에 의해 저장된 데이터의 일련번호(key column value)를 'SELECT LAST_INSERT_ID()' SQL 명령을 이용해서 얻을 수도 있다.

❹ 댓글 저장 요청에 대한 응답은 요청의 성공 여부(success), 댓글 일련번호(replyNo), 작성자(author), 저장한 댓글 내용(desc)으로 구성된다.

데이터베이스에 저장되어 있는 댓글을 읽어서 전달하는 기능을 구현하는 getReply() 함수를 leaveReply() 함수에 이어서 작성해보자.

📂 예제 코드 **pyBook/appmain/reply/routes.py**

```python
from flask import Blueprint, request, make_response, jsonify
… 생략 …

reply = Blueprint('reply', __name__)

@reply.route('/api/reply/leave', methods=['POST'])
def leaveReply():
    … 생략 …

@reply.route('/api/reply/get', methods=['POST'])
def getReply(): ❶
    data = request.form
    articleNo = data["articleNo"]
    baseIndex = data["baseIndex"]             ❷
    numReplyRead = data["numReplyRead"]

    payload = {"success": False}

    try:
        conn = sqlite3.connect('pyBook.db')
        cursor = conn.cursor()

        if cursor:
            SQL = 'SELECT replyNo, author, description FROM replies WHERE targetArticle=? \
            ORDER BY replyNo DESC LIMIT ?,?' ❸
            cursor.execute(SQL, (articleNo, baseIndex, numReplyRead))
            result = cursor.fetchall()
```

```
        SQL = 'SELECT COUNT(*) FROM replies WHERE targetArticle=?' ⋯⋯⋯⋯⋯
        cursor.execute(SQL, (articleNo,))                              ❹
        numTotalReply = cursor.fetchone()[0] ⋯⋯⋯⋯⋯⋯⋯⋯⋯⋯⋯⋯⋯⋯⋯⋯⋯⋯⋯

        cursor.close()
    conn.close()

 ⋯⋯replies = []
 ❺
    for reply in result:
 ⋯⋯⋯⋯⋯⋯replies.append({"replyNo": reply[0], "author": reply[1], "desc": reply[2]})

    if numTotalReply <= (int(baseIndex) + int(numReplyRead)): ❻
        moreReplies = False
    else:
        moreReplies = True

    payload = {"success": True, "replies": replies, "moreReplies": moreReplies} ❼
except Exception as err:
    print('[Error]getReply():%s' % err)

return make_response(jsonify(payload), 200)
```

❶ 댓글 정보 요청을 처리하는 getReply() 함수는 로그인 여부와 관계 없이 댓글을 볼 수 있도록 로그인 여부를 확인하지 않는다.

❷ 클라이언트가 보내온 댓글이 속한 게시물의 정보(articleNo), 읽을 댓글의 위치(baseIndex), 읽을 댓글의 수(numReplyRead) 세 값을 요청의 본문에서 읽는다.

❸ 데이터베이스에 저장된 댓글을 읽을 때 최신 댓글부터 일정한 개수(numReplyRead)만큼만 가져 온다. SQL 명령어의 ORDER BY DESC replyNo 옵션은 댓글의 일련번호(replyNo)가 큰 것이 조회 결과의 앞에 오도록 내림차순descending order으로 정렬한다. 따라서 가장 최근에 저장된 댓글이 데이터베이스 조회 결과의 앞 부분에 위치하게 된다.

SQL 명령에서 ORDER BY 옵션 뒤에 위치하는 LIMIT 옵션은 읽을 데이터의 위치를 첫 번째 인 자로 전달받고 읽을 데이터의 개수를 두 번째 인자로 전달받는다. 예제처럼 LIMIT baseIndex, numReplyRead와 같이 적용하면 baseIndex부터 시작하여 numReplyRead에 지정된 수만큼 데 이터를 읽어오게 된다.

❹ 'SELECT COUNT(*) FROM replies WHERE targetArticle=?' 명령은 targetArticle의 값에 해 당하는 게시물에 포함되어 있는 댓글의 전체 개수(COUNT(*))를 반환한다. 이 값과 baseIndex 그리고 numReplyRead 값을 이용해서 사용자가 읽지 않은 댓글이 있는지 계산할 수 있다.

❺ ❸ 과정에서 읽어온 댓글을 replies 변수로 지정된 배열의 원소로 만들어 전달한다. 배열의 원소인 각 댓글을 다음과 같이 구성했다.

```
{"replyNo": reply[0], "author": reply[1], "desc": reply[2]}
```

❻ 만약 현재까지 읽은 댓글의 수인 baseIndex + numReplyRead 값이 전체 댓글 수인 numTotalReply 보다 크거나 같으면 더 이상 읽을 댓글이 없는 것이므로 이를 moreReplies = False로 설정하여 응답한다.

❼ 클라이언트의 요청에 대한 응답인 payload는 다음과 같이 구성되어 있다.

```
payload = {"success": 요청의 성공 여부, "replies": 댓글들, ↵
"moreReplies": 더 읽을 댓글이 있는지 여부}
```

댓글 관련한 백엔드 코드에서 마지막으로 작성할 댓글 삭제 기능은 먼저 요청이 정상적으로 로그인한 사용자로부터 왔는지 확인하고 데이터베이스에서 댓글을 삭제하도록 작성한다.

📁 예제 코드 pyBook/appmain/reply/routes.py

```python
from flask import Blueprint, request, make_response, jsonify
… 생략 …

reply = Blueprint('reply', __name__)


@reply.route('/api/reply/leave', methods=['POST'])
def leaveReply():
    … 생략 …

@reply.route('/api/reply/get', methods=['POST'])
def getReply():
    … 생략 …

@reply.route('/api/reply/delete', methods=['POST'])
def deleteReply():
    headerData = request.headers
    data = request.form

    authToken = headerData.get("authtoken")

    payload = {"success": False}

    if authToken:
        isValid = verifyJWT(authToken)                ❶

        if isValid:
```

```
            replyNo = data.get("replyNo")

            conn = sqlite3.connect('pyBook.db')
            cursor = conn.cursor()

            if cursor: ❷
                SQL = 'DELETE FROM replies WHERE replyNo=?'
                cursor.execute(SQL, (replyNo,))
                conn.commit()

            payload = {"success": True} ❸
        else:    # if isValid:
            pass
    else:    # if authToken:
        pass

    return make_response(jsonify(payload), 200)
```

❶ 댓글 삭제 요청이 정상적으로 로그인한 사용자로부터 온 것인지 로그인 토큰을 이용해 확인한다.

> **노트** 댓글 삭제 기능에서 댓글 작성자와 삭제를 요청한 사용자가 같은지 확인하는 부분이 생략되어 있는데
> 이는 이미 프런트엔드 코드에서 작성자가 아닌 경우 [삭제] 버튼을 보여주지 않았기 때문이다.

❷ 서버의 데이터베이스에서 요청받은 댓글 일련번호(replyNo)에 해당하는 댓글을 삭제한다.

❸ 댓글 삭제 요청의 처리가 정상적으로 이루어졌음을 응답한다.

백엔드 코드에 댓글 기능을 관리하는 reply 패키지와 댓글 관리 기능을 수행하는 함수들 그리고
이 함수를 클라이언트로부터 요청을 받아들이는 주소인 각 엔드포인트와 연결해주는 Blueprint
객체를 추가했다. 따라서 새로 생성한 Blueprint 객체를 웹 서버 객체인 Flask 객체에 등록해주어
야 한다.

📁 예제 코드 **pyBook/appmain/__init__.py**

```
from flask import Flask
from flask_mail import Mail

app = Flask(__name__)

app.config["SECRET_KEY"] = 'e2a14e9612b8bdfc57201cfce12b6c8f'

app.config["MAIL_SERVER"] = 'smtp.gmail.com'
app.config["MAIL_PORT"] = 587
```

```
app.config["MAIL_USE_TLS"] = True
app.config["MAIL_USERNAME"] = 'YOUR_ACCOUNT'
app.config["MAIL_PASSWORD"] = 'YOUR_PASSWORD'

mail = Mail(app)

from appmain.routes import main
app.register_blueprint(main)

from appmain.user.routes import user
app.register_blueprint(user)

from appmain.article.routes import article
app.register_blueprint(article)

from appmain.reply.routes import reply ········
app.register_blueprint(reply) ···················· ❶
```

❶ reply 패키지의 routes.py 파일 안의 Blueprint 객체인 `reply`를 웹 서버 객체인 Flask 객체에 등록해준다.

댓글 관련 기능을 추가하기 위해 새로 생성했거나 수정한 파일을 프로젝트 관점에서 살펴보면 다음과 같다. 추가되었거나 변경된 파일을 굵은 글씨체로 나타내었다.

```
pyBook
  └ appmain
     ├ article
     ├ reply
     │   ├ __init__.py
     │   └ routes.py
     ├ static
     │   └ js
     │      ├ navbar.js
     │      └ display_article.js
     ├ templates
     │   └ display_article.html
     └ user
     __init__.py
     routes.py
     utils.py
  run.py
```

프로젝트의 run.py 스크립트를 실행해 플라스크 서버를 실행시키고 웹 브라우저를 이용하여 웹 서버에 접속한 후 상품 정보 게시 페이지의 댓글 남기기, 더 보기, 삭제 기능이 오류 없이 작동하는지 확인해 본다. 댓글을 작성하기 위해서는 로그인이 필요하다. 4개 이상 댓글을 작성해본 후 다시 상품 항목에 접속하면 [더 보기] 버튼이 나타난다.

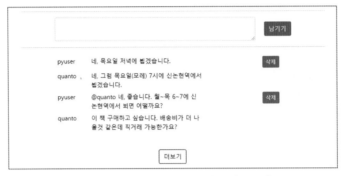

그림 4.24 **댓글 입력 결과 및 기존 댓글 표시**

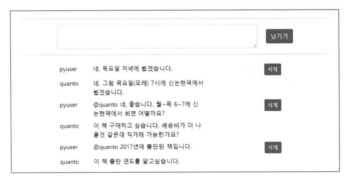

그림 4.25 **댓글 더 보기 기능**

4.6 상품 검색

> **목표** > 특정 키워드를 포함한 컨텐츠를 데이터베이스에서 검색하는 방법을 살펴본다.
>
> > 웹 서비스의 메인 페이지를 완성한다.

> **소스** > https://github.com/sgkim-pub/pyBook/tree/04-06

4.2절에서 웹 서비스의 메인 페이지를 만들면서 상품을 검색할 수 있는 입력 창과 버튼을 페이지에 구현했다.

그림 4.26 상품 검색 창

하지만 페이지에 뷰 요소들만 있을 뿐 아직 기능은 없다. 이번 절에서는 상품을 검색하는 기능을 구현하고 예제 프로젝트를 마무리하도록 하자.

4.6.1 프런트엔드 코드 작성

상품 검색을 요청하고 검색 결과를 표시하기 위해 웹 서비스의 메인 페이지 파일인 index.html 파일 안에 검색을 요청하는 searchArticle() 함수와 검색 결과를 페이지에 표시하는 함수인 displaySearchResults() 함수를 추가하자. 상품 검색을 위해 추가한 이들 두 함수 그리고 이들과 관련한 요소 외의 내용은 기존과 동일하므로 생략했다.

📁 예제 코드 **pyBook/appmain/templates/index.html**

```
<!DOCTYPE html>
<html>
<head>
    … 생략 …
</head>
<body>
    <div class="container">
        <div class="row navbar bg-light align-items-center">
```

```
                ... 생략 - 내비게이션 바 ...
            </div>
        </div>
        <div class="container mt-5">
            <div class="row justify-content-center">
                ... 생략 - 상품 검색 창 ...
            </div>
            <div class="row justify-content-center mt-5">
                <div class="col-10"><hr></div>
            </div>
            <div class="row justify-content-center mt-3">
                <div class="col-8" id="recent_articles_div"></div>
            </div>
            <div class="row justify-content-center mt-3"> ❶
                <div class="col-8" id="search_result_div"></div>
            </div>
        </div>
    </body>
    <script type="text/javascript" src="/static/js/navbar.js"></script>
    <script>
        const recentArticlesDiv = document.querySelector('#recent_articles_div');
        const searchInput = document.querySelector('#search_input');
        const searchButton = document.querySelector('#search_button');
        const searchResultDiv = document.querySelector('#search_result_div');

        function displayRecentArticles(articles) {
            ... 생략 ...
        }

        window.addEventListener('load', getRecentArticles);

        function getRecentArticles() {
            ... 생략 ...
        }

        function displaySearchResults(articles) { ❷
            articles.forEach((article) => { ❸
                let articleNo = article["articleNo"];
                let title = article["title"];
                let desc = article["desc"];

                let cardDiv = document.createElement('div'); ┄┄┄┄┄
                cardDiv.className = 'card mt-2'; ┄┄┄┄┄┄┄┄┄┄┄┄┄┄┄┄┄┄┄ ❹

                let articleElement = `
                    <h5 class="card-header"> ❺
                        <a class="link-primary text-decoration-none" ↵
href="/display_article/${articleNo}">
                            ${title}
                        </a>
```

```
            </h5>
            <p class="card-text text-truncate px-3 py-2"> ❻
                <a class="link-secondary text-decoration-none" ↵
href="/display_article/${articleNo}">
                    ${desc}
                </a>
            </p>
        `;

        cardDiv.innerHTML = articleElement; ❼
        searchResultDiv.appendChild(cardDiv); ❽
    });

    let vacantDiv = document.createElement('div'); ┄┄┄┄┄┄┐
    vacantDiv.className = 'card mt-5';                      │
    vacantDiv.style = 'border: None;';                   ❾
    searchResultDiv.appendChild(vacantDiv); ┄┄┄┄┄┄┄┄┄┄┘
}

function searchArticle() { ❿
    let searchKeyword = searchInput.value; ⓫

    if(searchKeyword.length > 0){ ⓬

        let formData = new FormData();

        formData.set("searchKeyword", searchKeyword); ⓭

        fetch('/api/article/search', { ⓮
            method: 'POST',
            body: formData
        }).then((response) => {
            return response.json();
        }).then((resBody) => {
            recentArticlesDiv.parentElement.remove(); ⓯
            const prevSR = searchResultDiv.querySelectorAll('.card'); ┄┄┄┄┐
                                                                           │
            if(prevSR.length > 0){                                         │
                prevSR.forEach((prevItem) => {                          ⓰
                    prevItem.remove();                                     │
                });                                                        │
            } ┄┄┄┄┄┄┄┄┄┄┄┄┄┄┄┄┄┄┄┄┄┄┄┄┄┄┄┄┄┄┄┄┄┄┄┄┄┄┄┄┄┄┘

            if(resBody["success"] === true){ ⓱
                displaySearchResults(resBody["articles"]);
            }
            else{ ⓲
                let cardDiv = document.createElement('div');
                cardDiv.className = 'card mt-2 text-center';
                cardDiv.style = 'border: None;';
```

```
                    const noSR = '<p>죄송합니다. 상품을 찾을 수 없습니다.</p>';

                    cardDiv.innerHTML = noSR;
                    searchResultDiv.appendChild(cardDiv);
                }
            }).catch((error) => {
                console.log('[Error]searchArticle():', error);
            });
        }
    }

    searchButton.addEventListener('click', searchArticle); ⑲
</script>
</html>
```

❶ 검색 결과를 표시할 영역에 해당하는 HTML 요소를 추가했다. 기존의 최근 상품 게시 영역(id="recent_articles_div") 바로 아래에 검색 결과를 표시할 검색 결과 영역(id="search_result_div")을 추가했다.

❷ displaySearchResults() 함수는 검색 결과를 페이지에 표시하기 위한 HTML 요소를 동적으로 생성하는 역할을 하는 함수로서 searchArticle() 함수에 의해 호출된다.

❸ 검색 결과 안에는 여러 개의 상품이 있을 수 있다. 따라서 검색 결과는 articles라는 이름의 배열로 전달된다. forEach() 함수를 이용하여 배열의 각 원소에 해당하는 상품 게시 정보를 순서대로 방문한다.

❹ 검색 결과로 여러 건의 상품들이 얻어질 수 있다. 각 상품 정보를 감싸기 위해 클래스 속성이 card mt-2인 영역(<div>)을 생성했다. card mt-2인 영역(<div>)을 생성했다.

❺ 상품 제목(${title})을 HTML의 제목 태그 <h5>를 이용하여 표시하고, 이 제목을 해당하는 상품 페이지와 링크(<a>...</a> 태그)를 이용해 연결한다.

> **노트** HTML 제목 태그는 <h1>~<h6>의 6가지가 있다. <h1>이 가장 큰 크기이고 <h6>이 가장 작은 크기의 제목이다.

❻ 상품 설명은 모든 내용을 다 표시하지는 않고 영역의 크기인 한 줄만큼만 표시하도록 부트스트랩의 text-truncate 디자인을 적용했다. 상품 설명도 ❺의 상품 제목과 마찬가지로 링크(<a> … </a>)로 되어 있어 이를 클릭하면 상품 상세 페이지로 이동할 수 있도록 했다.

❼ ❹ 과정에서 생성한 영역 안에 ❺~❻ 과정을 통해 HTML 요소로 정리한 검색 결과를 포함시킨다.

❽ 최종적으로 ❼의 각 검색 결과 영역을 ❶의 상품 검색 결과 영역 안에 포함시킨다.

❾ 검색 결과를 모두 배치한 후 빈 영역을 하나 생성하여 그 아래에 배치했다. 심미적으로 여백을 주기 위한 요소로 그 외의 특별한 용도는 없다.

❿ searchArticle() 함수는 검색 창에 입력한 키워드로 서버에 검색을 요청하고 응답으로 그 결과를 받는다.

⓫ 검색 창에 입력된 내용을 읽어온다.

⓬ 검색 키워드의 길이가 1글자 이상일 때 검색을 수행한다.

⓭ 검색 키워드를 요청의 본문에 포함시킨다.

⓮ ⓫의 검색 키워드로 서버에 검색을 요청한다.

⓯ 서버로부터 검색 결과를 받으면 메인 페이지의 최근 게시물을 제거한다. recentArticlesDiv (id ="recent_articles_div")와 그 상위 요소인 recentArticlesDiv.parentElement는 다음과 같이 부모-자식 관계로 구성되어 있다.

```
<div class="row justify-content-center mt-3">
    <div class="col-8" id="recent_articles_div"></div>
</div>
```

따라서 recentArticlesDiv.parentElement.remove()와 같이 remove() 함수를 호출하면 부모와 이 영역에 포함된 자식 영역이 모두 페이지에서 제거된다.

⓰ 이전 검색 결과를 페이지에서 제거하는 과정이다. 앞서 displaySearchResults() 함수에서 검색 결과를 화면에 표시하는 과정을 자세히 살펴보면 검색 결과는 클래스 속성의 값이 card인 영역(div) 안에 표시된다. 따라서 querySelectorAll('.card') DOM 함수를 사용하면 클래스 속성의 값이 card인 모든 HTML 요소를 배열 형태로 얻을 수 있다. 만약 이전 검색 결과를 표시하는 HTML 요소가 존재한다면(즉, 위 배열의 길이가 0보다 크다면) 이들을 페이지에서 제거한다.

⓱ 검색 결과를 displaySearchResults() 함수에 전달하여 페이지에 검색 결과가 표시되도록 한다.

⓲ 만약 검색 결과가 없다면 검색 결과 영역 안에 상품을 찾을 수 없다는 메시지를 표시한다. 메시지를 표시하기 위해 부트스트랩의 카드 디자인이 적용된 영역을 생성하고 메시지를 이 영역 안에 포함시켰다. 그리고 메시지가 포함된 이 영역(cardDiv)을 검색결과 영역(searchResultDiv)

의 하위 요소(child)로 위치시킨다(appendChild()). 검색 결과가 없다면 검색 결과 영역 (id="search_result_div") 안에 다음과 같이 HTML 요소가 생성될 것이다.

```html
<div class="col-8" id="search_result_div">
    <div class="card mt-2 text-center" style="border: none;">
        <p>죄송합니다. 상품을 찾을 수 없습니다.</p>
    </div>
</div>
```

⑲ 검색을 요청하는 searchArticle() 함수와 검색 버튼(searchButton)을 이벤트 추가 함수를 이용해서 연결한다.

4.6.2 ▶ 백엔드 코드 작성

클라이언트로부터 상품 검색 요청을 받아서 처리하는 백엔드 코드를 만들어보자. 상품 게시물 관리와 관련된 기능이므로 article 디렉터리의 routes.py 파일 안에 **searchArticles()**라는 이름의 함수로 작성했다.

📂 예제 코드 **pyBook/appmain/article/routes.py**

```python
import os

from flask import Blueprint, send_from_directory, make_response, jsonify, request, url_for
import sqlite3

from appmain import app

from appmain.utils import verifyJWT, getJWTContent, savePic

article = Blueprint('article', __name__)

@article.route('/create_article')
def createArticlePage():
    return send_from_directory(app.root_path, 'templates/create_article.html')

@article.route('/api/article/create', methods=['POST'])
def createArticle():
    … 생략 …

@article.route('/api/article/recent', methods=['GET'])
def getRecentArticles():
    … 생략 …
```

```
@article.route('/display_article/<int:articleNo>', methods=['GET'])
def displayArticlePage(articleNo):
    return send_from_directory(app.root_path, 'templates/display_article.html')

def translateCategory(catId):
    … 생략 …

@article.route('/api/article/display', methods=['GET', 'POST'])
def displayArticle():
    … 생략 …

@article.route('/update_article/<int:articleNo>', methods=['GET'])
def updateArticlePage(articleNo):
    return send_from_directory(app.root_path, 'templates/update_article.html')

@article.route('/api/article/update', methods=['POST'])
def updateArticle():
    … 생략 …

@article.route('/api/article/delete', methods=['POST'])
def deleteArticle():
    … 생략 …

@article.route('/api/article/search', methods=['POST'])
def searchArticles():
    data = request.form

    searchKeyword = data.get("searchKeyword")  ❶

    payload = {"success": False}

    conn = sqlite3.connect('pyBook.db')
    cursor = conn.cursor()

    if cursor:
        SQL = 'SELECT articleNo, author, title, category, description, price, picture \
        FROM articles WHERE title LIKE "%{skwd}%" ORDER BY articleNo DESC'. ↵
format(skwd=searchKeyword)  ❷
        cursor.execute(SQL)  ················  ❸
        result = cursor.fetchall()  ·······  ❸

        cursor.close()
    conn.close()

    searchResults = []  ❹

    if len(result) > 0:  ❺
    ····· for article in result:
      ❻ ············· searchResults.append({"articleNo": article[0], "title": article[2], "desc": article[4]})
```

```
        payload = {"success": True, "articles": searchResults} ❼

    return make_response(jsonify(payload), 200)
```

❶ 요청의 본문(body)에서 검색 키워드(searchKeyword)를 읽는다.

❷ 데이터베이스 명령인 SQL 명령어를 생성할 때 파이썬의 `format()` 함수를 사용했다. 구문 검색을 위한 SQL 명령어 안에 % 기호가 포함되는데 % 기호를 파이썬의 문자열 포매팅 방법에서는 사용할 수 없기 때문이다. SQL 명령어에서 '검색대상 LIKE "%검색어%"' 옵션은 검색어가 포함된 검색 대상을 모두 선택하도록 해준다.

> **노트** 참고로 파이썬의 `format()` 함수 사용 방법은 다음과 같다. 문자열 안의 변수를 `format()` 함수에 전달한 인자들로 치환해준다.
>
> ```
> '문자열 {변수 1} {변수 2} 문자열 {변수 n}'.format(변수 1=대체할 내용1, ↵
> 변수 2=대체할 내용2, …, 변수 n=대체할 내용n)
> ```

❸ SQL 명령어 실행 결과는 배열 형태로 `result` 변수에 담겨 반환된다.

❹ ❸의 검색 결과는 하나 이상이 될 수 있다. 따라서 이들을 배열에 담아 클라이언트에 전달한다.

❺ 검색 결과가 있다면(검색 결과가 포함된 배열의 길이가 0보다 크다면) 그 결과를 클라이언트에게 전달하기 위해 가공한다.

❻ 각각의 검색 결과를 게시물 일련번호(articleNo), 제목(title), 상품 설명(desc)의 세 요소로 이루어진 객체로 구성한 후 이들을 다시 `searchResults`라는 이름의 배열에 포함시켜 클라이언트에게 전달한다.

❼ 클라이언트의 검색 요청에 대한 최종 응답은 요청 처리 결과(success)와 검색 결과(articles) 두 항목으로 구성된다. 검색이 정상적으로 이루어졌더라도 검색 결과는 없을 수 있다(키워드에 해당하는 상품이 없는 경우). 따라서 이 경우에도 검색 요청은 정상적으로 처리된 것이므로 요청 처리 결과(success)는 참(True)으로 응답된다.

검색 기능을 구현하기 위해 수정한 파일을 프로젝트 관점에서 살펴보면 다음과 같다. 수정된 파일을 굵은 글씨로 나타내었다.

```
pyBook
  └ appmain
      ├ article
      │   ├ __init__.py
      │   └ routes.py
      ├ reply
      ├ static
      ├ templates
      │   └ index.html
      └ user
      __init__.py
      routes.py
      utils.py
  run.py
```

> **노트** 쿠팡, 옥션, 아마존과 같은 전자상거래 서비스나 네이버, 다음, 구글과 같은 전문적인 검색 서비스는 검색을 위해 복잡한 알고리즘을 사용하지만 이 책의 예제에서는 데이터베이스에서 상품 이름을 검색하고 그 결과를 페이지에 표시하도록 했다.
>
> 만약 검색 기능을 좀 더 지능적으로 개선하려면 연관 키워드 검색, 추천 시스템 등과 같은 알고리즘을 추가해볼 수 있다. 살펴볼 만한 자료로 Jure Leskovec, Anand Rajaraman, Jeffrey D. Ullman의 《Mining of Massive Datasets》(http://infolab.stanford.edu/~ullman/mmds/book.pdf)에서 3장 Finding Similar Items, 6장 Frequent Items, 9장 Recommendation Systems가 있다. 무엇보다 저자들이 파일 형태로 책을 공개하고 있으므로 무료로 이용할 수 있다. 책의 내용을 모두 공부하기보다는 책의 소제목들을 키워드로 다양한 자료들을 추가로 찾아볼 수 있다.

4.6.3 ▶ 예제 실행

pyBook 프로젝트의 run.py 파일을 실행해 플라스크 웹 서버를 실행하고 웹 서비스에 접속하여 검색 기능이 정상적으로 작동하는지 살펴보자.

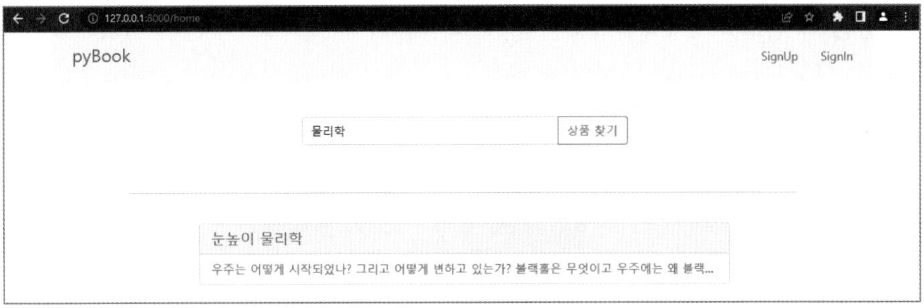

그림 4.27 **상품 검색 결과**

그림 4.28 상품 검색 결과 - 검색 결과 없음

4.7 예제를 마무리하며

2장에서 서버와 클라이언트 개념과 작동 원리에 대해 살펴보고 백엔드 코드와 프런트엔드 코드를 분리한 웹 프로그램 구조에 대해 살펴보았다. 3장과 4장에서 파이썬과 플라스크를 이용하여 백엔드 코드를 만들고, HTML과 자바스크립트로 프런트엔드 코드를 작성하여 웹 서비스를 만들어보았다.

그림 4.29 웹 프로그램 작성에 사용된 언어

책의 처음에 꺼냈던 두 질문을 다시 살펴보자. 웹 프로그래밍을 배우기 위해 어디에서부터 시작해야 할까? 프런트엔드 코드 작성을 배우기 위해서는 선택의 여지가 거의 없다. HTML과 자바스크립트는 필수로 사용해야 한다. 선택할 수 있는 것이 있다면 페이지 디자인을 도와줄 CSS 라이브러리 정도라고 할 수 있다(이 책에서는 부트스트랩을 이용했다).

따라서 이 질문은 보통 백엔드 웹 프레임워크의 선택 문제로 구체화된다. 여기에 대해 자신이 가장 자주 사용하고 있는 언어로 구현된 웹 프레임워크를 선택하면 된다고 이야기하고 싶다. 백엔드 코드의 역할은 클라이언트로부터 요청을 받고 응답하는 것이다. 파이썬 플라스크, 장고, 익스프레스, 네스트JS, 스프링 등 모든 웹 프레임워크가 이 작업을 문제없이 수행한다.

두 번째 질문을 살펴보자. 지금 사용하고 있는 것을 버리고 새 프레임워크나 언어로 갈아타야 할까? 그 답은 현재 웹 서비스가 가진 문제, 그리고 이상적으로 생각하는 상태에 달려 있다. 예를 들어 성능 개선이 필요하지만 서버를 증설하기 어렵다면 크고 무거운 객체를 생성하는 웹 프레임워크보다 작고 가벼운 객체를 생성하는 웹 프레임워크가 낫다.

만약 새 프레임워크를 사용하여 서비스를 다시 구성하더라도 백엔드와 프런트엔드를 분리했다면 이 구조로부터 코드를 재활용할 수 있는 이익을 얻을 수 있다. 예를 들어 백엔드 코드를 자바 스프링으로 변경하더라도 프런트엔드 코드는 최대한 그대로 사용할 수 있다(현실적으로 약간의 변경은 필요할 것이다).

이 책의 예제에서 HTML과 자바스크립트로 프런트엔드 코드를 직접 작성하면서 코드의 재활용 정도나 HTML 요소의 동적인 생성 측면에서 아쉬운 부분이 있었음을 밝혀두고 싶다. 예를 들어 모든 페이지에 공통적으로 포함되는 내비게이션 바의 HTML 코드를 클래스로 만들어 참조할 수 있다면 더 좋았을 것이다. 이는 자바스크립트로 HTML 요소를 생성하는 경우에도 똑같이 적용될 수 있다. 자바스크립트를 이용해서 동적으로 생성되는 HTML 요소를 클래스로 작성하고 필요할 때마다 재활용할 수 있으면 코드 작성과 관리를 더 빠르고 간단하게 할 수 있을 것이다.

위와 같은 문제를 해결하기 위해 프런트엔드 프레임워크가 사용된다. 좀 더 복잡한 형태의, 그래서 작성하고 관리해야 할 코드가 많은 웹 프로젝트라면 리액트, 뷰와 같은 프런트엔드 프레임워크를 적용하는 것이 확실히 도움이 된다. 이들 프런트엔드 프레임워크들도 코드 작성을 위해 HTML과 자바스크립트를 사용하기 때문에 이 둘은 여전히 중요하다. 프런트엔드 프레임워크를 배울 때도 처음부터 그 내용을 속속들이 공부하기보다는 예제를 중심으로 작동 원리를 이해하고 사용하면서 배워나가면 좀 더 가벼운 마음으로 시작할 수 있을 것이다.

05 장

웹 서비스 시작하기

앞서 진행했던 예제를 독자의 개인 컴퓨터, 즉 로컬에서 실행했다. 웹 프로그램은 24시간 서비스 제공이 가능해야 하고 세계 어디에서도 원활히 접속할 수 있어야 한다. 하지만 개인 컴퓨터 그리고 이와 연결되어 있는 네트워크의 가용성up time 측면에서 개인 컴퓨터에서 웹 프로그램을 실행하고 가정 또는 학교 네트워크를 통해 웹 서비스를 제공하는 것은 비효율적이다.

따라서 서비스 제공 관점에서 더 높은 수준의 가용성을 보장하고 서버 관리 관점에서 관리의 편의를 제공하는 클라우드 컴퓨팅cloud computing 서비스를 이용해서 웹 프로그램을 실행하고 외부의 사용자가 접속할 수 있도록 하는 것이 일반적이다. 이와 같은 과정을 '웹 서비스를 배포'한다고 표현한다. 이번 장에서는 웹 서비스를 배포하는 과정을 살펴보도록 하겠다.

5.1 클라우드 컴퓨팅

기술적 관점에서 클라우드 컴퓨팅을 다양하게 정의할 수 있겠지만 사용자 입장에서 24시간 가용한 컴퓨팅 그리고 네트워크 자원을 **클라우드 컴퓨팅**이라고 하고 이를 제공하는 서비스를 **클라우드 서비스**라고 한다. 클라우드 서비스를 이용하면 하드웨어 구매, 운영체제와 같은 시스템 소프트웨어 설치 등을 직접 할 필요 없이 이들을 서비스 형태로 제공받을 수 있다. 이 같이 웹 서비스 제공을 위한 기본적인 자원을 서비스 형태로 제공한다는 의미에서 클라우드 컴퓨팅을 IaaSInfrastructure as a Service(이아스)라고 표현하기도 한다.

대표적인 컴퓨팅 서비스 플랫폼으로 아마존 웹 서비스Amazon Web Service, AWS에 대해 한 번은 들어보았을 것이다. AWS 외에도 국내외의 많은 클라우드 서비스 기업이 있지만 컴퓨팅 및 네트워크 자원을 제공한다는 기본 개념은 같고 사용 방법도 서로 비슷하다. 여기서는 대표적인 클라우드 서비스인 AWS를 이용하여 웹 서비스를 배포해볼 것이다. AWS를 이용하여 웹 서비스 배포 방법을 실습하더라도 거의 모든 클라우드 서비스의 개념과 사용 방법이 비슷하기 때문에 경제성 측면에서 유리한 다른 클라우드 서비스도 적극적으로 고려해볼 수 있다.

AWS에서 제공하는 서비스 중 Lightsail 서비스는 비교적 싼 가격에 이용할 수 있고 가입 후 처음 3개월 동안은 무료로 이용할 수 있다(2023년 5월 기준). 무료 체험 기간이 끝난 후 유료로 사용하지 않으려면 반드시 플랜 취소를 신청해야 한다. Lightsail 서비스 이용을 위해 아래 URL을 통해 AWS Lightsail 웹 페이지에 접속한다.

▶ https://aws.amazon.com/ko/lightsail/

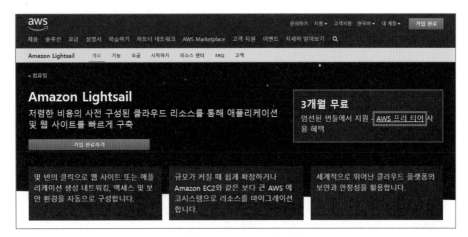

그림 5.1 AWS Lightsail 홈페이지

페이지 오른쪽 위에 [AWS 프리 티어] 링크를 클릭하면 AWS Lightsail 서비스의 이용 가격 설명 페이지로 이동할 수 있다. Lightsail 서비스 이용 가격 설명 페이지에서 보이는 [Lightsail 무료로 시작하기] 버튼을 클릭하여 AWS 가입 페이지로 들어간다.

그림 5.2 [Lightsail 무료로 시작하기] **버튼(그림 왼쪽)**

AWS 서비스를 이용하기 위해 먼저 AWS 회원가입이 필요하다. 가입 페이지에서 사용자 이메일 주소, 계정 이름, 로그인을 위한 비밀번호 등을 입력하고 AWS에 가입한다. 가입 후 로그인하면 다음과 같이 Lightsail 관리 페이지가 보일 것이다.

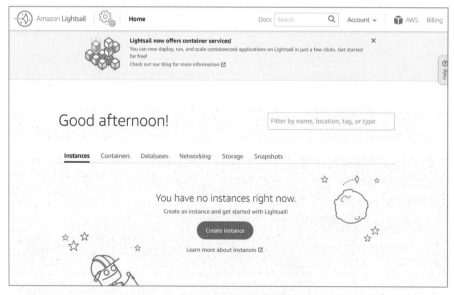

그림 5.3 **Lightsail 관리 페이지**

만약 Lightsail 관리 페이지를 찾을 수 없다면 다음과 같이 로그인 후 첫 페이지에서 페이지 가장 위의 [서비스] 링크를 클릭하고 모든 서비스를 선택한 후 [Lightsail]을 찾아서 선택하면 Lightsail 관리 페이지로 들어올 수 있다.

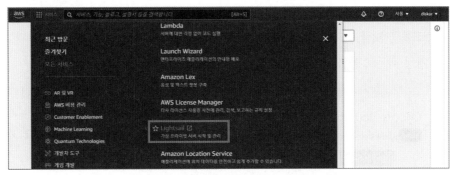

그림 5.4 **AWS 관리 콘솔 - Lightsail 관리 페이지 링크**

먼저 컴퓨터에 해당하는 컴퓨팅 인스턴스(가상 컴퓨터)를 하나 생성하자. **가상 컴퓨터**virtual machine는 소프트웨어로 이루어진 컴퓨터를 일컫는다. 소프트웨어를 이용하여 하나의 컴퓨터 하드웨어 안에 여러 개의 가상 컴퓨터를 만들 수 있다. 이와 같은 기술을 가상 컴퓨팅virtual computing이라고 한다.

Lightsail 관리 페이지 가운데에 위치한 [Create an instance] 버튼을 클릭한다. 그러면 다음 그림과 같이 생성하려는 컴퓨팅 인스턴스의 운영체제instance image 와 종류instance plan를 선택하는 설정 화면이 나타난다.

Select a platform은 [Linux/Unix]를 선택하고 Select a blueprint 항목에서 는 [OS Only]와 [Ubuntu 20.04 LTS] 를 선택한다.

그림 5.5 **컴퓨팅 인스턴스 생성**

> **노트** 우분투는 리눅스 커널(kernel)을 기반으로 한 리눅스 운영체제 배포판 중 하나다. 리눅스 배포판은 운영체제의 핵심 기능인 리눅스 커널에 리눅스 설치 소프트웨어와 기본적인 애플리케이션을 한데 묶은 패키지라 할 수 있다. 우분투는 쉽고 편한 설치와 사용 방법 덕분에 널리 사용된다. 만약 기존에 사용하던 리눅스 배포판이 있다면 다른 배포판을 설치해도 좋다.

페이지의 스크롤을 대금 결제 방법과 인스턴스의 종류(CPU, 메모리, SSD 용량)가 나타난다. 인스턴스 종류 중 가장 작은 것을 선택한다. 그리고 인스턴스의 이름(예: pyBook)을 정해준다.

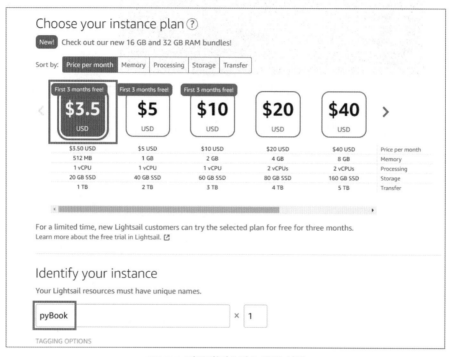

그림 5.6 **컴퓨팅 인스턴스 종류 선택**

설정을 마친 뒤 페이지 가장 아래의 [Create instance] 버튼을 클릭하면 컴퓨팅 인스턴스가 생성된다.

그림 5.7 **컴퓨팅 인스턴스 생성 버튼**

인스턴스가 생성되면 다음과 같이 인스턴스 관리 화면과 생성한 인스턴스가 표시될 것이다.

그림 5.8 **생성된 컴퓨팅 인스턴스**

인스턴스 이름을 클릭하면 해당 인스턴스의 자세한 정보가 표시되고 해당 인스턴스에 대한 세부적인 설정을 확인하고 변경할 수 있는 인스턴스 관리 화면이 나타난다. 여기서 가장 중요한 기능은 인스턴스에 직접 접속해서 명령을 내릴 수 있는 터미널인 [Connect using SSH] 버튼과 화면 중앙에서 약간 아래에 표시된 인스턴스의 공용 IP(public IP 또는 floating IP라고 한다) 정보다.

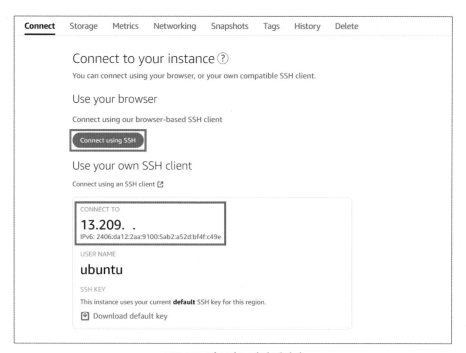

그림 5.9 **인스턴스 관리 페이지**

인스턴스 관리 페이지에서 [Connect using SSH] 버튼을 클릭해보자. 다음과 같이 텍스트 커맨드를 입력할 수 있는 **SSH**Secure Shell 터미널 창이 나타날 것이다. SSH를 통해 터미널과 컴퓨팅 인스턴스가 주고 받는 명령과 메시지가 암호화되어 전송된다. 앞으로 진행할 웹 서비스 배포 과정은 SSH 터미널을 이용해서 진행할 것이다. SSH 터미널의 명령 프롬프트에 **exit**를 입력하면 연결이 종료된다. 연결이 종료된 후 SSH 터미널 창을 닫으면 된다.

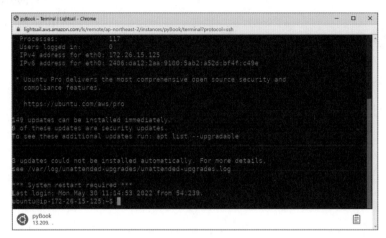

그림 5.10 **SSH 터미널**

> **노트** 5장 웹 서비스 배포 실습을 마치고 컴퓨팅 인스턴스가 더 이상 필요하지 않다면 반드시 인스턴스를 삭제(delete)한다. 인스턴스가 생성되어 있으면 무료 사용 기간 후에 요금이 청구되기 때문이다.

5.2 웹 프로그램 실행 환경 구성

 **소스** > https://github.com/sgkim-pub/pyBook/tree/master

5.2.1 프로젝트 파일 업로드

먼저 해야 할 작업은 개발 환경에서 작성했던 프로젝트 파일을 서비스 환경으로 복사하는 일이다. 프로젝트 파일을 내 컴퓨터(일반적으로 로컬이라고 부른다)에 보관했다면 FTPFile Transfer Protocol 소프트웨어를 이용해서 클라우드 컴퓨팅으로 직접 업로드할 수 있다. 다음 예에서 FTP 소프트웨어는 파일질라FileZilla를 사용했다. 파일질라 웹사이트(https://filezilla-project.org/)에서 Client를 다운로드한 후 설치하면 된다(책에서는 3.62.0 버전을 사용했다).

FTP 접속을 위해 먼저 Amazon Lightsail 클라우드에 생성한 컴퓨팅 인스턴스의 IP 주소를 컴퓨팅 인스턴스 관리 화면에서 확인한다.

그리고 인스턴스 주소 표시 영역 아랫부분의 [Download default key] 링크를 클릭하여 인스턴스에 접속하기 위한 개인 키를 다운로드해 저장한다.

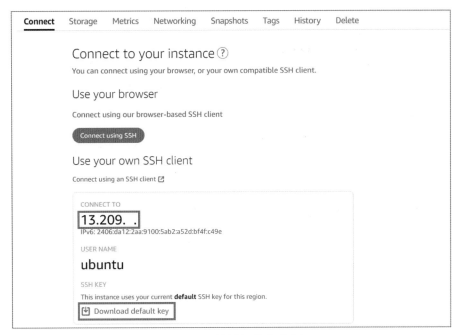

그림 5.11 **인스턴스 관리 페이지**

FTP 소프트웨어를 실행시키고 [파일] 메뉴의 [사이트 관리자]를 선택한다.

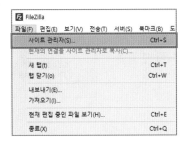

그림 5.12 **파일질라 FTP 파일 메뉴 - 사이트 관리자**

사이트 관리자를 선택하면 FTP 접속을 위한 설정 창이 나타난다.

그림 5.13 **FTP 접속 설정**

FTP 접속을 위한 설정 창이 나타나면 왼쪽 아래의 [New site] 버튼을 클릭하고 새로운 사이트를
생성한다. 설정 내용으로 다음과 같이 입력한다.

▶ **프로토콜**: [SFTP - SSH File Transfer Protocol]을 선택한다.

▶ **호스트**: 인스턴스 관리 페이지에서 확인한 컴퓨팅 인스턴스의 공용 IP 주소를 입력한다.

▶ **로그온 유형**: [키 파일]을 선택한다.

▶ **사용자**: AWS Lightsail의 경우 'ubuntu'로 입력한다.

▶ **키 파일**: [찾아보기] 버튼을 클릭하고 인스턴스 관리 페이지를 통해 다운로드한 개인 키를 선택한
다.

위 내용을 입력한 후 오른쪽 아래의 [연결] 버
튼을 클릭하면 다음과 같이 서버(클라우드 인
스턴스)를 신뢰하고 연결하겠는지 묻는 창이
나타날 것이다. [확인] 버튼을 클릭해 연결을
수락한다.

그림 5.14 **인스턴스 연결 수락**

FTP 연결이 이루어지면 FTP 소프트웨어 창의 왼쪽 영역이 로컬 컴퓨터이고 오른쪽 영역은 클라우드의 컴퓨팅 인스턴스다. 창의 오른쪽 영역에서 파일을 업로드하기 위한 인스턴스의 목표 위치를 선택하고 창의 왼쪽 영역에서 로컬 컴퓨터에 보관되어 있는 프로젝트 파일을 선택한 후 마우스 오른쪽 버튼을 클릭하면 팝업 창이 열린다. 팝업 창에서 [업로드]를 선택하면 선택한 파일을 클라우드의 인스턴스로 업로드할 수 있다.

클라우드 인스턴스의 사용자 홈 디렉터리 아래에 프로젝트 파일을 보관할 빈 디렉터리를 하나 생성하고(예: pybook) 로컬 컴퓨터에 보관되어 있는 소스 코드를 업로드한다. 3장과 4장에서 진행했던 예제를 기준으로 프로젝트 디렉터리의 appmain 디렉터리 전체와 run.py 파일을 업로드하면 될 것이다.

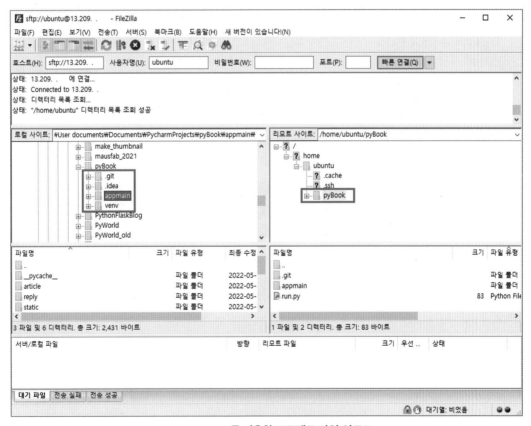

그림 5.15 **FTP를 이용한 프로젝트 파일 업로드**

만약 깃허브와 같은 서비스에 프로젝트 파일을 보관했다면 git 명령어를 이용해 파일을 클라우드 컴퓨팅으로 가져올 수 있다.

컴퓨팅 인스턴스의 SSH 터미널을 열고 깃이 설치되어 있는지 확인한다. 명령어 앞의 $> 기호는 리눅스 터미널에서 입력 대기 표시다. 따라서 $> 기호 뒷부분의 내용만 입력한다.

```
$> type git
```

깃의 위치가 /usr/bin/git과 같이 표시된다면 깃이 설치되어 있는 것이다. 만약 not found와 같이 찾을 수 없다는 메시지가 표시되면 리눅스 패키지 관리자를 이용해서 깃을 설치한다. 예를 들어 우분투 등과 같은 Debian 계열의 리눅스에서는 apt 명령을 이용해서 깃을 설치할 수 있다.

apt 명령어 앞의 sudo 명령은 'superuser do'의 줄임말로 관리자 권한으로 뒤에 이어지는 명령을 실행하라는 의미이다.

```
$> sudo apt update
$> sudo apt install git
```

깃이 설치되면 사용자 정보를 설정한다. 만약 특정 디렉터리를 대상으로 사용자를 설정한다면 --global 옵션은 사용하지 않아도 된다.

```
$> git config --global user.name "사용자 이름"
$> git config --global user.email "사용자 이메일"
```

프로젝트 파일을 보관할 디렉터리를 생성하고 해당 디렉터리를 깃이 관리할 수 있도록 git init 명령을 이용해서 초기화한다. 참고로 아래 git init 명령에서 .은 현재 위치를 의미한다.

```
$> mkdir pybook
$> cd pybook
pybook $> git init .
```

이제 프로젝트 파일이 보관되어 있는 원격 저장소 주소를 설정한다.

```
pybook $> git remote add origin 원격 저장소 URL
```

원격 저장소 주소는 깃허브 페이지를 기준으로 다음과 같이 [Code] 탭 ➡ [Code 옵션] ➡ [HTTPS] 탭에서 확인할 수 있다.

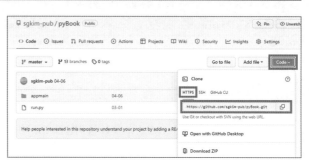

그림 5.16 **깃허브 원격 저장소 주소(그림 오른쪽)**

깃의 설치 및 설정을 완료하고 원격 저장소가 설정되면 git pull 명령으로 원격 저장소의 프로젝트 파일을 클라우드의 프로젝트 디렉터리로 가져올 수 있다. 아래 명령은 이름이 origin인 원격 저장소의 master 브랜치를 가져온다. 브랜치 이름은 서비스를 위한 버전의 파일이 보관되어 있는 브랜치를 지정하면 된다.

```
pybook $> git pull origin master
```

깃과 깃허브의 기본적인 내용과 사용 방법에 대해 이 책 부록 '깃'에 간략히 정리했다. 참고하기 바란다.

5.2.2 ▶ 파이썬 실행 환경 구성

웹 프로그램의 백엔드를 파이썬을 사용하여 작성했고 개발 환경으로 파이참을 사용했다. 개발 환경에서는 파이참의 환경 구성 관리자를 통해 필요한 파이썬 패키지 등 파이썬 실행 환경을 관리했다.

서비스 환경인 클라우드는 리눅스를 사용하는 것이 일반적이다. 서비스 환경에서는 성능 향상과 보안을 위해 프로그램 실행에 필요한 최소한의 요소들만으로 실행 환경을 구성한다. 먼저 파이썬 실행 환경을 구성해보자. 아래 명령으로 파이썬 가상 실행 환경을 위한 리눅스 패키지를 설치한다.

> **노트** 만약 이전에 sudo apt update 명령을 실행했다면 여기서는 이 명령을 생략할 수 있다.

```
$> sudo apt update
$> sudo apt install python3-venv
```

프로젝트 파일이 위치한 디렉터리로 이동한 후 venv라는 이름으로 파이썬 가상 실행 환경을 생성한다. 아래 명령에서 -m 옵션에 이어지는 venv는 가상 실행 환경을 설정해주는 파이썬 모듈을 의미하고, 명령의 가장 마지막에 있는 ./venv는 현재 위치(.)에 venv라는 디렉터리를 생성하고 해당 위치에 실행 환경을 위한 설정들과 파일을 보관하라는 의미이다.

```
$> cd pybook
pybook $> python3 -m venv ./venv
```

> **노트** 파이썬으로 작성된 프로젝트에서 외부 파이썬 패키지를 참조한다면 프로그램 실행을 위해 이들 외부 패키지가 필요하다. 각 프로젝트별로 필요한 패키지를 설치하고 관리할 수 있도록 도와주는 프로그램이 파이썬 가상 실행 환경이다. 가상 실행 환경을 이용하면 프로젝트별로 독립적으로 실행 환경을 구성할 수 있기 때문에 다른 프로젝트에서 설치한 동일한 이름의 다른 버전 패키지 등에 의한 충돌을 피할 수 있는 장점이 있다.

파이썬 가상 실행 환경 생성 명령을 실행하면 pyBook 디렉터리 아래에 venv라는 이름의 디렉터리가 만들어진다. 이 디렉터리 아래에 프로젝트에 필요한 패키지가 설치될 것이다. 이제 생성한 파이썬 가상 실행 환경을 활성화한다.

```
pybook $>source ./venv/bin/activate
```

다음과 같이 실습에서 개발 환경으로 사용했던 파이참 개발 환경의 패키지 관리 화면을 열어 설치된 패키지를 확인한다. 개발 환경에서 사용했던 파이썬 패키지를 서비스 환경에 설치해주면 된다.

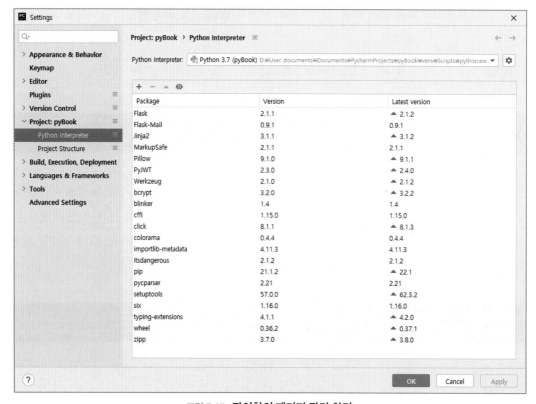

그림 5.17 **파이참의 패키지 관리 화면**

클라우드의 컴퓨팅 인스턴스에 파이썬 패키지 관리를 위한 pip3가 설치되어 있는지 먼저 확인한다. 만약 pip3가 설치되어 있지 않다면 apt 명령어와 같은 리눅스 패키지 관리자를 이용해서 설치한다.

```
$> type pip3
```

```
$> sudo apt install python3-pip
```

pip3 install 명령을 필요한 패키지를 인자로 각각 실행해서 패키지를 하나씩 설치할 수도 있지만 pip3의 requirements 옵션을 이용해서 한꺼번에 설치할 수도 있다. 파이참 개발 환경의 패키지 관리자 화면을 참고해서 에디터(예: vim)를 이용해 필요한 파이썬 패키지들과 각각의 버전을 기술해 준다. 패키지를 설치하면 자동으로 설치되는 의존성 패키지도 있으므로 파이참 개발 환경의 패키지 관리자 화면에 표시된 모든 패키지를 기술할 필요는 없다. 아래는 requirements 파일의 예다.

파일 내용 **/pybook/requirements.txt**
```
Flask==2.1.1
Flask-Mail==0.9.1
Pillow==9.1.0
PyJWT==2.3.0
bcrypt==3.2.0
```

pip3를 이용해서 파이썬 패키지를 설치하기 전에 반드시 파이썬 가상 실행 환경이 먼저 활성화되어 있어야 가상 실행 환경 안에 패키지가 설치된다. 더불어 파이썬 패키지 설치를 위해 패키지 배포 및 관리 프로그램인 파이썬 wheel을 요구하는 경우도 있다. 따라서 pip3 install 명령으로 wheel을 먼저 설치한 후 requirements 파일을 이용해서 wheel 외에 다른 패키지를 설치한다.

```
(venv) pybook $> pip3 install wheel
(venv) pybook $> pip3 install -r requirements.txt
```

웹 서비스 프로젝트의 파일이 업로드되었고 백엔드 코드의 구성 언어인 파이썬 실행을 위해 파이썬 실행 환경이 준비되었다. Amazon Lightsail의 인스턴스 관리 화면에서 [Networking] 탭으로 이동한 후 [+ Add rule]을 클릭하여 IPv4 Firewall에 다음과 같이 플라스크 서버가 사용하는 포트를 추가한다. 예제에서 8000번 포트를 사용했기 때문에 여기서는 8000번 포트를 외부에서 접속 가능하도록 추가했다.

그림 5.18 **인스턴스 방화벽 설정 화면**

서버 프로그램이 자신이 위치하고 있는 컴퓨팅 인스턴스 IP의 8000번 포트를 통해 외부로부터 요청을 받고 응답을 보낼 수 있도록 프로젝트의 run.py 파일을 vim과 같은 텍스트 에디터를 이용해서 다음과 같이 수정하자.

```
(venv) pybook $> vim run.py
```

📁 예제 코드 **pyBook/appmain/run.py**

```
from appmain import app

if __name__ == '__main__':
    app.run('0.0.0.0', 8000)
```

이제 run.py 파일을 실행하고 웹 브라우저를 열어 컴퓨팅 인스턴스 IP의 8000번 포트로 접속해보자. 프로젝트가 원격 서버에서 실행되고 다음과 같이 서비스에 접속할 수 있을 것이다.

```
(venv) pybook $> python3 run.py
```

그림 5.19 **클라우드에서 실행 중인 서비스 첫 페이지**

SSH 터미널에서 [Ctrl]+[C]키를 입력하면 실행 중인 웹 애플리케이션을 종료할 수 있다.

웹 서비스 개발을 위해 위와 같은 접속 방법을 사용할 수는 있지만 보안과 성능 향상을 위해 서비스 환경에서는 전용 웹 서버를 사용하고 이를 파이썬 웹 서버와 WSGIWeb Server Gateway Interface를 이용해서 연결하는 방법을 사용한다. 웹 서버 – WSGI – WSGI 애플리케이션(예: 파이썬 웹 프로그램) 구조에 대해 이어지는 절에서 살펴보기로 하겠다.

5.2.3 웹 서버와 WSGI

서버라고 하면 일반적으로 특정 프로토콜protocol(통신 규약)을 준수하는 요청을 받았을 때 응답하는 프로그램을 가리킨다. 예를 들어 HTTP 또는 HTTPS 프로토콜을 준수하는 요청이 왔을 때 응답하는 프로그램을 HTTP 서버라고 부른다. 이와 같이 특정 프로토콜에 대해 요청을 받고 응답하는 프로그램을 각각의 프로토콜에 해당하는 이름을 붙여 '○○ 서버'와 같이 부른다. FTP 프로토콜을 사용하면 FTP 서버, SMTP 또는 SMTPS 프로토콜을 사용하면 메일mail 서버 혹은 SMTP 서버라고 부르는 식이다. 이들 서버를 통칭하여 웹 서버라고 부른다.

웹 서버는 서비스 제공 요청을 받고 적절한 응답을 제공하게 되는데 원격지로부터 오는 요청을 누가 보냈는지 알 수 없는 보안 문제, 얼마나 많은 요청을 받을지 알 수 없는 요청 수 문제가 발생한다. 이러한 문제들에 대응하기 위해 외부 요청과 응답을 더욱 전문적으로 처리하는 웹 서버 소프트웨어가 사용된다. 예를 들어 아파치Apache HTTP 서버, 엔진엑스NGINX 웹 서버 소프트웨어 등이 대표적이다.

웹 애플리케이션(예: 이 책 3, 4장의 파이썬 웹 프로그램)과 웹 서버 소프트웨어와의 관계를 그림으로 나타내면 다음과 같다.

그림 5.20 **웹 애플리케이션과 웹 서버와의 관계**

하지만 위와 같은 구조에서는 클라이언트의 요청에 대해 정상적인 응답(서비스의 제공)을 보장할 수 없다. 왜냐하면 서로 독립적인 웹 애플리케이션과 웹 서버 소프트웨어는 서로의 존재를 알 수 없고 사용하는 언어도 다르기 때문이다. 예를 들어 아파치 서버나 엔진엑스 웹 서버는 파이썬 언어로 작성된 웹 애플리케이션과 정상적으로 소통할 수 없다.

이와 같은 문제를 해결하기 위해 WSGIWeb Server Gateway Interface가 사용된다. WSGI는 말 그대로 인터페이스로서 웹 애플리케이션과 웹 서버 소프트웨어를 연결해준다. 더 나아가 다수의 웹 애플리케이션 스레드thread를 생성해 웹 애플리케이션이 동시에 처리할 수 있는 요청의 수를 늘려주는 등의 성능 개선 역할도 수행한다. 한 번에 하나의 요청만 처리할 수 있는 동기 방식으로 작동하는 웹 프레임워크의 단점을 WSGI가 보완해주기도 한다.

파이썬 언어로 만들어진 웹 애플리케이션을 위한 대표적인 WSGI 소프트웨어로 gunicornhttps://gunicorn.org/, uwsgihttps://uwsgi-docs.readthedocs.io/en/latest/ 등이 있다. 웹 애플리케이션, WSGI, 웹 서버 소프트웨어를 포함하는 관계를 그림으로 나타내면 다음과 같다.

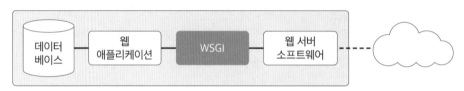

그림 5.21 **WSGI의 역할**

WSGI와 웹 서버 소프트웨어를 사용하여 웹 서비스를 제공하는 방법을 살펴보자. 웹 서버 소프트웨어가 제공하는 특징과 기능을 이용하면 더 많은 요청에 대해 더 안정적이고 빠르게 응답할 수 있다. 예에서는 WSGI로 gunicorn(green unicorn의 줄임말이다)을 사용하고 웹 서버 소프트웨어로 엔진엑스를 사용할 것이다.

아마존 Lightsail 인스턴스의 터미널을 열고 엔진엑스를 설치한다. type 명령을 이용해서 엔진엑스가 설치되어 있는지 먼저 확인해볼 수 있다.

```
$> type nginx
```

컴퓨팅 인스턴스를 생성한 후 엔진엑스를 설치하지 않았다면 아마 설치되어 있지 않을 것이다. 리눅스 패키지 매니저를 이용해서 엔진엑스를 설치한다(책에서는 1.18.0 버전을 사용했다).

```
$> sudo apt install nginx
```

파이썬 웹 애플리케이션과 웹 서버 프로그램을 연결할 WSGI 프로그램으로 gunicorn을 설치한다 (책에서는 20.1.0 버전을 사용했다). 웹 프로젝트의 가상 실행 환경을 활성화한 후 pip3 명령을 이용하여 설치한다.

```
pybook $> source ./venv/bin/activate
(venv) pybook $> pip3 install gunicorn
```

엔진엑스와 gunicorn 설치를 마쳤으면 파이썬 웹 애플리케이션을 웹 서비스로 제공하기 위해 엔진엑스의 설정 파일을 작성해야 한다. 텍스트 에디터를 이용하여 인스턴스의 /etc/nginx/sites-available 디렉터리에 새 파일을 다음과 같이 생성하자. 웹 서버(엔진엑스)와 파이썬으로 구현한 웹 애플리케이션을 연결하기 위한 설정이 파일의 내용으로 들어간다.

```
/etc/nginx/sites-available $> sudo vim pybook
```

파일 내용 **/etc/nginx/sites-available/pybook**

```
server{ ❶
    listen 80; ❷
    server_name 서버 IP 주소; ❸

    location /static { ❹
        alias /home/ubuntu/pybook/appmain/static;
    }

    location / { ❺
        proxy_pass http://localhost:8086; ❻
        include /etc/nginx/proxy_params; ┈┈┈┈
        proxy_redirect off; ┈┈┈┈┈┈┈┈┈┈┈┈┈┈┈┈ ❼
    }
}
```

❶ server 키워드로 시작하고 중괄호({})로 묶여 있는 코드 그룹을 server 컨텍스트라고 부른다. 이 안에 필요한 설정을 기술하게 된다.

❷ HTTP 방식의 요청은 80번 포트로 들어온다. 80번 포트로 들어오는 요청을 대기listen한다.

❸ 사용하고 있는 컴퓨팅 인스턴스의 공용 IP 혹은 도메인 이름을 설정한다. 여기서는 IP를 설정했다.

❹ location 컨텍스트라고 하며 서비스 제공에 사용될 자원의 위치를 설정한다. /static으로 표시된 location 컨텍스트에는 그 내용이 동적으로 생성되거나 변경되지 않는 정적인static 파일을 웹 애플리케이션을 통해 접근할 필요 없이 웹 서버 소프트웨어(엔진엑스)가 직접 접근할 수 있도록 위치를 설정한다.

❺ /로 표시된 location 컨텍스트는 ❹에서 설정한 /static 위치의 자원에 대한 요청 외의 다른 모든 요청들에 대한 처리 방법을 기술한다.

❻ 서버의 8086번 포트는 WSGI 프로그램인 gunicorn에 할당할 것이다. 따라서 엔진엑스가 외부에서 받은 HTTP 방식의 요청들은 gunicorn에 전달(proxy_pass)된다.

❼ **프록시**proxy 서버란 사용자의 요청에 대해 웹 애플리케이션이 실행 중인 서버 대신 대리로 응답할 수 있는 서버를 가리킨다. 여기 예제에서는 외부 요청을 직접 받고 처리할 것이므로 별도의 프록시 서버를 사용하지 않도록 proxy_redirect를 off로 설정했다.

설정 파일 작성이 완료되면 /etc/nginx/sites-enabled 디렉터리로 이동한 후 위에서 작성한 설정 파일의 링크를 생성한다.

```
/etc/nginx/sites-available $> cd /etc/nginx/sites-enabled
/etc/nginx/sites-enabled $> sudo ln -s ../sites-available/pybook pybook
```

그리고 이 디렉터리에 기존에 있던 default 파일을 삭제한다.

```
/etc/nginx/sites-enabled $> sudo rm -f default
```

새로 작성한 엔진엑스 설정 파일에 문법적인 오류가 없는지 아래 명령으로 확인해볼 수 있다.

```
/etc/nginx/sites-enabled $> sudo nginx -t
```

설정 파일에 문제가 없다면 아래 명령을 이용하여 엔진엑스에 새로운 설정을 적용한다.

```
/etc/nginx/sites-enabled $> sudo nginx -s reload
```

이제 웹 애플리케이션이 설치되어 있는 디렉터리로 이동한다. 만약 파이썬 가상 실행 환경을 아직 실행하지 않았다면 먼저 실행한 후 다음과 같이 gunicorn을 이용해서 웹 애플리케이션을 실행한다.

```
(venv) pybook $> gunicorn -w 3 -b:8086 run:app
```

gunicorn 명령의 실행 옵션의 의미는 다음과 같다.

▶ w: worker의 수를 지정한다. 일반적으로 'CPU core 개수 × 2 + 1'개를 추천한다.

▶ b: gunicorn 프로그램이 웹 서버 프로그램(엔진엑스)로부터 메시지를 전달받을 포트 번호를 지정한다.

run:app: MODULE_NAME:VARIABLE_NAME의 순서로 실행 대상이 되는 모듈의 이름과 모듈 내에서 WSGI가 호출할 수 있는 실행 객체의 이름을 지정한다. run.py 파일 안의 **app** 객체를 지정했다.

gunicorn을 실행하면 3개의 워커worker 프로세스가 실행되는 것을 확인할 수 있다. 이들 워커 프로세스는 각각 파이썬 웹 애플리케이션의 복사본이다. 워커 프로세스는 데이터베이스를 공유하는데 파이썬 웹 애플리케이션에서 데이터베이스를 사용한 후 데이터베이스 객체를 정상적으로 닫지(conn 객체와 cursor 객체의 close() 함수를 호출) 않으면 서로 다른 워커 프로세스가 데이터베이스의 내용을 동시에 수정하면서 데이터의 일관성이 손상될 수 있다. 만약 각 워커 프로세스에서 보이는 데이터가 다를 때는 웹 애플리케이션 소스 코드에서 데이터베이스를 사용한 후 데이터베이스 객체를 정상적으로 종료해주었는지 확인할 필요가 있다.

엔진엑스에 새로운 설정을 적용하고 gunicorn을 실행한 후에 (원격) 컴퓨터에서 웹 브라우저를 열고 웹 서버 설정 파일에 지정한 IP 주소를 주소 창에 입력하면 다음과 같이 웹 서비스를 이용할 수 있다. 플라스크 웹 서버를 직접 실행시켰을 때와 달리 포트 번호 없이 IP 주소만으로 서비스에 접속할 수 있게 된 것을 살펴보기 바란다.

그림 5.22 **웹 서비스 첫 페이지**

5.3 도메인 이름 연결

소스 > https://github.com/sgkim-pub/pyBook/tree/master

도메인 이름으로 웹 서비스를 제공하기 위해서는 아래 두 가지가 필요하다.

▶ 도메인 이름 구입 및 네임 서버Domain Name Server, DNS 설정

▶ 웹 서버 설정 파일 수정

먼저 해야 할 일은 도메인 이름을 구입하는 것이다. 도메인 이름은 도메인 이름 등록 대행 기업을 통해 구입할 수 있다. 한국에서 도메인을 등록하더라도 전 세계적으로 유효하므로 문제 발생 시 질의 및 응답이 수월한 한국 기업을 이용하는 것을 추천한다. 구글, 네이버, 다음 등 검색 엔진에서 '도메인 구입'을 키워드로 검색하면 가비아, 호스팅케이알, 카페24 등 도메인 등록 대행 및 서버 호스팅 업체를 쉽게 찾을 수 있다. 이 책의 예에서는 도메인 등록 대행 업체로 호스팅케이알을 이용했다.

도메인 이름을 구입하면 도메인 네임 서버DNS에 도메인 네임과 IP를 연결하는 데이터를 생성해주어야 한다. 이를 DNS 레코드를 설정한다고 한다. DNS는 알파벳으로 된 도메인 이름 질의에 대해 숫자로 된 IP 주소를 응답하는 역할을 한다.

일반적으로 도메인 이름 등록 대행 업체에서 도메인 네임 서버를 운영하고 무료로 제공한다. 대부분의 도메인 이름 등록 대행 업체의 '나의 도메인 관리' 페이지에서 DNS 관리 페이지를 찾을 수 있다. 다음과 같이 A 유형 레코드를 생성한다. A 유형은 도메인 이름과 IPv4 주소를 연결해주는 정보를 의미한다. 레코드의 이름 필드에는 서버의 이름을 지정하는데, 예를 들어 웹 페이지의 주

소가 www.pybook.xyz와 같다면 도메인 이름인 pybook.xyz를 제외하고 www를 레코드의 이름 필드에 설정하면 된다. 도메인 이름을 제외하고 www만 입력하는 이유는 각 도메인의 관리 메뉴 아래에 DNS 관리 페이지가 있기 때문이다. 즉, 도메인의 DNS 정보를 관리한다. 값 필드에는 컴퓨팅 인스턴스의 공용 IP 주소를 입력한다.

그림 5.23 DNS 레코드 관리 화면

DNS에서 TTL_{Time To Live}은 데이터 갱신 주기(일반적으로 단위는 초이다)를 의미한다. 인터넷에서 패킷을 전송하는 라우터가 레코드 값을 보관_{caching}하고 있다가 매 TTL 주기마다 DNS 서버에 질의한 후 레코드 값을 갱신한다. 따라서 TTL 값이 작으면 DNS의 레코드 변화가 빠르게 알려지고 TTL 값이 크면 변화가 느리게 반영된다. 일반적으로 도메인 이름–IP 주소 매칭은 변경될 일이 적으므로 TTL 값을 작게 설정할 필요는 없다.

DNS 레코드를 생성(설정)했으면 웹 서버 프로그램의 설정 파일에 도메인 이름을 설정한다. 구입한 도메인 이름을 server_name 필드에 설정한다.

📁 예제 코드 /etc/nginx/sites-available/pybook

```
server{
    listen 80;
    server_name www.pybook.xyz; ❶

    location /static {
        alias /home/ubuntu/pybook/appmain/static;
    }

    location / {
        proxy_pass http://localhost:8086;
        include /etc/nginx/proxy_params;
        proxy_redirect off;
    }
}
```

❶ `server_name` 필드에 도메인 이름을 설정한다.

엔진엑스 설정이 변경되었으므로 변경된 설정을 적용한다.

```
$> sudo nginx -s reload
```

웹 애플리케이션이 실행 중이 아니라면 파이썬 가상 환경을 활성화하고 gunicorn을 이용해서 웹 애플리케이션을 실행한다.

```
$> source ./venv/bin/activate
(venv) pybook $> gunicorn -w 3 -b:8086 run:app
```

DNS 레코드를 생성(수정)한 후 웹 서버 프로그램의 설정 파일을 수정하는 데 소요된 시간이면 DNS의 레코드에 설정한 도메인 이름-IP 매칭값이 인터넷의 라우터에게 알려졌을 것이다. 이제 웹 브라우저를 열고 DNS 레코드의 A 레코드에 설정한 주소(예: http://www.pybook.xyz/)를 입력하면 웹 서비스에 접속할 수 있다.

> **노트** DNS 레코드 값이 인터넷 네트워크의 라우터들에게 알려지는 데까지 길게는 24시간 정도 소요되기도 한다.

그림 5.24 **도메인 이름을 이용한 웹 서비스 배포**

인터넷 연결에서 보안이 점차 강화되면서 웹 브라우저에서 HTTP 연결을 허용하지 않는 경우도 있다. 이 경우 HTTPS 연결을 사용하여야 한다. HTTPS 연결에 대해 다음 절에서 살펴보자.

5.4 선택: 보안 연결 — HTTPS

HTTPS는 보안이 강화된 HTTP 규약이다. HTTPS는 HTTP에 아래 요소가 추가되어 있다.

▶ 도메인 소유주임을 증명할 수 있는 인증서

▶ 서버와 클라이언트 사이에 주고받는 데이터의 암호화

HTTPS는 인증서를 통해 클라이언트가 정확히 원하는 서버에 접속했는지 확인할 수 있게 해주고 메시지를 암호화하여 서버와 클라이언트가 주고받는 정보를 제삼자가 들여다보거나 위·변조할 수 없도록 보호해준다. HTTPS에서는 도메인 소유주 증명 과정이 필요하기 때문에 도메인 이름과 도메인 이름을 통한 서비스 접속이 반드시 필요하다.

사용자에게 HTTPS 접속 서비스를 제공하기 위해 우선 SSLSecure Socket Layer 인증서 발급이 필요하다. 여기서는 이를 위해 인터넷 사용자의 보안을 위한 비영리 단체인 EFFElectronic Frontier Foundation에서 운영하는 Let's Encrypt를 이용할 것이다. EFF에서 운영하는 Certbot 페이지(https://certbot.eff.org)를 방문하면 SSL 인증서를 얻기 위한 과정이 서버의 운영체제와 웹 서버 소프트웨어별로 자세히 안내되어 있다.

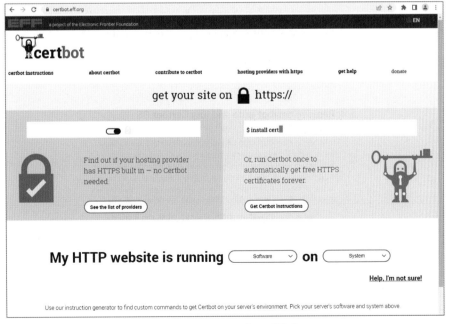

그림 5.25 **EFF Certbot 페이지**

다음과 같이 서버의 운영체제와 웹 서버 소프트웨어를 선택하면 HTTPS 설정을 위해 해야 할 일을 단계별로 안내해준다.

그림 5.26 Certbot - 서버 운영체제 및 웹 서버 소프트웨어 선택

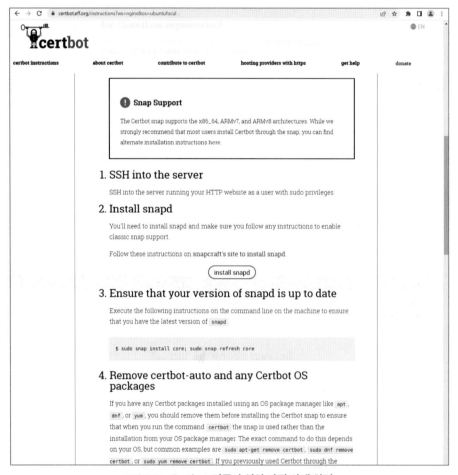

그림 5.27 Certbot 인증서 설치 과정 안내 화면

컴퓨팅 인스턴스의 운영체제로 우분투 20.04 버전을 사용하고 웹 서버 프로그램으로 엔진엑스를 사용하는 웹 서버에서 HTTPS 서비스를 설정하기 위한 단계를 살펴보면 다음과 같다. 여기서는 HTTPS 설정을 도와줄 Certbot이 기존에 설치되어 있지 않았다고 가정한다.

① snapd 설치

snapd는 소프트웨어 패키지 관리 프로그램으로서 소프트웨어 개발 회사로부터 소프트웨어를 다운로드하고 설치할 수 있도록 도와준다. 우분투 리눅스의 경우 apt 패키지 관리자를 이용해서 설치한다.

```
$> sudo apt install snapd
```

② Certbot 설치

Certbot 프로그램을 설치한다.

```
$> sudo snap install --classic certbot
```

Certbot 프로그램의 기본적인 설치 위치는 /snap 디렉터리가 될 것이다. certbot 실행 파일의 링크를 /usr/bin 디렉터리 아래에 생성한다.

```
$> sudo ln -s /snap/bin/certbot /usr/bin/certbot
```

③ 인증서 획득 및 웹 서버 설정

Certbot 프로그램을 이용해서 도메인 소유주임을 증명하는 인증서를 얻고 이를 엔진엑스 웹 서버 프로그램 설정에 반영할 수 있다.

```
$> sudo certbot --nginx
```

인증서 획득과 웹 서버 설정 과정에서 아래 내용을 물어올 것이다.

▶ 도메인 관리자의 이메일 주소

▶ 인증서 사용자 계약 내용에 대한 동의 여부: 동의하지 않으면 인증서 획득 과정이 취소된다.

▶ EFF가 입력한 이메일 주소로 소식을 보내도 되는지 여부: No를 선택해도 된다.

▶ HTTPS 연결을 활성화할 도메인 이름 선택

아래 명령어를 통해 설치된 인증서를 확인할 수 있다.

```
$> sudo certbot certificates
```

④ 인증서 자동 갱신 설정 확인

인증서를 확인해보면 인증서의 유효 기간이 90일임을 알 수 있다. 90일마다 새로운 인증서를 받아야 하는데 인증서 갱신 과정이 자동으로 진행되게 할 수 있다. 아래 명령을 이용해서 인증서 자동 갱신 설정이 정상적으로 작동하는지 확인해볼 수 있다. 아래 --dry-run 옵션은 인증서 갱신을 모의로 진행해보고 그 결과를 알려준다.

```
$> sudo certbot renew --dry-run
```

인증서 갱신을 위해 예약된 작업을 우분투 리눅스 기준으로 아래 명령을 통해 확인해볼 수 있다.

```
$> sudo systemctl list-timers
```

시스템에 예약되어 있는 타이머가 표시되는데 snap.certbot.renew.service를 확인할 수 있을 것이다. 만약 우분투 리눅스가 아닌 다른 운영체제를 사용한다면 아래 두 위치 중 하나에 인증서 갱신 작업이 예약되어 있을 것이다.

▶ /etc/crontab/

▶ /etc/cron.*/*

⑤ HTTPS를 이용한 접속 확인

엔진엑스 웹 서버 설정 파일(예: /etc/nginx/sites-available/pybook)을 확인해보면 그 내용이 certbot에 의해 HTTPS 접속을 이용하도록 변경되어 있을 것이다. 엔진엑스 설정이 변경되었으므로 새로운 설정을 적용한다.

```
$> sudo nginx -s reload
```

HTTPS 규약은 443번 포트를 사용한다. 대부분의 컴퓨팅 인스턴스의 방화벽에서 443번 포트가 닫혀 있을 것이다. 웹 서버가 443번 포트로 요청을 받고 응답을 보낼 수 있도록 허용해준다. 아마존 Lightsail을 기준으로 다음과 같이 설정할 수 있을 것이다. 대부분의 다른 클라우드 서비스들에서도 '인스턴스 관리 - 네트워크 관리'에서 이와 유사한 관리 화면을 찾을 수 있다.

그림 5.28 **HTTPS 접속을 위한 방화벽 설정**

이제 파이썬 웹 애플리케이션을 gunicorn을 이용해서 실행한 후 웹 브라우저를 열고 웹 서비스의 도메인 이름 주소로 접속해보자.

```
(venv) pybook $> gunicorn -w 3 -b:8086 run:app
```

아래 그림과 같이 웹 브라우저의 주소 창에 '주의 요함' 표시 대신 자물쇠 표시가 나타나는 것을 볼 수 있을 것이다.

그림 5.29 **HTTPS를 이용한 웹 서비스 접속**

웹 애플리케이션 관리

소스 > https://github.com/sgkim-pub/pyBook/tree/master

5.5.1 웹 서비스 운영에 필요한 정보 관리

파이썬으로 작성한 웹 애플리케이션의 appmain 패키지의 __init__.py 파일을 보면 애플리케이션 구동을 위한 비밀 키, 이메일 계정 및 비밀번호 등이 그대로 드러나 있다.

📁 예제 코드 **pybook/appmain/__init__.py**

```
…
app.config["SECRET_KEY"] = 'e2a14e9612b8bdfc57201cfce12b6c8f'

app.config["MAIL_SERVER"] = 'smtp.gmail.com'
app.config["MAIL_PORT"] = 587
app.config["MAIL_USE_TLS"] = True
app.config["MAIL_USERNAME"] = 'YOUR_ACCOUNT'
app.config["MAIL_PASSWORD"] = 'YOUR_PASSWORD'
…
```

개발을 진행하다 보면 백업, 협업 등을 위해 프로젝트 파일을 깃허브와 같은 외부 소스 관리 시스템에 업로드할 일이 생기게 된다. 이런 경로를 통해 서비스 관리에 필수적인 정보가 외부로 유출되면 서버의 보안에 큰 위협이 되기도 한다. 중요한 정보를 별도의 파일로 관리하는 방법에 대해 살펴보도록 하자.

서버에 관리자 권한을 가진 사용자만 접근 가능한 위치에 서비스 관리에 필요한 설정을 다음과 같이 별도의 파일로 작성하자. 아래 예에서는 응용 프로그램의 설정 파일이 보관되는 /etc 디렉터리 아래에 pybook 디렉터리를 만들고 그 안에 서비스 관리에 필요한 내용을 기술한 파일을 작성했다.

파일 내용 **/etc/pybook/config.json**

```
{ ❶
"SECRET_KEY":"e2a14e9612b8bdfc57201cfce12b6c8f",
"MAIL_SERVER":"smtp.gmail.com",
"MAIL_PORT":587,
"MAIL_USE_TLS":true,
"MAIL_USERNAME":"YOUR_ACCOUNT",
"MAIL_PASSWORD":"YOUR_PASSWORD"
}
```

❶ 중괄호({}) 안에 큰따옴표로 "키(key)" : "값(value)"의 형태로 데이터가 기술되어 있다. 이와 같은 형태를 JSON이라고 부른다. JSON 형식은 자바스크립트뿐만 아니라 이미 여러 프로그래밍 언어에서 널리 사용되고 있다.

SSH 터미널에서 chown 명령을 이용하여 config.json 파일의 소유자를 웹 애플리케이션 관리자(예: ubuntu)로 변경한다.

```
$> sudo chown 관리자 ID:관리자 그룹 /etc/pybook/config.json
예) $> sudo chown ubuntu:ubuntu /etc/pybook/config.json
```

이어서 파일의 소유자, 그리고 소유자가 속해 있는 그룹만 파일에 접근할 수 있도록 권한을 변경해준다.

```
$> sudo chmod 640 /etc/pybook/config.json
```

chmod는 파일의 읽기/쓰기/실행하기 권한을 설정해주는 명령이고 명령 다음에 설정한 숫자는 관리자(읽기/쓰기/실행하기), 그룹 사용자(읽기/쓰기/실행하기), 기타 사용자(읽기/쓰기/실행하기) 권한을 1(권한 있음) 또는 0(권한 없음)으로 표시한 것이다. 예를 들어 640은 이진법binary으로 110_100_000에 해당하고 관리자는 읽고 쓸 수 있지만 그룹 사용자는 읽는 것만 가능하고 기타 사용자는 접근할 수 없도록 파일 접근 권한을 설정한다.

이제 웹 애플리케이션 설정을 위한 정보를 별도의 설정 파일로부터 가져오도록 웹 애플리케이션 초기화 파일인 appmain 패키지의 __init__.py의 app.config 부분을 다음과 같이 수정하면 된다.

📁 예제 코드 pybook/appmain/__init__.py

```
...
import json ❶
...
app = Flask(__name__)
...
with open('/etc/pybook/config.json') as cf: ❷
    config = json.load(cf) ❸

    app.config["SECRET_KEY"] = config.get("SECRET_KEY") ┈┈┈┈┈┐
    app.config["MAIL_SERVER"] = config.get("MAIL_SERVER")   │
    app.config["MAIL_PORT"] = config.get("MAIL_PORT")       │
    app.config["MAIL_USE_TLS"] = config.get("MAIL_USE_TLS") │❹
    app.config["MAIL_USERNAME"] = config.get("MAIL_USERNAME")│
    app.config["MAIL_PASSWORD"] = config.get("MAIL_PASSWORD")┈┘
...
```

❶ JSON 형태로 기술한 설정 파일을 읽기 위해 json 패키지를 가져온다.

❷ /etc/pybook/config.json 파일을 cf(config file)라는 이름으로 읽는다.

❸ JSON 형태로 된 파일 내용을 읽는다.

❹ 설정 파일의 내용으로 웹 서버 객체를 설정한다.

5.5.2 ▶ 웹 프로그램 실행 관리

SSH 터미널에서 웹 애플리케이션을 실행시키고 터미널을 종료시키면 부모 프로세스인 SSH 터미널이 종료되기 때문에 자식 프로세스인 웹 애플리케이션은 고아 프로세스가 되거나 강제로 종료된다. 부모 프로세스인 SSH 터미널이 자식 프로세스인 웹 애플리케이션보다 먼저 종료되는 것이 정상적인 형태가 아니기 때문이다(자식 프로세스가 먼저 종료된 후 부모 프로세스가 종료되는 것이 일반적이다). 이러한 비정상적인 실행 상태를 벗어나기 위해 screen 가상 터미널을 사용해보자.

실행 중인 screen 가상 터미널은 그 부모 프로세스인 SSH 터미널이 종료되면 리눅스의 시스템 프로세스인 init 프로세스로 부모 프로세스가 변경된다. 따라서 screen 가상 터미널 위에서 실행한 프로그램은 SSH 터미널이 종료되어도 비정상적으로 종료되지 않는다.

먼저 screen 명령을 사용하여 app이라는 이름으로 screen 가상 터미널을 생성한다.

```
$> screen -S app
```

screen 가상 터미널을 생성하면 바로 가상 터미널에 들어와 있는 상태가 된다. 이 상태에서 Ctrl + A 키를 입력한 후 다시 D 키를 입력하면 SSH 터미널로 빠져나오게 된다. SSH 터미널로 빠져나온 후 screen -ls 명령을 이용해서 생성된 가상 터미널을 확인할 수 있다.

```
$> screen -ls
```

가상 터미널에 다시 접속할 때는 screen -r <가상 터미널 이름> 명령을 사용한다. app이라는 이름으로 생성했던 가상 터미널에 다시 접속하자.

```
$> screen -r app
```

가상 터미널에서 웹 애플리케이션이 위치한 디렉터리로 이동하여 파이썬 가상 실행 환경을 활성화하고 웹 애플리케이션을 실행시키자.

```
pybook $> source ./venv/bin/activate
(venv) pybook $> gunicorn -w 3 -b :8086 run:app
```

웹 애플리케이션이 실행되는 것을 확인한 후 Ctrl + A 키를 입력한 후 다시 D 키를 입력하여 SSH 터미널로 나온다. 이 상태에서 SSH 터미널을 종료시키고 웹 브라우저를 이용해서 웹 서비스에 접속해보면 정상적으로 서비스가 실행 중인 것을 확인할 수 있다.

실행 중인 웹 애플리케이션을 관리하기 위해서는 새로 SSH 터미널을 열고 screen -r 명령어를 이용해서 실행 중인 screen 가상 터미널에 다시 접속하면 된다.

```
$> screen -r app
```

screen 가상 터미널에 접속해보면 gunicorn에 의해 실행 중인 웹 애플리케이션을 볼 수 있을 것이다. 이처럼 screen 가상 터미널을 사용하면 좀 더 깔끔하게 웹 애플리케이션의 실행 상태를 관리할 수 있다.

더 살펴볼 만한 주제들

책에서는 다루지 못했지만 더 공부해볼 만한 주제를 개인적인 경험과 생각을 바탕으로 정리했다. 부족한 견해지만 참고가 되었으면 좋겠다.

여기서 나열한 모든 주제를 전문적으로 다룰 필요까지는 없다고 생각한다. 하지만 필요에 따라 알고 있거나 직접 다룰 수 있어야 하는 상황이 생길 수 있다. 책에서는 아래 그림의 가장 안쪽 점선 안의 주제를 다루었다.

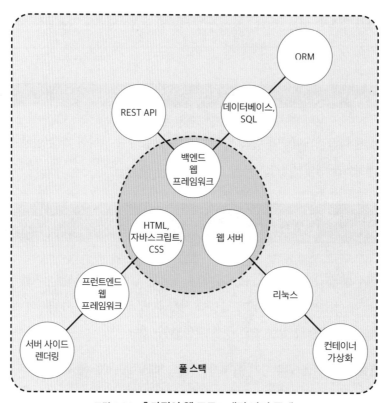

그림 5.30 **추가적인 웹 프로그래밍 관련 주제**

▶ **REST API**: REST란 REpresentational State Transfer의 약자이다. REST는 서버-클라이언트 구조에서 서비스를 요청하고 응답을 받는 체계적인 방법이다.

▶ **데이터베이스, SQL**: 백엔드 개발자라면 SQL 명령이 무엇이고 기본적인 사용 방법은 어떻게 되는지 알고 있을 필요가 있다. 데이터베이스의 종류와 특징들에 대해서도 알고 있어야 한다.

- **ORM**: ORM은 Object Relational Mapping의 줄임말이다. 데이터베이스나 테이블을 프로그래밍 언어의 클래스 등으로 표현한 것이다. 따라서 개발 편의성 개선, 특정 데이터베이스에 코드가 종속되는 상황을 줄이는 것과 같은 장점을 얻을 수 있다. 하지만 ORM 객체와 데이터베이스 사이의 불일치 문제를 항상 관리해야 하는 비용이 따른다.

- **프런트엔드 웹 프레임워크**: 리액트, Vue.js, 스벨트Svelte 등이 널리 사용된다. 사용자 경험 개선, 프런트엔드 코드 컴포넌트의 재사용성 등의 장점을 얻을 수 있다.

- **서버 사이드 렌더링**: SSRServer Side Rendering이라고 표현한다. 자바스크립트 코드를 통해 생성된 프런트엔드 컴포넌트는 웹 브라우저의 자바스크립트 엔진 등에 의해 렌더링되기 전에는 그 정확한 내용과 형태를 파악하기 어렵다. 이 점이 클라이언트의 부하load를 증가시키기도 하고 검색 엔진이 페이지를 방문하고 자신의 데이터베이스에 정리하는 편의성 수준인 SEOSearch Engine Optimization 수준을 떨어뜨리기도 한다. 따라서 이와 같은 문제가 중요하게 취급되는 웹 서비스에서는 SSR 사용이 필요할 수 있다.

- **웹 서버**: 책에서는 엔진엑스Nginx에 대해 간단히 살펴보았다. 엔진엑스, 아파치, IIS 등의 웹 서버도 각각 책 한 권 분량을 훌쩍 넘는 주제이고 각각의 기능도 강력하다. 백엔드 개발자라면 자주 사용하는 웹 서버의 기능과 사용 방법들에 대해 지식과 경험을 쌓을 필요가 있다.

- **리눅스**: 대부분의 웹 서비스는 리눅스 기반의 운영체제를 가진 서버 위에서 운영된다. 따라서 개발자의 업무 영역이 백엔드에 가깝다면 운영체제의 기본적인 개념과 셸shell을 통한 리눅스 운영체제 사용 방법 등도 공부할 필요가 있다.

- **리눅스 컨테이너 가상화**: 대표적으로 도커Docker, 쿠버네티스Kubernetes와 같은 소프트웨어가 사용된다. 리눅스 컨테이너는 웹 서버와 같은 애플리케이션 실행에 필요한 요소가 갖춰져 있는 격리된 환경을 제공한다. 리눅스 컨테이너를 사용함으로써 애플리케이션이 다양한 환경에서 안정적으로 작동할 수 있도록 이식성을 높일 수 있고, 더 나아가 복수의 컨테이너를 동적으로 생성하고 운영하여 서비스의 처리 능력을 유연하게 관리할 수 있도록 해준다. 웹 서비스의 시스템 수준 관리자라면 반드시 알고 있어야 한다.

부록

▼ 깃과 깃허브

깃을 이용해서 소스 코드를 체계적으로 관리하는 방법

깃Git에 대해 한 번쯤은 들어본 적이 있을 것이다. 프로그래밍을 하다 보면 완성된 프로그램의 중간 단계에 해당하는 여러 버전을 만들게 된다. 깃은 이들 버전을 체계적으로 관리하고 필요한 경우 특정 버전으로 돌아가 다시 프로그램을 개발할 수 있도록 해준다. 더 나아가 깃허브라는 웹 서비스를 이용하면 여러 사람이 코드를 공유하고 함께 개발할 수도 있다. 깃과 깃허브의 사용 방법에 대해 살펴보자.

깃은 오픈 소스로서, https://git-scm.com/ 사이트에서 깃 프로그램을 다운로드할 수 있다. 사용하는 운영체제에 따라 윈도우 또는 맥OS용 깃을 받은 뒤(예: Standalone Installer: 64-bit Git for Windows Setup) 설치가 완료되면 Git Bash 콘솔을 실행한다.

그림 1 **Git Bash 콘솔 실행 - 윈도우 운영체제**

깃을 설치한 후에는 먼저 사용자 정보를 설정한다. 만약 프로젝트(디렉터리)마다 다른 이름과 이메일 주소를 사용하고 싶으면 --global 옵션을 빼고 명령을 실행한다.

```
$> git config --global user.name "Seunggu Kim"
$> git config --global user.email "example@example.com"
```

깃의 설정 내용을 아래 명령으로 확인할 수 있다.

```
$> git config --list
```

깃은 디렉터리 단위로 파일을 관리한다. 따라서 깃을 이용해 파일을 관리하기 위해 먼저 관리 대상이 될 디렉터리를 지정해주어야 한다.

깃 사용 방법을 연습해보기 위해 pyGit이라는 이름으로 새로 디렉터리를 하나 생성하자. 예를 들면 3장과 4장에서 사용했던 pyBook 디렉터리가 위치한 파이참 Projects 디렉터리 아래에 pyGit이라는 이름으로 디렉터리를 생성하면 된다.

```
$> mkdir pyGit
```

생성한 pyGit 디렉터리로 이동하고 이 디렉터리를 git init 명령을 이용해서 깃의 관리 대상으로
지정한다. 아래 예의 git init . 명령에서 마지막의 점(.)은 현재 위치의 디렉터리를 의미한다.

```
$> cd pyGit
pyGit $> git init .
```

> **노트** 참고로 git init 명령을 사용해서 관리 대상 디렉터리를 지정하면 깃은 해당 디렉터리 안에 .git이라
> 는 이름의 디렉터리를 생성한다. .git 디렉터리는 깃 프로그램이 이용하는 디렉터리이기 때문에 .git 디렉터리
> 를 지우거나 사용자가 임의로 사용해서는 안 된다.
>
> ```
> pyGit $> ls -a
> ./  ../  .git/
> ```

01 깃의 핵심 기능

목표 > 깃이 파일을 관리하고 저장하는 과정을 살펴본다.

깃의 핵심 기능은 작업 중인 파일을 보관하는 것이다. 이를 '백업backup한다'고도 표현한다. 깃이 파
일을 관리하는 흐름을 살펴보자.

깃은 git init 명령으로 지정한 디렉터리를 워킹 트리working tree라고 부른다. 하지만 워킹 트리 안
의 파일 모두가 관리의 대상인 것은 아니다. 예를 들어 pyGit 디렉터리 안에 아래 세 개의 파일이
있다고 하자.

▶ README.txt

```
Please do not upload config.cfg to Github repository.
```

▶ index.html

```html
<!DOCTYPE html>
<head>
    <meta charset="UTF-8">
    <title>Title</title>
</head>
<body>
    <div>
        <h1>Hello, Git</h1>
    </div>
</body>
</html>
```

▶ config.cfg

```
{"username": 'A_USERNAME', "password": 'A_PASSWORD'}
```

먼저 현재 워킹 트리의 상태를 살펴보기 위해 git status 명령을 사용한다.

```
pyGit $> git status
```

```
On branch master

No commits yet

Untracked files:
  (use "git add <file>..." to include in what will be committed)
        README
        config.cfg
        index.html

nothing added to commit but untracked files present (use "git add" to track)
```

워킹 트리 안의 세 파일이 'Untracked files'로 표시된다. 즉, 아직 관리 대상이 아닌 것이다. 이 세 파일들 중 README와 index.html만 관리의 대상으로 삼고 싶다고 하자. 그러면 다음과 같이 git add 명령을 사용해서 두 파일을 'tracked' 상태로 변경한다.

```
pyGit $> git add README index.html
```

다시 현재 워킹 트리의 상태를 살펴보면 관리 대상 파일(tracked files)과 관리 대상이 아닌 파일(untracked files)을 확인할 수 있다.

```
pyGit $> git status
```

```
On branch master

No commits yet

Changes to be committed:
  (use "git rm --cached <file>..." to unstage)
      new file:   README
      new file:   index.html

Untracked files:
  (use "git add <file>..." to include in what will be committed)
      config.cfg
```

만약 특정 파일을 다시 관리 대상에서 제외하고 싶다면(즉, untracked 상태로 되돌리고 싶다면) **git rm** 명령을 사용한다. --cached 옵션은 Working tree에 파일을 남겨두고 깃의 관리 대상에서만 해당 파일을 제외시킨다.

```
pyGit $> git rm --cached 파일 이름
```

깃에서는 관리 대상 파일을 깃의 용어로 스테이지 영역staging area에 있다고 표현한다. 이들은 Git의 관리 대상이기는 하지만 아직 그 내용이 깃 저장소repository에 저장된 것은 아니다. 최종적으로 **git commit** 명령어를 사용하면 스테이지 영역에 있는 특정 파일을 저장소에 저장(커밋)하게 된다.

```
pyGit $> git commit -m 'initial commit'
```

-m 플래그는 **commit** 메시지를 남기는 것을 의미한다. 커밋된 이력을 **git log** 명령을 이용해서 확인할 수 있다.

```
pyGit $> git log
```

```
commit 9f15702add26c4290e7b2615241b67b10de34488 (HEAD -> master)
Author: Seunggu Kim <example@example.com>
Date:   Tue Apr 12 06:45:06 2022 +0900
```

깃의 작동 원리를 아래 그림과 같이 요약해볼 수 있다.

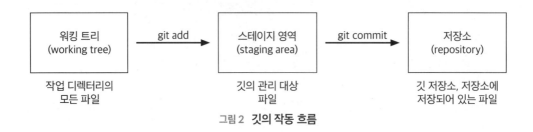

그림 2 깃의 작동 흐름

git add 명령으로 관리 대상 파일을 지정하면 해당 파일들은 스테이지 영역으로 이동한다. 그리고
git commit 명령으로 관리 대상 파일을 저장소에 반영하면 해당 파일을 깃 저장소에 보관할 수 있다.

 깃허브 사용해보기

목표 > 파일의 복사본을 깃허브 원격 저장소에 저장하는 방법을 살펴본다.

깃의 저장소는 내 컴퓨터, 즉 로컬에 존재한다. 깃허브를 이용하면 같은 데이터를 원격 위치, 즉 리모
트remote에 보관할 수 있다. 데이터를 원격 장소에 보관하면 다음과 같은 장점이 있다.

▶ 내 컴퓨터의 데이터가 삭제되더라도 원격 보관소의 데이터를 이용해 복구할 수 있다.

▶ 다른 사람들과 데이터를 공유할 수 있다.

깃허브를 사용하기 위해 먼저 깃허브(https://github.com/)에
가입Sign up하고 로그인Sign in한다. 깃허브를 원격 저장소로 사
용하기 위해 저장소를 생성한다. 깃허브에 로그인하면 볼 수
있는 페이지의 왼쪽에 다음과 같이 새 저장소를 만들 수 있
는 [New] 버튼이 있을 것이다.

그림 3 깃허브에 저장소 생성

[New] 버튼을 클릭하면 다음과 같이 새 저장소를 설정하는 페이지가 나타난다.

Create a new repository

A repository contains all project files, including the revision history. Already have a project repository elsewhere?
Import a repository.

Owner *   Repository name *

🟣 sgkim-pub ▾   /   pyGit   ✓

Great repository names are short and memorable. Need inspiration? How about bug-free-couscous?

Description (optional)

Exercise for how to use Github

◉ 🖥 **Public**
   Anyone on the internet can see this repository. You choose who can commit.

○ 🔒 **Private**
   You choose who can see and commit to this repository.

그림 4 **깃허브 저장소 생성 설정**

저장소의 이름Repository name, 저장소 설명Description을 적고 저장소를 다른 사람이 볼 수 있도록 할
것인지Public 또는 개인 저장소Private로 만들 것인지를 결정한다. 위 그림 아래쪽으로 추가 설정이 있
지만 그대로 두어도 된다. 페이지 아랫부분의 [Create repository] 버튼을 클릭하면 저장소가 만들
어진다.

저장소 생성이 완료되면 저장소 페이지가 나타나는데 저장소 페이지의 아랫부분에 생성된 원격
저장소의 주소가 표시된다.

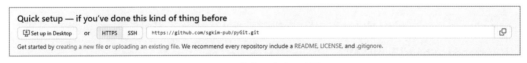

Quick setup — if you've done this kind of thing before

🖥 Set up in Desktop   or   [HTTPS] [SSH]   https://github.com/sgkim-pub/pyGit.git   ⧉

Get started by creating a new file or uploading an existing file. We recommend every repository include a README, LICENSE, and .gitignore.

그림 5 **깃허브 저장소의 주소**

이제 원격 저장소가 준비되었다. 다음 단계로 내 컴퓨터의 로컬 저장소와 원격 저장소를 연결하고
로컬 저장소의 내용을 원격 저장소에 저장해보자. 다시 Git Bash 창으로 돌아가서 진행한다. 우선
원격 저장소의 위치를 깃에게 알려주어야 한다. 아래 명령은 원격 저장소 URL의 위치를 origin이
라는 이름으로 로컬 깃의 원격 저장소로 추가시킨다.

```
pyGit $> git remote add origin 원격 저장소 URL
```

원격 저장소 설정을 마쳤으면 git push 명령으로 로컬 깃에 커밋된 파일을 원격 저장소로 복사할 수 있다. 원격 저장소에 파일을 복사하기 위해서는 먼저 권한 인증authentication이 필요하다. 2021년 8월 이후로 권한 인증을 위해 깃허브에서는 보안 토큰access token을 사용하는데 깃허브에 로그인한 상태에서 다음과 같이 발급받을 수 있다.

먼저 깃허브에 로그인하고 화면 상단 개인 메뉴의 [Settings]를 선택한다.

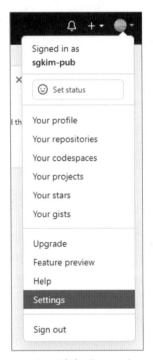

그림 6 **깃허브** [Settings]

[Settings]를 클릭하면 설정 페이지로 이동할 것이다. 페이지 왼쪽의 사이드 바 메뉴 가장 아래쪽의 [Developer settings]를 선택한다.

그림 7 **Settings 페이지의** [Developer settings] 링크

Developer settings 페이지로 들어가면 다시 화면 왼쪽의 [Personal access tokens] ➡ [Tokens (classic)]를 선택하고 화면 오른쪽의 [Generate new token(classic)] 버튼을 클릭한다.

그림 8 Personal access token 생성

New personal access token 페이지가 나타나면 보안 토큰을 발급받기 위해 필요한 정보를 입력한다. 페이지의 Note에는 토큰의 용도를 적어주고 Expiration 드롭다운 메뉴에서는 토큰의 유효 기간을 선택한다. 여기서는 '30 days'를 선택했다. Select scopes에서는 생성할 보안 토큰으로 접근할 수 있는 서비스의 범위를 설정한다. 일반적으로 가장 위의 'repo'를 선택하면 기본적으로 원격 저장소에 파일을 업로드하고 다운로드할 수 있다.

New personal access token

Personal access tokens function like ordinary OAuth access tokens. They can be used instead of a password for Git over HTTPS, or can be used to authenticate to the API over Basic Authentication.

Note

For pyGit

What's this token for?

Expiration *

30 days ⬦   The token will expire on Sat, May 14 2022

Select scopes

Scopes define the access for personal tokens. Read more about OAuth scopes.

☑ **repo**	Full control of private repositories
☑ repo:status	Access commit status
☑ repo_deployment	Access deployment status
☑ public_repo	Access public repositories
☑ repo:invite	Access repository invitations
☑ security_events	Read and write security events

그림 9 New personal access token 설정

페이지 가장 아래의 [Generate token] 버튼을 클릭하면 보안 토큰이 생성된다.

그림 10 **Personal access token 생성 버튼**

토큰 생성이 완료되면 생성된 토큰이 표시된다. 토큰의 내용이 이 화면에서만 표시되고 다시 확인할 수는 없으니 반드시 메모장 등에 복사해두어야 한다(잃어버리면 다시 생성하면 된다).

그림 11 **생성된 personal access token**

이제 발급받은 토큰을 로컬 컴퓨터에 등록하자. 윈도우 운영체제 기준으로 제어판을 열고 [자격 증명 관리자]를 선택한다.

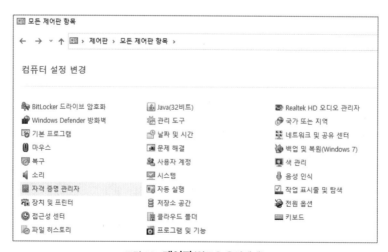

그림 12 **제어판(윈도우 운영체제)**

자격 증명 관리 창에서 [Windows 자격 증명]을 선택하고 다시 창 아래쪽의 [일반 자격 증명 추가]를 선택한다.

그림 13 **자격 증명 추가**(윈도우 운영체제)

추가할 자격 증명 정보에 네트워크 주소로 git:https://github.com을 입력하고(URL 앞에 git:을 꼭 입력해야 한다) 깃허브 사용자 이름와 암호에는 생성한 토큰의 내용을 입력한다. 입력을 마치고 [확인] 버튼을 클릭하면 자격 증명 추가 과정을 완료할 수 있다.

그림 14 **자격 증명 정보 입력**

이제 Git bash로 돌아가 **git push** 명령을 이용하면 원격 저장소 **origin**에 로컬에서 작업 중인 master 브랜치_{branch} 커밋을 복사할 수 있다. 여기서 브랜치란 작업 중인 내용의 버전을 말한다.

```
pyGit $> git push origin master
```

명령을 실행하면 다음과 같이 파일이 업로드되었다는 메시지가 표시될 것이다.

```
Enumerating objects: 4, done.
Counting objects: 100% (4/4), done.
Delta compression using up to 4 threads
Compressing objects: 100% (3/3), done.
Writing objects: 100% (4/4), 365 bytes | 365.00 KiB/s, done.
Total 4 (delta 0), reused 0 (delta 0), pack-reused 0
To https://github.com/sgkim-pub/pyGit.git
 * [new branch]      master -> master
```

이제 깃허브의 저장소를 보면 다음과 같이 업로드된 파일이 표시될 것이다.

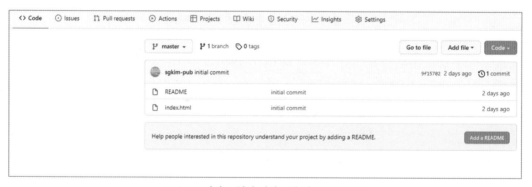

그림 15 **깃허브 원격 저장소에 업로드된 파일**

깃허브에서 로컬 컴퓨터로 데이터를 가져올 때는 **git pull** 명령을 사용하면 된다. 아래 명령은 원격 저장소 **origin**의 **master** 브랜치 내용을 가져와 로컬에서 작업 중인 현재 브랜치와 합쳐준다.

```
pyGit $> git pull origin master
```

03 깃과 깃허브에 대해 더 알아보기

목표 > 깃과 깃허브의 더 많은 기능들에 대해 살펴본다.

깃이 무엇이고 어떻게 작동하는지, 깃과 깃허브를 이용하여 원격 저장소에 파일을 저장하는 방법에 대해 간략하게 살펴보았다. 깃의 가장 기본적인 기능인 파일 백업에 대해 살펴본 셈이다. 깃은 이 외에도 강력한 기능을 더 많이 가지고 있으며 활용처도 훨씬 다양하다.

▶ 소스 코드의 다양한 브랜치 관리하기

▶ 깃허브를 통해 소스 코드 공유하기

▶ 깃과 깃허브를 이용해 다른 사람들과 협업하기

깃과 깃허브 사용 방법을 소개한 내용을 웹에서 쉽게 찾을 수 있다. 그중에서 깃을 체계적으로 설명한 자료를 추천하자면 다음과 같다.

▶ 《Pro Git, 2e》(Apress, 2014)(https://git-scm.com/book/ko/v2)

깃을 처음 배우는 사람이라면 다소 내용이 어렵게 느껴질 수도 있겠지만 깃의 내부 동작과 깃의 다양한 기능의 사용 방법이 체계적으로 잘 정리되어 있다. 그리고 감사하게도 해당 책이 한국어로 번역되어 위에서 소개한 URL에 공개되어 있다. 이 자리를 빌려 저자와 번역자분께 진심으로 감사드린다.

웹 서비스와 데이터 모델

책의 본문에서 웹 프로그래밍에 대해 살펴보면서 MVC라는 주제에 대해 간략하게 이야기했었다. MVC는 웹 프로그램의 구조를 요약해놓은 것이라 할 수 있다. MVC에서 V와 C에 해당하는 뷰와 컨트롤은 각각 웹 프로그램의 프런트엔드 코드와 백엔드 코드에 대응된다. 하지만 M에 해당하는 데이터 모델에 대해서는 그 중요함에 비해 내용을 거의 살펴보지 못했다. 책을 마치면서 데이터, 그리고 데이터 사이의 관계를 나타내는 데이터 모델과 그 역할에 대해 잠시 살펴보고자 한다.

데이터 모델에 대해 살펴보기 전에 웹 서비스를 다음과 같이 세 종류로 구분해보자.

▶ 가치 전달 방향: 일방향 - 참여자의 관계: 일방향

　예) 기업, 단체 웹 페이지 등 정보 전달

▶ 가치 전달 방향: 일방향 - 참여자의 관계: 양방향

　예) 공공기관, 금융기관 등의 서비스 제공

▶ 가치 전달 방향: 양방향 - 참여자의 관계: 양방향

　예) SNS 플랫폼, 오픈 마켓 등 연결 형성

제공하고자 하는 서비스의 종류에 따라 웹 페이지의 형태와 기능이 달라질 것이다. 웹 페이지의 형태와 기능은 데이터 모델을 기반으로 한다. 기업, 단체의 웹 페이지 등 정보 전달을 목적으로 하는 웹 서비스의 경우 전달하고자 하는 정보를 항목별로 구분해서 데이터베이스의 테이블에 저장하고, 저장한 데이터를 읽어 고객에게 전달하면 된다. 두 번째 종류인

공공기관의 공문서 발급 서비스, 금융기관의 뱅킹 서비스 등의 기능과 데이터 모델은 앞의 정보의 일방향 전달 서비스들보다 좀 더 복잡하다. 서비스 참여자인 고객의 행동에 따라 새로운 데이터가 생성되기 때문이다. 예를 들어 웹 서비스를 통한 금융 서비스에서 고객이 자금을 이체하면 그 내용이 웹 서버의 데이터베이스에 기록되고 이는 이어지는 서비스를 위한 새로운 현재 상태가 된다. 웹 서비스의 세 번째 구분인 웹 플랫폼의 경우는 앞의 두 종류 서비스에 비해 더 복잡한 데이터 모델을 갖는다. 플랫폼 참여자가 데이터를 생성하는 것에 더해 참여자들 사이에 생성되고 발전하며 때로는 사라지기도 하는 관계도 함께 관리되어야 하기 때문이다. 따라서 좋은 데이터 모델을 갖는 것은 확장성이 좋고 오류에도 강한 웹 서비스의 핵심이 된다.

사실 글을 쓰고 있는 필자도 데이터 모델의 중요성에 비해 알고 있는 지식은 부족한 편이다. 그리고 책의 에필로그 안에서 새로운 이야기를 꺼낸다는 것도 독자들에게 실례가 될 것 같다. 따라서 첫째 데이터 모델 공부에 대한 필자의 경험을 공유하고, 둘째 좋은 데이터 모델이 가져야 할 요건들에 대해 간략히 살펴보려 한다.

데이터 모델은 데이터 그리고 데이터 사이의 관계를 명확한 형식으로 정리한 것이다. 따라서 데이터 저장 및 관리에 사용되는 데이터베이스(더 포괄적으로 데이터베이스를 관리하기 위한 데이터베이스 관리 시스템)와 뗄 수 없는 관계에 있다. 데이터를 보관하고 관리하는 데이터베이스가 채택하고 있는 데이터 구조에는 다양한 종류가 있다. 이 중 관계형 데이터베이스 RDB, Relational Database가 기본적으로 널리 쓰이고 있다. 한 번쯤은 이름을 들어 봤을 MySQL, PostgreSQL, MariaDB, Microsoft SQL Server, Oracle Database 등이 관계형 구조를 사용하는 대표적인 데이터베이스 관리 시스템이다. 데이터 모델과 데이터베이스에 대해 공부를 시작하고자 한다면 관계형 데이터베이스에서 시작하는 것이 무난하다고 생각한다. 관계형 데이터베이스를 구성하는 테이블(항목들과 각 항목의 값으로 이루어진 2차원 형태의 표) 그리고 테이블들 사이의 연결이 데이터와 데이터 사이의 관계 개념과 쉽게 대응되기 때문이다.

앞서 관계형 데이터베이스 관리 시스템의 이름을 보면 SQL이라는 단어가 많이 보인다. SQL은 데이터베이스 관리 시스템 사용을 위한 표준ISO/IEC 언어다. SQL을 공부하기 시작하면 자연스럽게 데이터베이스와 데이터 모델에 대해서도 공부하게 된다. 더불어 SQL은 관계형 구조를 사용하는 데이터베이스 관리 시스템만을 위한 언어가 아니기 때문에 익혀 놓으면 다양한 구조의 데이터베이스 관리 시스템을 사용할 때도 사용할 수 있다.

모든 웹 개발자가 반드시 데이터 모델을 공부해야 하는 것은 아니다. 아래에 간략히 정리 해본 좋은 데이터 모델의 요건을 기억해두면 도움이 될 것이다. 책의 본문에서 데이터 모델 을 언급하면서 관계형 데이터베이스를 사용했다. 관계형 데이터베이스에서 데이터는 테이 블 안에 저장되고 데이터들 사이의 관계는 테이블 사이의 관계로 표현된다. 따라서 필요한 데이터를 파악하고 이를 테이블 형태로 정의하는 것이 데이터 모델 정의의 첫 단계가 된다. 좋은 구조를 가진 테이블의 요건을 살펴보자.

▶ 하나의 테이블 안에 너무 많은 데이터를 저장하는 것은 좋지 않다. 하나의 테이블은 하나 의 주제만 다루는 것이 좋다. 예를 들어 회사 구성원에 대한 정보는 직원 테이블에 저장하 고, 부서에 대한 정보는 부서 테이블에 따로 저장하는 식이다. 직원과 부서 데이터가 함께 사용되는 경우가 많다고 해서 이들을 하나의 테이블로 구성하는 것은 유연성과 성능 측면 에서 좋지 않다. 여기서 유연성이란 여러 데이터를 조합하여 현상의 다양한 측면을 볼 수 있도록 하는 데이터 분석 측면과 서비스의 내용 및 기능 변경·개선을 위한 관리 측면의 유 연성이다. 더불어 소수의 테이블에 요청이 몰리면 성능 저하의 원인이 되기도 한다. 따라 서 성격이 다른 데이터들은 각각 다른 테이블에 저장하고 데이터를 함께 처리해야 하는 경우가 잦다면 이들 테이블을 연결하는 연결 테이블을 만들어 데이터를 연결한다. 예를 들면 직원 데이터와 부서 데이터가 있다면 이를 직원, 부서 테이블로 분리하고 직원별 소 속 부서 테이블을 따로 생성하여 이를 연결 테이블로 직원 데이터와 부서 데이터를 연결 하는 식이다.

▶ 여러 테이블에 같은 데이터를 중복해서 보관하지 말자. 여러 테이블에 분산되어 있는 같 은 데이터 중 일부만 수정된 경우 나중에 이들 중 어떤 데이터가 옳은 것인지 알 수 없는 데이터 일관성 문제가 생길 수 있다.

▶ 테이블 안에서 각 항목(컬럼)은 최대한 세분화하는 것이 좋다. 예를 들어 주소 데이터를 저 장한다고 하면 이를 주소라는 단일 항목으로 처리하기보다는 도, 시(군), 구(면), 동(리)으로 각각 나누어 저장하는 것이 좋다. 이렇게 세분화하면 무엇보다 데이터 검색 측면에서 유 리하다. 예를 들어 거주지가 특정 시(군), 구(면), 동(리)인 사용자를 쉽게 식별할 수 있다.

▶ 항목(컬럼) 이름은 모두가 이해할 수 있는 형태로 기술한다. 이름이 길어지는 것을 피하기 위해 약어를 사용하는 경우가 많은데 이는 좋지 못한 방법이다. 데이터베이스의 테이블을 보는 사람마다 의미를 다르게 해석할 수도 있고, 시간이 지난 후에는 테이블을 생성한 사람조차도 그 의미가 무엇이었는지 기억하지 못하는 경우도 자주 생긴다.

만들고자 하는 서비스가 어떤 것인가에 따라 정보를 저장하고 관리하기 위한 데이터 모델도 달라진다. 따라서 아이디어를 웹 서비스로 구체화하는 과정에서 웹 서비스가 다루어야 할 정보들은 무엇이고 이들을 어떻게 표현할지 고민하는 과정이 반드시 필요하다. 웹 서비스 개발에 있어 프런트엔드, 백엔드 개발자 외에 데이터 모델에 대해 고민하고 데이터 모델을 설계하는 데이터 아키텍트data architect가 담당하는 분야이기도 하다. 웹 서비스 설계에 대해 좀 더 관심이 있는 독자라면 데이터 관점에서 서비스를 바라보는 것이 큰 도움이 될 것이다.

찾아보기